HUMAN
SENSES

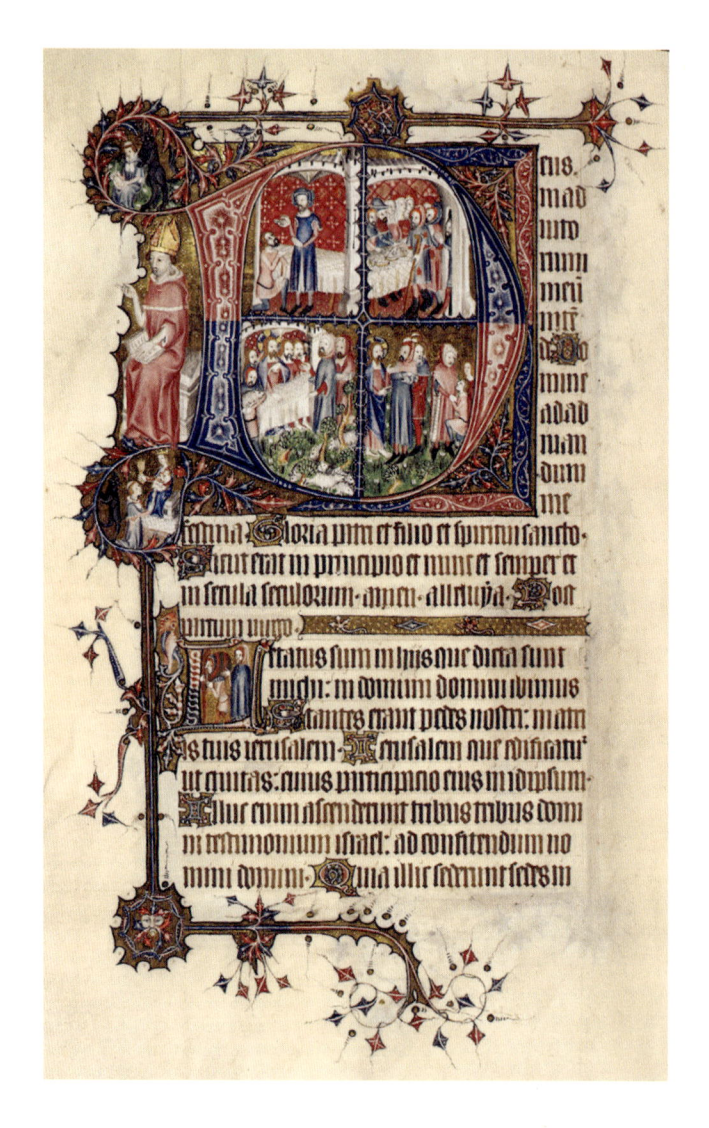

图1　左上：仆人汇报三位被邀宾客拒绝出席盛宴之事（《路加福音》14：21）；右上：贫者、病者、盲人和瘸子参加宴席（《路加福音》14：21）

《博弘诗篇与时辰书》，现藏于伦敦大英图书馆，手抄本编号 MS Egerton 3277，第 126 页反面（英格兰［伦敦？］，约 1356—1373）。
出自大英图书馆的公共领域图片（参阅时间 2013 年 5 月 2 日）：
www.bl.uk/catalogues/illuminatedmanuscripts/ILLUMIN.ASP?Size=mid&IllID=55963。

图2 英格兰人巴塞洛缪《论事物特性》,由特雷维萨的约翰翻译为英语。此为抄本正文首页

现藏于伦敦大英图书馆,手抄本编号 MS Harley 4789,第1页正面(英格兰[伦敦?],1400—1425)。
出自大英图书馆的公共领域图片(参阅时间2013年5月30日):
http://bl.uk/catalogues/illuminatedmanuscripts/ILLUMINBig.ASP?size=big&IllID=22754。

图 3　狩猎投入圣母怀抱的独角兽，收录于一部拉丁语动物图鉴

现藏于伦敦大英图书馆，手抄本编号 MS Harley 4751，第 6 页反面（英格兰，[索尔兹伯里？]，1275—1300）。
出自大英图书馆的公共领域图片（参阅时间 2013 年 5 月 30 日）：
http://bl.uk/catalogues/illuminatedmanuscripts/ILLUMINBig.ASP?size=big&IllID=39625。

图 4　有廷臣和仆人的宴席场景：瓦勒留·马克西姆斯，《罗马人善举之书》（*Les Fais et les Dis des Romains et de autres*），法译者西蒙·德艾丹和尼古拉·德格涅斯，第一卷，第五部开篇

现藏于伦敦大英图书馆，手抄本编号 MS Harley 4372，第 215 页反面（法兰西 [诺曼底或鲁昂]，约 1460—1487）。
出自大英图书馆的公共领域图片（参阅时间：2013 年 5 月 30 日）：
http://bl.uk/catalogues/illuminatedmanuscripts/ILLUMINBig.ASP?size=big&IllID=14411 。

图 5　城墙，埃格莫尔特

图 6　马略卡岛的帕尔马城的旧街景象

图 7　巴黎圣母院大教堂

图 8　土耳其伊斯坦布尔的圣索菲亚大教堂：拜占庭帝国的皇帝跪在基督面前

†ЄΙΡ ЄΠΙ
ΗΝΗΤΟΦ
ΥΜΙΝ ΌΣ Τ
ЄΓѠ ΚΟΣΑ

图 9　法国布尔日大教堂，入口处的永恒诅咒

图 10　大马士革清真寺

图 11　蒙雷阿莱的教堂钟

图 12　法国南部西多会修道院

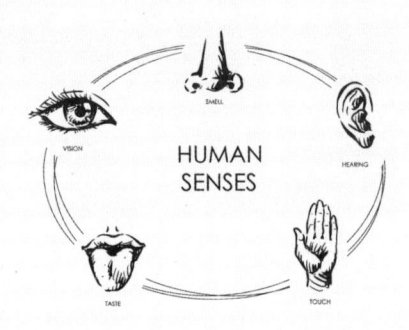

中世纪学术前沿丛书·第一辑
丛书主编：包慧怡

中世纪
感官文化史

［美］理查德·G.纽豪瑟 编
钱文逸 译

A CULTURAL HISTORY
OF THE SENSES
IN THE MIDDLE AGES

RICHARD G. NEWHAUSER

"十四五"时期国家重点出版物出版专项规划项目

上海社会科学院出版社
SHANGHAI ACADEMY OF SOCIAL SCIENCES PRESS

万物如在镜中
——"中世纪学术前沿丛书"(第一辑)导论

包慧怡

> 世上的万物于我们
> 都如书本或图画,在镜中;
> 我们的生,我们的死
> 我们的处境,我们的出路
> 都被忠实记载。
> ——里尔的阿兰(Alain de Lille,约1128—1202)

当法国神学家诗人里尔的阿兰〔或称"岛屿阿兰努斯"(Alanus ab Insulis)〕在12世纪写下如上诗行时,他敏锐地捕捉到了欧洲中世纪盛期的时代精神。在以羊皮或牛皮手抄本为物质载体的中世纪文化语境中,万事万物并非所见即所得,而是像一本书或一幅画那样需要被破解,有时是通过镜像(quasi liber et pictura…in speculum),有时——如这几行诗的另一个留存版本所示——则是以"如书亦如画"的万物本身作为镜子(quasi liber et pictura…et speculum)。恰如约翰·赫伊津哈（Johan Huizinga）在《中世纪的秋天》中所言：

> 中世纪人的心智对于圣保罗的这条真言了悟得最为透彻："我们现在是对着镜子观看，模糊不清；到那时，就要面对面了。"（《哥林多前书》13：12）……这种感受可能会采取一种病态强迫的形式，导致一切事物似乎都隐藏着一种危险，一个我们必须不惜一切代价解开的谜面。或者，万物也可被作为一种宁静与安心之源泉来体验，让我们充满这种感觉：我们自己的生命也包含在世界的隐藏意义之中。

要理解这种心智，对生活在现代社交媒体和短视频年代、习惯了迅速获得碎片化多元信息的我们而言并不容易，需要持续深入的学习。这种理解又是至关重要的，如果我们不满足于将欧洲历史上至关重要的一千年贴上早已被史学界摈弃的"黑暗年代"的标签，不满足于快消娱乐产业提供的对中世纪的漫画式描绘，而是想了解何以在现代西方历史学科形成的五百年间——从彼特拉克这样的14世纪早期人文主义者到布克哈特这样的19世纪文艺复兴史学家——中世纪会作为一系列二元对立中的负极出现（"光辉的古典时代"对"晦暗的中间时代"、"理性时代"对"盲信时代"、"人本主义"对"神权至上"等），其中有多少简化、歪曲和选择性忽视（及其背后的事实与动机），想了解中世纪如何为现代早期奠定物质和思想根基，以及其哲学、文学与艺术之美，那么，眼前的这套"中世纪学术前沿丛书"或许是一块合适的敲门砖。

被选入"中世纪学术前沿丛书"(第一辑)的著作均出自国际中世纪研究(medieval studies)各领域的一流学者之手,有20世纪已确立经典地位、遗憾始终未有汉译的奠基之作[如C. S. 刘易斯(C. S. Lewis)的《爱的寓言:中世纪传统研究》(*The Allegory of Love: A Study in Medieval Tradition*)和A. C. 斯皮尔林(A. C. Spearing)的《中世纪梦境诗》(*Medieval Dream Poetry*)],也有体现近年国际中世纪研究热点和最新成果的代表作;有西方大学中世纪相关课程最常选用的经典导读本(如《剑桥盎格鲁-撒克逊文学导读》(*The Cambridge Introduction to Anglo-Saxon Literature*),也有一流学者撰写的聚焦思想史及具体文化研究领域的专著(如《中世纪感官文化史》《刻画时辰》《七宗罪》等)。所选的书覆盖历史、神哲学、文学、修辞学、书志学、文化研究等学科,并且其中多部著作都立足于学科交叉地带,力图兼顾专业度与可读性,将国际上一批尤为杰出的中世纪研究成果介绍给中国读者,为国内从事相关研究的师生抛砖引玉,更向广大喜爱"古老往昔与遥远他乡"的普通读者呈现中世纪文化的绚丽多彩和广博精深。

C. S. 刘易斯在国内主要以儿童幻想文学系列《纳尼亚传奇》(*The Chronicles of Narnia*)被读者熟知,然而就和《魔戒》作者J. R. R. 托尔金一样(很长时间内,身为好友和牛津同事的两人是彼此小说的第一读者),刘易斯的第一身份是教授和专研中世纪与文艺复兴文学的中世纪学家(medievalist)。丛书收录的是奠立他学界地位的代表作《爱的寓言:中世纪传统研究》,这本出版于近百年前的专著至今仍是中世纪文论领域一块难以超越的巨石。中世纪语境中充满着"象征"(symbol)与"寓言"(allegory)两种程式。

在现当代中世纪文学理论研究者那里，对这两个术语的区分并不总是确定的，甚至经常将两者都泛泛归入"象征法"（symbolism）一起谈论。是刘易斯首次在《爱的寓言：中世纪传统研究》中坚决在两者间划清了界限，在中世纪和现代语境中给了"寓言"及其思维模式全新的、发人深省的定义。

《七宗罪：一个宗教概念的历史》（The Seven Deadly Sins: An Introduction to the History of a Religious Concept, with Special Reference to Medieval English Literature）是中世纪思想史领域的杰作。哈佛大学亚瑟·金斯利·波特（Arthur Kingsley Porter）荣誉讲席教授、美国国家人文学科中心的创立者默顿·布鲁姆菲尔德（Morton Bloomfield）在本书中详尽地梳理了七宗罪概念的异教及早期基督教起源，及其在中世纪教会拉丁文献中的演变，解析七宗罪观念的历史背景、形成演变和文化影响。本书尤其着力于该主题在英国中世纪与文艺复兴文学［从11世纪到16世纪，以斯宾塞《仙后》（The Faerie Queene）收尾］中的多重变奏和后世影响，在初次出版的半个世纪后仍是本领域内未被逾越的经典。

《中世纪梦境诗》是弗吉尼亚大学威廉·R. 柯南（William R. Kenan Jr.）荣誉讲席教授 A. C. 斯皮尔林的代表作。本书从古典时期至中世纪的灵视天启文学传统出发，结合古希腊罗马至以弗洛伊德和荣格为代表的现代精神分析解梦理论，是第一部聚焦于梦境诗——中世纪最受欢迎也最神秘的文类之一——的专著。从波依提乌斯到乔叟，从《珍珠》到《农夫皮尔斯》，斯皮尔林以扎实的文本细读功夫和严谨的古典语文学方法解析大量梦境诗及其背后的创作机制，并讨论"做梦"对普通中世纪平信徒的意义和中世纪人对至少六类不同性质的梦的态度，由此完成了这本立足文学、探索思想史的引人入胜的杰作。

《刻画时辰：英国人和他们的祈祷，1240—1570年》（*Marking the Hours: English People and Their Prayers*, 1240‐1570）是剑桥大学抹大拉学院（Magdalene College）院长伊蒙·达菲（Eamon Duffy）教授研究"时辰书"（book of hours）这一特殊书籍形式的专著。插画精美、镶嵌宝石的时辰书是中世纪最迷人和广为流传的艺术品之一，对后世文艺复兴风格绘画产生了广泛而可见的影响，时辰书上的微型画绝不仅是装饰，而是象征着心灵、回忆和祈愿的图像符号。时辰书的主要使用场景之一是私人祈祷，由于泥金装帧的彩绘时辰书主要为能识文断字的上层女性制作并使用，它们在中世纪一直是与女性紧密相连的书籍形式。达菲教授从社会背景、制作工艺、字体插图、读者接受、神学审查等多重视角出发，探讨了一种书籍形式发展与湮灭的历史，为理解建立于手抄本载体之上的中世纪文化提供了新颖的视角。初版于2004年的本书内含大量精美绝伦的插图，便于读者直观地感受作者的论证并沉浸于时辰书之美。

出版于2014年的《中世纪感官文化史》（*A Cultural History of the Senses in the Middle Ages*）是康丝坦斯·克拉森（Constance Classen）主编的权威书系《感官的文化史》（*A Cultural History of the Senses*）六卷本中的第二卷，本卷主编为亚利桑那州立大学（Arizona State University）英语与中世纪研究教授理查德·G. 纽豪瑟（Richard G. Newhauser）。无论在理论或实践层面，感官及对感官认知的态度在中世纪人的道德、宗教、情感模式的形成中都扮演关键的角色，感官研究在国际中世纪学领域方兴未艾，并在过去

20年间飞速发展。本书是中世纪感官文化研究中里程碑式的论文集,其中的篇章出自不同领域的优秀中世纪研究学者,从城市感官、集市感官、宗教感官、哲学与科学感官、文学感官、艺术与感官、感官媒介等广泛多元的角度切入,综合考量欧洲各地的文本和考古证据,力图构建视觉、听觉、味觉(和言语)、嗅觉、触觉以及内感官在中世纪的发展进路。

《圣餐与斋戒:食物对中世纪女性的宗教意义》(*Holy Feast and Holy Fast: The Religious Significance of Food to Medieval Women*)是哥伦比亚大学与普林斯顿大学荣休教授、美国历史学会前会长卡洛琳·沃克·拜纳姆(Caroline Walker Bynum)关于中世纪女性信仰生活的杰出研究成果。以女性与食物为切入点,依托并发展人类学及女性主义理论,拜纳姆教授为中世纪晚期欧洲妇女的宗教观提供了现象学和功能主义的解释,同时探讨饮食实践如何使女性能在家庭中获得掌控权,并从中重新定义自己的虔诚度。本书也敦促读者重新思考中世纪禁欲主义、妇女地位、厌女情结、基督的人性、女性对符号的使用和再阐释等一系列重要问题,为相关领域的进一步深入研究铺设了道路。

《剑桥盎格鲁-撒克逊文学导读》是一本深入浅出、结构清晰的古英语文学(和少量同期拉丁语文学)导读,自11年前出版以来被广泛使用于欧美大学课堂。作者休·麦根尼斯(Hugh Magennis)是贝尔法斯特女王大学(Queen's University Belfast)神学中心主任、资深古英语文学教授,从多年教学经验出发,他为本书搭建了主题优先、多元文类、精选作品、文学与历史并行的框架,并介绍了今日学界解读盎格鲁-撒克逊文本的多种方法。普通读者可以从中读到包括史诗[《贝奥武甫》(*Beowulf*)]、抒情诗

[《航海者》(The Seafarer)]、谜语、历史著作［《盎格鲁-撒克逊人编年史》(The Anglo-Saxon Chronicle)］、圣徒传［《圣埃德蒙受难记》(Ælfric's Passion of St Edmund)］等不同性质的经典古英语文学作品的选段,一探中世纪早期盎格鲁-撒克逊人多彩的物质与心灵世界。对于教授英国中世纪文学和历史的高校教师来讲,本书则是一本兼顾作品与观点且不可多得的优秀教材。

《英国盎格鲁-撒克逊时期的圣母崇拜》(The Cult of the Virgin Mary in Anglo-Saxon England)是都柏林大学荣休教授、国际盎格鲁-撒克逊学会前主席玛丽·克莱顿(Mary Clayton)的代表作。12世纪一般被中世纪学家看作圣母崇拜兴起的年代,但本书提供了大量从公元7世纪至诺曼征服的史料,尤其聚焦始于10世纪中期的本笃会改革,翔实而可信地呈现了圣母崇拜及相关教义从早期教会直至加洛林时期的发展。克莱顿教授见前人所未见,通过对盎格鲁-撒克逊人诸多节庆、礼仪、祷文、修道院习俗、散文与韵文文学作品的研究,具有首创性地考察了圣母崇拜在中世纪早期的发端与繁盛,以及其背后的历史、宗教、社会原因。

《终焉之事:中世纪的死亡与末世论》(Last Things: Death and the Apocalypse in the Middle Ages)是前述卡洛琳·沃克·拜纳姆教授与耶鲁大学切斯特·崔普(Chester Tripp)荣誉讲席教授保罗·弗里德曼(Paul Freedman)合编的杰出论文集。文集的选篇远不止字面上的"临终四事"或"万民四末"(死亡、审判、天堂和地狱),而是覆盖了死亡心理建设、来世与赎罪论、医学与临终身体管理、瘟疫与生态终末论、文学与终末论想象等丰富而引人入胜的话题,考察拉丁语和西班牙语、意大利语、爱尔兰语、德语、法语、英语等诸多中世纪俗语一手文献，结合历史学、社会学、文学、哲学、人类学等多学科领域的研究方法，为我们了解中世纪人如何看待末日提供了重要视角，也为我们于当下带着历史遗产理解自身处境提供了珍贵的对参。

丛书第一辑中的选目当然不可能覆盖中世纪学领域浩如烟海的研究主题，但我们仍希望它们能为专业和大众读者深入了解欧洲中世纪文化及其现代影响抛砖引玉，在汉语语境中提供长期有益的助跑，促进我们对自身遗产及其当代继承的对观和反思。由于选目来自国际中世纪学界各领域的专家，涉及海量古代与中世纪一手文献和专业术语，丛书的翻译难度可想而知。我们为此邀请了国内长期从事欧洲中世纪研究、对中世纪研究抱有持久热情的专家与青年学者，根据各自的研究兴趣担任各册的翻译。在翻译工作虽艰苦卓绝却普遍不被重视，也难以计入学术工作量考核的今日，编者对丛书译者们的感佩和敬意难以尽述。

恰如德国学者弗雷德里希·冯·施莱格尔（Friedrich von Schlegel）所言："人要不断地走出自我，以便前往他者的最深处，去找寻与自我最深的本质相辅相成的东西。这种交流和趋近的游戏，就是生命的主要内容……真正的终点，应当是那个我们带着激情和力量，走过了无数离心的道路，却最终回归的所在，而不是我们从来没有离开过的地方。"但愿"中世纪学术前沿丛书"能打开这样一扇通往他者的大门——也向我们举起一面映照自身的镜子——为读者探知这绝不黑暗的千年历史，点亮一盏微弱但有确凿光源的蜡灯。

2022 年 7 月 15 日

于缮写室

目录

导　言　感官的中世纪
　　　　理查德·G. 纽豪瑟　　1

第一章　感官的社会生命：体验自我、他者与环境
　　　　克里斯·伍尔加（Chris Woolgar）　　27

第二章　都市感官：想象中的中世纪城市
　　　　凯瑟琳·雷耶森（Kathryn Reyerson）　　53

第三章　集市中的感官：中世纪城镇中的集市、商铺与购物
　　　　玛萨·卡尔林（Martha Carlin）　　80

第四章　宗教中的感官：礼拜仪式、虔信与剥夺
　　　　贝阿特丽斯·卡索（Béatrice Casean）　　107

第五章　哲学与科学中的感官：身体机能或灵魂行为？
　　　　佩卡·卡尔凯南（Pekka Kärkkäinen）　　132

第六章　医学与感官：诊脉、闻瘟疫与为救治而聆听
　　　　费斯·瓦利斯（Faith Wallis）　　157

第七章　文学中的感官：感知的质地
　　　　文森特·吉勒斯皮（Vincent Gillespie）　　183

第八章　艺术与感官：中世纪时期的艺术与礼拜仪式
　　　　埃里克·帕拉佐（Eric Palazzo）　　209

第九章　感官媒介：从声音到寂静、从视觉到洞见
　　　　希尔德嘉德·伊丽莎白·凯勒（Hildegard Elisabeth Keller）　　230

参考文献　　255
本书作者简介　　305

导　言

感官的中世纪

理查德·G. 纽豪瑟

　　学术界近年来的感官研究表明，要想书写面面俱到的文化史，其中的一个关键步骤是重构某个历史时期的感官情境（sensorium）。社会中的个体将连绵不断、环环相扣的感知体验编织成一张复杂的网络；在这张网络中，由各种有意识或无意识的关联勾连而成的"感官模型"来制造意义，这一感官模型即感官情境（Classen，1997：402；Corbin，[1991] 2005；Howes，2008），对于任何一个时期，从感官学角度重构历史的任务都是必要的；而对于理解中世纪，这项工作更是不可或缺。这是因为，长期以来，在中世纪的思想架构与文化实践的发展过程中，对诸感官的理论探讨和实际运用都扮演着至关重要的角色（Howes，2012；Newhauser，2009）。在许多领域中，感官都是评判信息、理解世界的基石：基督教神学将感官视为棘手的争议性议题；在中世纪对感官的理解中，伦理学亦始终占有一席之地；中世纪艺术常常把感知体验视为通往神圣界之入口；在所有包括从农耕者到医生、从水手到工匠在内的劳动者的日

1

常活动中，人类对劳作所做的感官评估远没有被机器所取代。中世纪学者之所以直到近期才开始加入感官学研究的行列，一方面是因为中世纪文本所传达的感官讯息读来太过陌生，另一方面则是因为不少中世纪神学著作本身对感知体验的否定和抨击。事实上，我们可以宣称，这场"感官转向"正是 21 世纪的中世纪研究中最为重要的趋势之一。正如一份近期出版的学科综述所证明的那样（Palazzo, 2012），近十年来集中深入的研究已经为我们理解感知体验在中世纪历史进程中的文化作用奠定了重要的基础。

神学与灵魂之门

随着罗马的陷落和帝制时期感官制度的消弭，感官体验的范式在中世纪早期的宫廷、亲兵制（*comitatus*）、村落或修道会制度的语境中都经历了某种"原子化"的过程。举例而言，在古典时期，不少古罗马社会中的精英分子耽于感官享乐，这遭到了一些自诩为传统价值标准捍卫者的抨击，不过，这并不能证明这些批判者对贫民的困境真的感同身受。在他们看来，有一系列道德原则把当时社会的中上阶层与一切不符合古罗马"理想状态"的群体（女性、异族、社会底层群体）区分开来了，但这些精英分子的行径却危险地悖离了这些原则（Toner, 1995）。然而，一旦把语境转移到去中心化的修道院内，感官享乐的沉湎将立刻变成一种对基督教信仰本身的叛逆，也将遭到违抗教义和未能履行修道士之宗教使命的谴责。与大多数事关信仰、社会规程等早期中世纪修道院神学的论述相同，此类观点往往从对《圣经》文本的阐释和布道中寻求权威性。作为代表修道院传统和世俗教会的关键人物，希波的奥古斯丁

（Augustine of Hippo，354—430）和大格里高利（Gregory the Great，卒于604年）为散布对感官享乐之危险的神学认识起到了推波助澜的作用（Newhauser，[1988] 2007）。

在神学领域，一个核心问题是感官与信仰的关系。在中世纪时期，身处圣境的状态既被感官开启，由感官得到体现，但同时也流传着信仰对象本身无法被人类感官知觉所体悟的观点。这种对信仰的理解可以从《希伯来书》11：1找到理论支持——"信就是……未见之事的确据（另作：不可见之事物的明证 [argumentum]）。"奥古斯丁的著作为在感官体验与缺乏信仰之间建立联系提供了颇具影响力的语境，其中最为关键的段落之一当属他对《路加福音》第14节中的君王婚筵寓言故事的释读。在这段文字中，奥古斯丁将着眼点放在信仰的基础上。他指出，基督徒不能单单因为他们无法用双眼看见耶稣的复活，用双手触摸空荡的墓穴，而拒绝相信神迹的发生。对奥古斯丁而言，这样的论证将会给理解耶稣复活带来极大的困难。提出此种观点的人彻底把自己与那些臻至天国者区分开来，就好比那不愿意且最终没有参加婚筵的第二位宾客。"我买了五对牛，"这位宾客对派来接他的仆人解释道，"要去试一试。请你准我辞了。"（《路加福音》14：19）。在奥古斯丁看来，那五对牛是人类的五种感官，那位宾客错失的筵席是天国中的永恒餐宴。奥古斯丁认为，这位宾客试验牛犊（*probare illa*）的行为十分关键，因为这显示了他缺乏信仰。事实上，这第二位宾客误用感知代替信仰，并因此沦为感官的囚徒。比起活在信仰中，他更愿意体验自己的五官所制造的感受（Augustine of Hippo，1845：112.3.3—5.5）。为感知而感知，在神学上无异于作茧自缚。

3

但感官享乐动摇人性秩序的方式却不只这一种。大格里高利沿用奥古斯丁对《路加福音》寓言的阐释，并警诫世人为感知而感知的危险所在。他的这段讨论也同时带有早期修道院传统的烙印，在这一传统看来，感官惯习上的不顺从构成了一个神学和体制层面的问题。这种对感官的误用把心智引向了笼统上所谓的"对外在事物的钻研"上（Dagens，1968），但它也有另一种更具体也更为人所熟知的形态——好管他人生活的闲事。一个人越是了解另一个人的秉性习惯，就越是对自身的内心状态不自知。他把心绪带离自身，也就因此不再能了解自我内里的实质。格里高利有关通过感官来测试事物真伪的探讨承袭自奥古斯丁，但他没有像奥古斯丁一样对其背后的信仰根基进行批判，而是视其为自我外化的另一迹象。依赖感官体验的生活令人远离以戒律与顺从为基础的内心生活，而后者才是个人应为完善自己的精神生活而奋战不懈的战场。故事中第二位宾客的推脱之词谦逊有度，但他的妄自尊大却仍然从他不屑出席筵席的行为中流露了出来（Gregory the Great，1999：2.36.4）。他把自己从那些在自家尽享永恒之餐宴的穷人病患群体中抽离出来，也就挣脱了修道院体制的纽带（参见图1）。直至10世纪末11世纪初，这则故事的教训都仍在修道士与俗僧的群体间流传不止。譬如，原为赛那（Cerne）修道院修道士、后担任恩舍姆（Eynsham）修道院院长的埃尔弗里克（Ælfric，卒于1012年），在他的第23篇祷文中就细致入微地描写了感官本身，而且他还在《路加福音》对婚筵寓言的探讨中发挥了作用。埃尔弗里克无疑是从欧塞尔的海莫（Haymo of Auxerre）那里获得了灵感，后者曾对格里高利早先提出的训诫详加分析，并评述道："倘若我们渴望品尝永恒餐宴的佳肴,我们理应让目光远离恶相,让听觉杜绝恶言,让禁食不入口,让邪味不入鼻,让我们的手和全身避免接触罪恶粗鄙之物。"(Ælfric of Eynsham,1979:215)

埃尔弗里克的溢美之词受到五种外在感官的观念范式的影响,也或多或少暗示出当时最常见的感官等级(从"更高级"的视觉和听觉逐步降至更"贴近肉身"的味觉、嗅觉和触觉;参见Vinge,1975)。五感官的范式从古罗马时期的西塞罗(Cicero)流传至中世纪(Dronke,2002),但却远没有人们时常认为的那么严格刻板。而且,无论如何,与一个静态的等级体系所允许的情形相比,这种范式都带来了更丰富的感官多样性(Dugan 和 Farina,2012)。的确,正如一些学者掷地有声的论证所言,当时发展起来的弥撒仪式让每种感官都能够在信众与神圣力量的沟通体验中得到"激发"(Palazzo,2010)。这五种外在感官也成为构想与之平行的精神感官系统的基础蓝本,这一观念在西方中世纪神学里得到了系统性的阐发(Coolman,2004;Gavrilyuk 和 Coakley,2012)。据克莱尔沃的伯纳德(Bernard de Clairvaux,1090—1153)所述,灵魂赋予身体以感知能力,并把各感官分布在五个身体器官上;同样地,灵魂也给予五个感官五种精神价值,每种价值对应一种爱:视觉对应对上帝的神圣之爱(*amor sanctus*),听觉对应与肉身一步之隔的情爱(*dilectio*),嗅觉对应对所有人类的普遍之爱(*amor generalis*),味觉对应对同伴的欢愉之爱或社会之爱(*amor iucundus*,*amor socialis*),而触觉对应长辈对幼辈的虔敬之爱(*amor pius*)(这同时适用于人类和动物)(*Serm div*,10.1,vol. 6/1:121)。伯纳德借助于修辞上的通感(synesthesia)来描述精神感官之间的通力协作:在对《雅歌》

的阐释中，伯纳德写道："新娘倒出些许精油，侍女们争相品尝它的气味，来感受我主有多么香甜。"（Serm Cant, 19.3.7, vol.1：112；也可参见 Rudy, 2002：13—14、54—55）这里出现了一种后世宗教沉思者将会采用的观念原型，根据这一观念，灵视的神秘体验也同时意味着与神圣界在多种感官上的相遇。譬如，在奥尼的玛格丽特（Margaret of Oingt）的一次灵视体验中，当水浇灌在一棵干秃树木的枝叶上，而五感官的名字随即被刻写在枝丫上时，这棵树立刻开花结果了（Bynum, 1987：249）。

这种对诸感官间关系的灵活理解可以从"香甜气味"在中世纪神学的发迹历程中找到例证。在追求神性中一切令人心向往之的事物时，人们欣然地向诸感官敞开心胸，《诗篇》34：8[*]是表达此种感官体验时常常被引用的段落（"你们要尝尝主恩的滋味，便知道他是美善"[†]）。但"香甜"也同时指向了一种味觉的悖论，因为它既阐述了神性的崇高超脱，又指向了人类肉身的冥顽不化（Carruthers, 2006）。当时的饮食理论根据人体的体液构成（humoral composition）确认了对应的食物；在这些理论中，不论是为健康状态下的人体提供补给，还是为了缓解病情，甜味都被认为是与身体最亲近的味道，因为其物理性质与身体本身的生理性质完全吻合。西方世界中的饮食理论主要起源于非洲人康斯坦丁（Constantine the African）对伊萨克·尤第乌斯（Isaac Judaeus）的

---

[*] 原文写作《诗篇》33：9，似有误，应为34：8。——译者注（如无特别说明，本书脚注皆为译者注）

[†] 中译参照和合本《圣经》。原文作者误写了《诗篇》的篇目和节数，此处所引用的段落并非33：9，该节内容为"因为他说有，就有；命立，就立"，与味觉无关。

《普遍饮食与特殊饮食之书》(*Liber dieatrum universalium et particularium*)的翻译,该著作成书于9世纪末和10世纪初之间。这部著作的拉丁语版本在13世纪由英格兰人巴塞洛缪(Bartholomew the Englishman)摘录在他的《论事物特性》(*De proprietatibus rerum*)中,而他的这部著作也从14世纪末起通过特雷维萨的约翰(John of Trevisa)的中世纪英语译本流传下来,不过其传播的范围不如拉丁译本那般广泛(见图2)。正如中世纪英语译本中所言,"味觉在甜美之物中体验愉悦,因为味觉本身与甜味相近……因为香甜的食物提供丰盛的养分,也天然地与人体的四肢和各部分类似。埃塞克在《饮食篇》中如是说。"(Bartholomew the Englishman, 1975—1988, vol. 1: 118; Woolgar, 2006: 106)

有观点认为,这种视甜味的特征与人体本身能够完美契合的观点为修道院神学强调上帝的香甜滋味提供了部分理由(Fulton, 2006: 196—200),但人们对《诗篇》34:8*的反复征引也证明,在对神性的表述与体现中,不仅"距离最远的"视觉发挥着作用,就连需要将对象吸收入体内的味觉亦有其意义(Korsmeyer, 1999: 20)。

随着亚里士多德及其评论者的自然研究被引入中世纪西方欧洲的思想图景,以及不少古希腊语和阿拉伯语的科学著作流传并被翻译成拉丁语,神学家们得以从中获得大量探讨感官知觉的文字材料。五种外在感官的体系仍然具有相当的影响力,也为与之对应的五种内在感官提供了基本范式,后者正是从亚里士多德的《论灵魂》(*De anima*)中衍生而来的。包括阿维森纳(Avicenna,卒于

---

* 原文写作《诗篇》33:9,似有误,应为34:8。

7

1037年）和阿威洛伊（Averroës，卒于1198年）在内的不少亚里士多德的后世阐释者都将这些心理官能理论化，认为这些是由感官体验推知意义的过程中所需的步骤（关于内在感官中的想象力，参见Karnes，2011）。随着过程的推进，这些官能不断地将感知抽象化，不过，整个过程仍然始于诸感官的感知体验（或者说，这些感官在一个名为"综合感官"［common sense］的集结点上的组合与判断）（Heller-Roazen，2008）。这两位伊斯兰哲人的著作影响了经院传统下的神学家们，尤其是大阿尔伯特（卒于1280年）（Steneck，1974）。

然而，另一些认为神学家们过分涉足自然哲学领域的人却反对这一趋势，1277年，巴黎哲学院系便受到类似谴责的影响（Aertsen等，2001）。当然，这并不意味着感官遭到神学家的摒弃。譬如，威廉·佩劳都斯（William Peraldus，卒于约1271年）撰写于1249年前的《信仰论》（*Treatise on Faith*）就花了一定篇幅探讨感官问题，其中特别批评了当时持二元论观点的现代异教徒（也就是，卡特里派［Cathars］），称他们谬误的感官证明了他们实际上缺乏信仰，只能从有朽的物质中感知纯粹的罪恶，这些物质被他们称为罪恶原则的产物。另一方面，佩劳都斯也注意到，味觉可以判断出酒的香醇，听觉可以辨别出乐曲的美妙，诸如此类；因为一切物质都是一位唯一至善的神所创造的，它们都持存着向善的潜能（第八章；William Peraldus，1512，vol. 1：40ra）。不过，有些神学家（尤其是在多明我会的神学圈内）对处理感官的议题表现出决然的审慎态度，他们更愿意把不可感知的信仰作为神学思辨的主题，刻意避开更接近世俗领域的感官知觉问题。克雷莫纳的罗兰（Roland of Cremona, 1178—1259）是多明我会在巴黎的第一位在职教师（regent master），他在其《有关伦巴第人彼得判决的问题》（*Questions on the sentences of Peter Lombard*）一书中加入了一些关于感官的讨论，但他并未进一步深入探索这些议题，而是在以下这句话后让论述戛然而止了："就神学家的关切来说，上文有关外在感官的段落已然足够。在生理学家（*physici*）之间对这些感官有不少相当细微的争辩，但这与我们无关……"（Mulchahey, 1998：66）。而托马斯·阿奎那（1225—1274）在《神学大全》中也只是为感官写下了寥寥数笔。这是因为，尽管对阿奎那而言，神学家的任务包含对人类的思维和嗜欲的探究——这些都与美德息息相关——但是感官主要与身体的滋养力相关，也因此感官可以被视为是"先于思维的"（pre-intellective）（Pasnau, 2002：172）。

伦理学、感官与罪恶之门

由威廉·佩劳都斯和托马斯·阿奎那的例子可以推知，感官的道德意义渗透进中世纪时期的方方面面；事实上，这也是中世纪感官情境最鲜明的特征之一（Vecchio, 2010; Woolgar, 2006：16—18）。如上文所谈及的，上至奥古斯丁和大格里高利，下至17世纪，对好奇心所引发的罪恶的种种告诫都把感官知觉定义为潜在的危险（Newhauser, [1982] 2007）。到了12世纪初期，修道院机制丧失了对感官输入的类型与性质的管控，这一转折奠定了修道院语境中对"猎奇之罪"（*vitium curiositatis*）的一种劝诫姿态。针对受好奇心驱使而误用感官的罪，《人伦之书》（*Liber de humanis moribus*）中有一段最复杂也涉及最多感官类型的检讨，这本原始经院哲学文本记录了坎特伯雷的安瑟伦（Anselm of Canterbury，卒于 1109 年）的言论。在安瑟伦看来，有罪的好奇心只与发生在修道院食堂或（完全落在修道院管辖范围之外的）集市中的感知事务相关，他从中区分出 28 类。当一位修道士迫不及待地想看到当日的菜肴，抑或当他仅仅是为了解食物是否美味而品尝桌上的菜色，又或者当他只因为想知道每种香料的特点而张望、触碰、嗅闻集市上贩卖的香料时；所有这些例子中所运用到的感官的数量和不同感官的结合方式都证明了这样一种观点——食堂和商贩活动那缺乏拘束的环境潜藏着无穷无尽的感官潜能，这些都对修道院体制的权威带来了艰巨的挑战（Anselm of Canterbury, 1969：47—50；Newhauser, 2010）。

纵观 12 世纪和 13 世纪，欧洲的城市人口激增，一所所大学也随之建成，这些都让感官问题变得越发尖锐。雅各·德·维特里（Jacques de Vitry，卒于 1240 年）曾讲述过一个颇为生动的故事。故事的主角是一位名为塞拉的大师（Master Sella），他以前的一位学生的鬼魂曾到巴黎拜访他，那是一位天资聪慧却不幸早逝的年轻人。这位学生身着一件羊皮纸长袍，袍上写满了文字，当塞拉问他上面写了些什么时，学生的鬼魂一边指着毗邻的圣日耳曼教堂（church of St. Germain），一边答道："我的身体承受的这些文字的重量，比将那座在远处耸立的教堂背在身上的重量还要沉，因为这些符号代表了我曾经日夜沉湎的诡辩术与好奇心（*sophismata et curiositates*）。"因为这些诡辩与好奇，他才不得不遭受炽火之苦，为了向他曾经的导师说明其炽烈程度，这位学生让身上的一滴汗珠滴到塞拉摊开的掌中。汗珠穿透塞拉肌肤的感受如同一支锋利无比的箭。雅克的这则说教故事（*exemplum*）止于一段切中要害的结语——这位大师很快便离开逻辑学院，遁入一所西多会修道院（Jacques de Vitry [1890], 1967：12—13）。这则故事中对触觉细致入微的描述——羊皮纸的重量、地狱之火的炽烈、滚烫汗珠所带来的疼痛感——强调了这种感知作为宗教意义的载体以及作为规训身体的工具的重要意义。

　　大学院校之外，一系列出版于第四次拉特兰公会议（Fourth Latern Council, 1215—1216）后的教理和教牧关怀著作都收录了道德传统中对感官的正统看法，从而成为此类文献的一个固定板块（Casagrande, 2002）。许多此类著作表达了"守卫感官"的观点（Adnès, 1967），换言之，他们认为感官是通往罪恶之门，而他们所构想的行为规训正是通过维持对感官的"统御"来完成的（从转喻义来看，便能理解这些著作是如何成为社会管控机制中的一个环节的）。这类文献中的一个典型是多明我会修道士洛朗（Laurent）为法兰西的腓力三世（即"勇敢者"腓力）撰写于1279年的《罪德之书》（*Somme le roi*），该书对下几个世纪中用俗语写成的道德训诫著作影响深远。洛朗建议用理性与审度来统治感官，如此一来，在面对或难以抵抗，或催人上进的知觉体验时，感官便能像窗户和水闸一样按需开启或关闭了，每种感官便能在不犯罪、不僭越的情形下履行各自的义务了（Laurent [Friar], 2008：265；关于后世的中世纪英语文献中对同一种意象的运用，参见《雅各布之井》[*Jacob's Well*] 的第 34 章，载于 Brandeis, 1900：216—222）。洛朗的文字借鉴了威廉·佩劳都斯著作中对伦理感官所进行的更翔实丰富的探讨。在后者所著的《论节制》（*Treatise on Temperance*）中，佩劳都斯指出，味觉和触觉是生命本身的先决条

11

件（也即饮食和繁衍的先决条件），因而可以被视为最重要的感官，另三种感官对生命的康健亦有所贡献，但在这一背景下相对没那么重要了。佩劳都斯援引亚里士多德的自然哲学论著（*libri naturales*）评述道，视觉、嗅觉和听觉是在离感知对象一定距离外的地方被激发的，而味觉和触觉却需要与该对象相互贴近：

> 因此，由触觉和味觉产生的愉悦比由其余三个感官产生的更强烈。而且，这两个感官激发的愉悦和行为驱动力也比其他三个感官更强烈。同理可知，这些行为和愉悦所带来的恶也就更危险；与这些恶相对的美德也就愈发必要和值得注意。
>
> （William Peraldus, 1512，第八章，vol. 1：126va—b）

佩劳都斯在此颠覆了有时被认为是中世纪时期"权威"的感官等级。但从教牧人士的感官关切的角度来看，作为两种截然不同的美德，沉着与（对性欲的）克制对个体生活以及个体在群体中所发挥的作用是不可或缺的品质，这两个重要的美德也因此值得在佩劳都斯颇具影响力的道德神学理论中被明确指出来。它们向布道者证明，直接的感官体验和调节身体机能的伦理任务是极为重要的。

感官的道德意义并不仅仅是劝诫类论著和布道的关切点。"五感官动物寓言集"常常借鉴自然哲学及衍生领域的文本，根据传说中某个动物的习性，将每个感官与一个动物联系起来。这些动物—感官的序列常常配有彩绘插图（Nordenfalk, 1976、1985）。在这些清单中，从动物寓言传统里选取出的动物代表可能有所不同，但是一个典型的序列往往会因为某个动物的一种特定感官能力在众多生灵中独占鳌头而提及它，其中便包括目力超群的猞猁（lynx）、听觉灵敏的鼹鼠、嗅觉敏锐的秃鹫、触觉细微的蜘蛛和味觉刁钻的猴子。中世纪欧洲人并不非常了解猞猁这种动物；理查·德·富尼瓦尔（Richard de Fournival）撰写于13世纪中叶的《爱的动物图鉴》（*Bestiaire d'amour*）用虱子（lens）替代了猞猁，人们认为这种小虫和猞猁一样，具有目力穿墙的能力（2009：192）。不论是哪一种视力如炬的动物似乎都代表了中世纪时期对波爱修斯（Boethius，卒于524/525年）所著的《哲学的慰藉》（*Consolation of Philosophy*，第三部，第八篇）的误读；在书中，波爱修斯提及了林叩斯（Lynceus），这位阿尔戈英雄（Argonauts）被赋予了极其敏锐的视力。在古希腊罗马时期，人类被视为味觉的代表，但在中世纪，这一角色被猴子所取代（Pastoureau, 2002：142）。由于人类感知世界的能力有限，所以从这番替换中汲取谦逊的教训并不难。康提姆普雷的托马斯（Thomas of Cantimpré）在他出版于13世纪的自然世界百科全书中曾说道："就五感官而言，许多动物的能力远超人类：老鹰和猞猁看得更清晰，秃鹫嗅觉更敏锐，猴子的味觉更为精准，蜘蛛的触感更为敏捷，鼹鼠或野猪的听觉分辨力更强。"（1973：106；Vinge, 1975：51—53）

在中世纪感官情境中，每种感官都蕴藏着丰富多样的伦理可能，当时对嗅觉的探讨即明证。苏珊·哈维（Susan Harvey）特别探究了嗅觉在古典时代晚期塑造神性的过程中所发挥的作用（Harvey, 2006），同样，佩劳都斯也借用强烈的嗅觉，将希望的美德所带来的喜悦形容为对天国的美妙生活的"预先品闻"（*preodoratio*）（*Treatise on Hope*, 2；William Peraldus, 1512：71va）。对

13

"圣人体香"（odor of sanctity）的描写在中世纪圣徒传记中可谓层出不穷。譬如，在乔叟有关圣泽济利亚（Saint Cecilia）的故事中，泰波司（Tiburse）在闻到天使送给泽济利亚和瓦勒立恩（Valerian）的玫瑰和玉莲的芳香后，整个人立刻焕然一新。他说道："这香气深入肺腑，把我的本质都改换了。"（"Second Nun's Tale"，Chaucer, 1987：Ⅷ, 251—252）。倘若说在泽济利亚的故事中，圣者的气味香甜，那么，在其他地方，人们可以看到感官与心性转换的关系也同样能通过另一种截然相反的嗅觉体现出来。在《牧师的故事》（"The Parson's Tale"，Ⅹ, 208—210）中，邪恶的意志被地狱中的恶臭侵袭，而在《法庭差役的故事》（"The Summoner's Tale"，Ⅲ, 2149）中，托马斯朝僧人手中放的屁臭气熏人，让村中的领主疑心是恶魔把这种行为传授给托马斯的。《法庭差役的故事》和《第二个修女的故事》中所展现的感官制度也强调了土地产权在社会中附带的伦理意义与感官之间的协作关系：贵族阶层的泽济利亚"世系尊贵"，其气味也就代表了她的阶层，托马斯震耳欲聋的臭屁则让他从一位家产富足的"好人"——作者在故事之初是如此形容他的——立刻沦为一个吵闹到具有破坏性且恶臭缠身的地痞流氓。各种感官媒介也将感官的道德意义运用于其中：《毅力的城堡》（*The Castle of Perseverance*）这部15世纪初期的道德戏剧，把贝利奥（Belial，剧中的恶魔）的感官维度幻化为一场无与伦比的嗅觉体验，其中也包含视听元素，并通过燃烧粉末制造的云雾，让观众体验到罪恶所散发出的恶臭和地狱崩裂的巨响。另一方面，当美德击溃咄咄逼人的罪恶时，舞台则向观众抛撒了馨香的玫瑰（Eccles, 1969）。

启迪感官

上文谈及有关"甜味"的讨论表明,基督教感官情境中潜藏着种种悖论。更宽泛而言,中世纪思想中的亚里士多德传统认为,认知论的基础是感官知觉,这是因为感官是认知过程中的第一步。如阿奎那所言,也就是那句逍遥学派*的名言,"智识中没有任何内容先前不曾途径感官",这涉及的是人类的认知论,而不关乎圣者的智识(*Quaest. disp. de veritate*, quaest. 2, art. 3, arg. 19 和 ad. 19;参见 Cranefield, 1970)。另一方面,面对感官这扇潜在的通向罪恶的大门时,基督教道德传统也始终顾忌重重。有人指出,这一悖论是一种无法完善的僵局,因为倘若感知的手段也同时损害着认知过程的开展,那么感知与意志间的联系将无法具有连贯性(Küpper, 2008)。但是,倘若感官能破坏人类认知的稳定性,我们可以看到,在中世纪,感官与意志仍然在改变感知信息阐释的过程中连贯起来了,换言之,这是通过"教育"与"启迪"感知达成的。事实上,纵观整个中世纪,感官体验不仅被严加看管,也得到妥善的引导。看管感官是一件相对静态的事情,教育感官却要求能循序渐进。从感官体验到认知理解的进程包含着整个阐释过程,启迪感官的工作始终是其中一环。

有一幅惊人的手抄本插图为我们展示了设想这一重要内心过程的一种方式,原作可能完成于 12 世纪末期海尔斯布龙(Heilsbronn)的一所修道院(Lutze,[1936] 1971:1—5)。这幅图

---

* 逍遥学派(Peripatetic),亦称"亚里士多德学派"。古希腊的一个哲学流派,创始人即亚里士多德。

像为学界所熟知（Jütte, 2005：78），但它对中世纪时期启迪感官工作的意义却未被学者强调。这部手抄本包括了《圣经》中四部书经的抄文（《箴言》《传道书》《雅歌》和《耶利米哀歌》），不仅配有一些相关插图，更有一张描绘生命旅途的彩绘寓意图。其中的天梯画出的既可是完善人格的历程，也可是人性堕落的蓝图（Eriksson, 1964：448—449），天梯的起点在画面右下角，人类便是从此处开始跟随诸感官的步伐（从图像的下方起向上：视觉、听觉、味觉、嗅觉、触觉）。这架天梯的顶端是由耶稣镇守中央的天堂，他在此扮演着启迪人心的核心角色。在天梯底部，我们看到地狱中的撒旦和另三位小恶魔。各感官只能将人带往天梯上的一个岔口；要想继续攀升，不仅必须经由圣灵恩赐的灌注来巩固感官信息，还需要人类自己完成内化四枢德（审慎、克己、坚毅、公正）的道德进程。另一条下坠至地狱的岔路上标记着人类"败坏习性"的各个阶段，最终招致了与四枢德相对的四种恶（草率、纵欲、易变［leuitas］、不公），这四种恶的灵感来源于地狱中诞生的七位恶魔（它们很可能对应着七宗罪）。感官为认知提供了原始材料，但是只有在人类经神恩相助努力向善的过程中，感官才能逐渐蜕变，最终臻至理想中表里如一的人格品性，这正是这幅彩绘插图的要旨所在。一如插图边沿上所写文字所强调的那样，这里所描绘的是心智本身（mens），它既可能因肉欲幻想而困惑，也可能努力向善，抵达天堂。

在波爱修斯的《哲学的慰藉》中，哲学女神所跨出的第一步便是启迪心智，以收获透彻的洞察力，她为波爱修斯拭去了眼中被"凡尘俗事"遮蔽的泪水（第一部，第二诗篇）。一如这本现藏于埃尔朗根（Erlangen）的手抄本所展示的，视觉图像并不仅仅用叙事手段来教导人心。事实上，各类彩绘图在为神圣奥秘的玄想引路的过程中发挥了至关重要的作用，可以说，它们就是"灵视体验的工具……帮助催发、传导、凝练这份体验"（Hamburger, 1989：174）。中世纪后期的女性灵视者在精神修炼中常常设法调动视觉描绘和其他物质对象的感官维度，为此她们受到了不少学术研究的关注。其中最耐人寻味的素材是中世纪晚期欧洲德语区的多明我会修女制作的"修女姐妹书"（Sister-Books）。视觉图像的效力在譬如迪森霍芬附近的圣加大力纳修道院（St. Katharinenthal）的修女间多有记载，某位名为希尔蒂·布鲁姆辛（Hilti Brumsin）的修女便曾在一幅描绘鞭挞耶稣的绘画面前祈祷，她极其专注的祈愿最终将她引向长达两周之久的狂喜状态，在这一过程中，她体验到了与耶稣所遭受的相当的痛苦与酸楚（Lindgren, 2009：62）。

  启迪感官不仅对认知的"高雅文化端"至关重要，也与社会各种层级的群体息息相关，不论这些群体对感官运作方式的理解有何不同。当然，学习感知是包括从医生到匠人的各行各业的必经之路。许多行业缺少繁复精密的仪器的协助，不得不直接依赖于感官的评估来搜罗信息，他们因此需要训练自己以准确的判断为依据来工作。触觉对一些职业不可或缺：石匠劈石块，必须知道需要向下使多大的力；铁匠铸铁，需要知道手上的榔头该以多沉的力道砸在炽热的铁块上；烘焙师在烘烤面包前，需要知道一个发好的面团的理想硬度。其他感官也有用武之地：在11世纪晚期，非洲人康斯坦丁的《论诸医药术》（*Pantegni*）——改编自哈里·阿巴什（Haly Abbas，西方世界对他的称呼）的阿拉伯语版本——一书中包括了

17

有关用味觉试药、用嗅觉识药性、通过色泽辨药种的各种实际操作的指示（Burnett，1991：232）。

中世纪盛期和晚期出版的科学论著种类愈发丰富，为解释感知体验，从而在教化过程中提供对感知的"正确"阐释带来了新的可能性。罗杰·培根（Roger Bacon，卒于1294年）*把光学视为神学研究的基础，并为人们该如何运用光学知识勾勒了蓝图。他在《光学》(*Perspectiva*) 的篇末以一小节进行论述，强调这门科学对理解和传播神圣真理"无以言表的用处"，"因为在神圣经文中，没有比对与眼睛和视觉相关的议题探讨得更为频繁的内容了，这对任何经文的读者来说都显而易见；因此，就［掌握］经文的字面含义和精神含义而言，也就没有比这门科学所带来的确定性学识更关键的了。"（Bacon，1996：322；参见 Newhauser，2001；Power，2013：114）。在这一时期，新近的光学研究中所罗列的光学现象在启迪视觉感官中发挥着直接的作用，它们或是解释了折射的原理，或是阐明了曲面镜的光学效果（Akbari，2004；Biernoff，2002）。利摩日的彼得（Peter of Limoges，卒于1306年）在《眼的道德论》(*The Moral Treatise on the Eye*，1275—1289) 中更进一步地创造出一种"科学与神学的杂糅产物"（Denery，2005：75—115；Kessler，2011：14）。不过，彼得这部著作的核心目的在于启迪所有的感官。理查·德·富尼瓦尔的《爱的动物图鉴》作为一部有关情欲与文字魅惑的文献，运用有关塞壬的动物传说，来解释文本叙述者是如何因自己的听觉而被心爱的人所擒获的（这借鉴了中世

---

* 关于罗杰·培根的逝世日期存疑，下文还有写是1292年的，另一说是1293年。——编者注

纪法国声景中的一项传统，这项传统常常拿心爱女子的声音与诱人进入死亡陷阱的塞壬的歌喉相比；参见 Fritz，2011：161）。理查借老虎的意象来解释叙事人被目光锁定的过程（因为传言老虎会因为看见镜中的自己而停止追踪）。理查又用猎豹和独角兽的意象来解释嗅觉给叙事人带来的陷阱（据说，猎豹会释放出一种诱人的气味，而独角兽会在被处女的香气所吸引后遭猎人捕杀）（Richard de Fournival，2009：182—202）（参见图 3）。触觉和味觉在文中并未出现，因为叙述人的情欲尚未得到满足。利摩日的彼得在对同一类感官和动物寓言素材的再分析中显然借鉴了理查·德·富尼瓦尔，彼得认为这并不是一段有关性欲激情的叙述，而是对色欲之罪的警示（2009：104—106）。爱情里尚存的感官吸引力在理查的作品中得到凸显，但仅为彼得的论著提供了一层潜台词；后者在这层潜台词上叠加了另一层更为直接的警告——女性是色欲的挑逗者，人们必须辨识出那些挑逗感官的潜在因素，并设法遏制其影响。

本节探讨的"启迪感官"大体是基于确立已久、稳定牢固的知识结构。然而，移步至中世纪晚期，中世纪感官情境中原本连接起感知与含义间延续性的一部分传统开始松动瓦解。感知与含义间的断裂干扰着精神启迪的过程，这一点我们可以从《农夫皮尔斯》（*Piers Plowman*）这部伟大的英国政治、社会及教会寓言体百科全书中找到生动的例证。在该长诗 B 版本的第 15 节（该版本创作于 1379 年），象征灵魂（Anima）的人格化身哀叹当时学风衰败，认为这标志着感官符号与其惯常指代的含义间的纽带遭到了破坏：

如今，有教养者和无教养者的心中都掺入了罪恶，无人爱戴同为人的伙伴，当然也无人爱戴我们的上帝。
因为战争、罪行与不测的风云，
长年出海的水手与聪慧的学者，
也不再对上天抑或（自然）哲学家的教诲心怀信念。
天文学家曾经警醒世人未来将发生之事，
如今却在测算中频频出错；
船上的船员和跟随羊群的牧羊人
曾经知道如何从天象中预测变化——
他们常常提醒人们天色不佳、狂风乱作。
耕地的农夫曾经凭借要播撒的种子
便能告诉主人他们将贩卖什么样的谷物，
告诉他们撇去哪些、用哪些过活，大地曾是多么可信。
如今，所有的人都多算多错，不论在陆地上还是海洋上：
牧羊人和水手，以及农夫也是如此：
他们既无能力测算，也不懂得一个接一个的程序。
天文学家也已走向穷途末路，
他们发现曾经对大地某个区域的测算，最终与实际情况截然相反。

（Langland，[1978]，1997，B. 15. 353—370：263—264）

从社会上层到底层，从饱学之士到无教养者，确定性被一种怀疑态度所取代，人们开始意识到传播旧有知识的局限性。兰格伦（Langland）及其同代人发现，曾经稳固的感官评估系统——甚至包括对自然迹象的评估——已摇摇欲坠，人们都无法为此作出解释。不论水手、牧羊人，还是学识渊博的星相学家，这些曾经的民间知识传播者们已经确定的判断都亟待重估。

社会秩序与诸感官

兰格伦的文字所形容的这场学识体系的崩裂仅仅是发生在中世纪晚期的其中一项重要历史转折。整个 14 世纪发生过几次重大的灾异事件，其中包括 14 世纪早期的一系列饥荒和中期的黑死病。而在灾难余波中，社会流动性的变化可以在感官情境的变迁中找到相应迹象。黑死病的暴发导致欧洲人口骤降，可供应的劳动力也随之减少，其中的一个结果便是薪资上涨。同时，地主阶层对农民阶层的义务也随之减少。这些因素最终增加了劳动阶层的消费能力，这意味着他们如今有能力效仿贵族阶层的生活方式了（Dyer, 2005：126—172）。这种社会模仿行为导致不同阶层间的人员流动，也让一些中下阶层人士得以效仿原先在阶层上高自己一等的人群的感官制度：换言之，农民开始在饮食、品酒、衣着乃至居所建造上效仿在社会阶层中更为优越的人群。

我们如果同时从字面上的"品尝"和文化层面的"品味"来理解味觉这种感官，并视之为文化身份和阶层归属的一个决定因素，那么便可以将上一段中所描述的各种现象合理地归入味觉史的范畴中（Bourdieu, 1984）。在当时，味觉体验愈发显著的流动性收获了不少回应，包括《农夫皮尔斯》中的段落在内的各类意见都可以作为味觉史的证据。在这首长诗中，农夫们试图用集体耕种半亩田的努力来获得和睦的社会秩序，但当这番努力化为泡影后，当象征饥荒威胁的"饥饿"被人们喂饱后陷入梦乡时，一些社会下层群体便不再接受他们早先在正常生活中所吃的那类食物了：

> 乞丐也不再吃用豆粉制成的面包，
> 而只认精细优质的面粉，或者纯麦粉，
> 也不再喝区区半便士的麦芽酒，
> 而只喝酿酒师手上最好、最醇厚的酒了。
> （Langland, [1978] 1997, B. 6. 302—305：109）

尽管约翰·高尔（John Gower）在探讨此类现象时的阶层立场截然不同，但他仍然赞同兰格伦所说的关于味觉挑战的颠覆性的观点。除著名的《呐喊之音》（*Vox Clamentis*）之外，高尔在1381年的下半年又完成了一部名为《英吉利异象》（*Visio Anglie*）的编年史。书中，他把参与了同年起义运动的农民描写成行为蛮横至极的家畜野兽：狗对桌上的残羹剩饭嗤之以鼻，反而叫嚣着索要肥嫩油腻的食物，狐狸也不屑于突袭鸡窝。这一切演化为一场品味与味觉的叛逆盛景（Gower, 2011, 5. 383—4, 6. 484：54、60；参见 Newhauser, 2013）。伴随这种味觉的历史变化而来的是一系列其他行为，它们同样揭示了农民和乡绅对社会上层的效仿，以及他们越发富余的可用收入。城镇家宅的设计影响了乡间小屋的建筑形态；白锡在餐具中愈发频繁的使用也可以归因于对银质表面的模拟，银质餐具当然是贵族阶层的首选。14世纪中叶以降，原先宫廷中风行的贴身剪裁设计逐步流传至社会的中下层，这体现了这些社会群体对宫廷时尚的向往与效仿（Dyer, 2005：136—147）。

甚至在社会中上阶层内部还存在着引领潮流的竞争，这导致人们愈发张扬地展示各自的服装配饰，杰弗里·德拉图尔·朗德里（Geoffrey de La Tour Landry, 1371）便在一则有关一位吉耶纳（Guyenne）当地的男爵夫人和博蒙特（Beaumont）领主的故事中描述了类似的现象。博蒙特领主使男爵夫人确信，尽管她的衣服只有半边装饰有皮草，但他会找人在他自己夫人的每件衣服上缝上皮草和刺绣（Barnhouse, 2006: 119）。

抛开各地饮食习惯的不同不谈，中世纪饮食中的决定因素有两个：其一是社会阶层及其与权力和财富展示的关系，其二是社会竞争（Schulz, 2011; Woolgar, 2007: 182）。如果说中下阶层群体试图效仿那些社会等级高于他们的群体，那么上层群体也在尽其所能地用感官炫耀行为来区分自己的社会地位，大型宴席便是其中的一种形式（参见图4）。宴席中的菜肴不仅是为了满足味蕾，也同时在视觉上下足了功夫。许多为社会上层群体设计的菜谱极为细致地写明了这道菜需要呈现出的色泽，更进一步指出那些可以用来制造这些色泽的食材。英格兰的理查二世的御用大厨撰写了《烹饪方法》（*The Forme of Cury*）一书，它在14世纪被奉为权威，书中指示厨师们用藏红花为韭葱酱上色，用血汁把动物内脏染红，用绿朱草把浸在杏仁乳中的羔羊肉或小山羊肉染成蓝色（Hieatt 和 Butler, 1985: 98、100、111—112）。在宴席上，"人们对色泽、形态和景观的重视丝毫不亚于味道和菜香"：肉类经碾碎后定形，染上绿色，最终的成品宛如一颗颗苹果；野鸡肉切片烧制后，又重新插上雉鸡的羽毛，在餐盘上呈现出栩栩如生之态（Freedman, 2008: 37）。在中世纪，发现事物并非如其表象所呈现的那样往往能为人们带来愉悦，

23

在盛宴上为感官带来惊喜也逐渐成为上层群体的权力的又一种体现方式。

欺骗感官的把戏也扮演了其他角色。集市上精明的手段往往基于欺骗买家的感官。这些手段标志着一群老道而无耻的商贩手握的权力，相应地，商家为聚敛财富而不计代价的买卖行为也伤害了大量可能缺乏权力的买家。中世纪时期对贪欲的探讨常常提醒人们此类商业行为的存在。威廉·佩劳都斯在《论贪婪》（*Treatise on Avarice*）中分析了一些商贩在他们的秤盘、秤砣和量具方面的欺瞒行径（第二部分，第四章；William Peraldus, 1512, vol. 2: 58vb—59rb）。从佩劳都斯到《罪德之书》，一条清晰的脉络将此类分析呈现给了当时的英语读者：

> 第三类（商贩犯下的贪婪罪）是男女商贩在秤盘和秤砣上耍的把戏，以及对不准确量具的使用，他们往往有三种方式来实现他们的诡计：当一个人手边有各种秤砣和度量方式时，他会用更重的那套器具来购买，卖出时则换成更轻的器具。第二种方法是这样的，一个人有一套精准的秤砣或量具，但他故意称量不准来欺骗买家，这在酒馆老板，量布料、称香料的商家，以及其他类似的人中很常见。卖家的第三种伎俩是把想要贩卖的商品变得更重，或者看起来更美、比它实际的数量更多，以达到欺骗买家的目的。
>
> （Francis, [1942] 1968: 40）

在这类案例中，感官操控的行径取决于敛财谋利的动机，也为在商业行当中对感官情境加以利用提供了诸多潜能。与此同时,这种目的不纯也暴露了消费行为所依赖的感官刺激自身是有薄弱之处的(Francis,[1942] 1968:40),因为这里描述的高明骗术只不过制造了感官刺激的假象罢了。

　　理解感官在中世纪时期所发挥的多种多样的文化功能,对建立完整的中世纪史观有奠基性的意义,亦是本书各章节的学术关切。不论这些功能是在日常社会生活的实际情境中展开,还是在哲人的沉思或医生的诊治中发挥效力;不论它们在描述的是个体对宗教、艺术,还是对文学、传媒的感官体验;不论感官体验是发生在城镇中还是集市里,本书的每个章节都试图分析中世纪感官情境所发挥的各种作用,并把其中最具特色的元素呈现在读者面前。在整个漫长的中世纪千年中,感官被赋予了非同寻常的能动性,这是这些章节首要希望展示给读者的。各个感觉器官不仅被动地接受讯息,也同时积极地参与到知识的生成过程中。这一中世纪感官情境的显著特点有时可以轻而易举地从当时流传的视觉外射论(extramission)中得到证实。根据这种理论所言,当一道视觉光线从观察者的眼球出发,最终抵达一件观察对象时,视觉体验即算发生了——换言之,外射论将视觉与触觉紧密地联系在了一起(Newhauser, 2001)。但在13世纪,外射论在很大程度上被光学家(Perspectivists)所推崇的内射论(intromission)所取代,后者认为,视觉过程是当一道光线射入(变得更为被动)眼球中时方才发生的。不过,只要我们注意到,言说在整个中世纪始终被归在与人嘴相关的感官之列,我们就仍然能清晰地看到感官在当时所具有的能动性。品尝百味与发出言说的声音之间存在一种连续性。这不仅展示了嘴巴作为感知器官

25

在当时被赋予了特别的能动性，也说明要想理解中世纪的味觉，我们所需的文化参照系远比如今对味觉的理解宽泛。

再者，本书撰稿团队用大量素材证明，有关既定感官等级体系的论断，常常与不同感官在现实和理论层面的关系重组存在出入。视觉和听觉并不始终占据主导感官的高位：对中世纪的各行各业来说，味觉反而更加不可或缺（Burnett，1991）。而外在感官也绝非中世纪发展出来的唯一一套感官知觉体系：内在感官和精神感官都分别在哲学和宗教冥思语境中承担着感知过程的关键角色。在理解世界的过程中，人们必须对感官讯息做出评估，感官在中世纪所具有的能动性也因此包含必要的伦理维度：一如本书中多章研究所强调的那样，正因为感官在知觉过程中发挥着积极作用，在个体形塑自身道德身份的过程中，它们也就变得必不可少了。为了构建一套基督教的感官伦理学，道德神学家常常用外在感官的欢愉来反衬精神感官的喜悦。这些以及许多特定于中世纪的感官体验特征，还有中世纪时期对这些特征所做出的多样的阐释，正是本书的主题。从中世纪早期发展出的都市或商业特征显著的感官体验到基督教神性的感官制度，从感官如何标示出膳食中所体现的社会地位到经院哲学如何解析贯穿着内在与外在感官的知觉体验，本书的各章节既强调了感官学研究对理解中世纪研究的重要性，也希望证明中世纪时期对完整全面的感官文化史是必不可少的。

第一章

感官的社会生命：体验自我、他者与环境

克里斯·伍尔加（Chris Woolgar）

　　任何有关中世纪欧洲感官史的讨论都必须从这样一种认识出发，即一如在任何其他的历史时期那样，当时盛行的对感官运作方式的理解都具有特定的文化成因。虽然一些承袭自共有思想传统的文化态度遍布欧洲各地，但是信仰和习俗在不同国家和不同社会群体间均有差异，也随着年代的推移不断变迁。中世纪早期留存至今的有关感官体验的文献证据相对稀缺，因此，我们在很大程度上要仰赖于间接证据、揣测推论。我们不得不把自己掌握的有关感官知觉的哲学和神学理解投射到社会的整体层面，或者根据物质证据展开推想。跨过公元 1100 年这道分水岭之后，文字证据变得更为丰富，包括所有清单和账单在内的许多新的文献类型开始涌现，它们在不经意间为了解感知和感官环境提供了宝贵的信息。这都让我们能够基于个体经验来探讨感官的实际运作情况。因此，本章以"感官的社会生命"为主题的研究侧重的是公元 1100 年后的这个时期。

　　宽泛而言，知觉在中世纪被认为是一种双向过程。一方面，和

我们现在对知觉运作方式的理解几乎一样，感知器官接受知觉信息，但与此同时，这些器官也释放着知觉信息。在这一过程中，道德品性、精神内涵、知觉信息都在感知方与被感知方之间流淌。人们认为这种感知过程是基于直接接触或紧邻的位置。当时盛行的两种有关视觉运作的理论——外射论和内射论——即可作为例证。外射论是由新柏拉图哲学衍生而来，中间经由圣奥古斯丁的阐发，该观点认为光线从眼球中传送向外，而被感知对象发出的光或火焰则被传送回眼球中。内射论在中世纪后期成为更为通行的光学理论，根据该观点，被感知对象的光线传入眼中，使之获悉对象的形状和动态，这些光线被复制成一系列"微图像"或者叫作"种相"（species），从对象、眼球一步步传送至位于大脑内部的综合感官。不论哲学和理论赋予了感知何种意图，有一项事实对我们理解感官的社会运作方式尤为重要：在民间，人们认为这种视觉过程中的接触不仅带来了图像，也随之输送了视觉对象的其他特质。圣洁的赫里福德主教托马斯·坎蒂卢普（Thomas Cantilupe）正是心怀此种认知，才会在女人与自己擦肩而过的时候，用修道士的长袍遮住了自己的脸孔，以防自己因为目睹她们的容貌而心智受到侵蚀。目睹传说中的翼蜥（basilisk）可能带来致命的影响也因循着同一种认知（Woolgar, 2006：21—22、148—149、203）。

　　感知并不局限于我们如今视为感知器官的那些官能，亦不局限于古代时期流传的五种感官。譬如，言说就被认为是嘴巴的感官之一，这种感官的动向由内向外，而味觉则是从外吸收向内（Woolgar, 2006：84—116）。言说是一种伦理行为；但是，语词的力量既依赖于对其理解，也潜藏在它们的声音中。一部15世纪的英语育儿手册描述了催生的手段。该手册有一部分借鉴了《特罗特拉医书》(*Trotula*)这部编纂于11世纪/12世纪南部意大利的医药典籍,另一部分从根本上可追溯至古希腊医生索拉努斯(Soranus)撰写于公元2世纪的产科论著。该手册中提到,人们在纸条上写下宗教和巫术文字,之后裁成小片给产妇饮用。另一种疗法是将感恩赞歌(Magnificat)的文字写在卷轴上,系在产妇的腰间(Barratt, 2001: 64—66)。这些疗法都包含与身体的直接接触,一种用口服的方式,另一种则涉及触觉;再者,这些文字向身体传导着一种灵验的道德力量。这些通行做法很难与我们如今所谓的"巫术"区分开,但事实上却与感官息息相关。

尤其是从基督教世界的角度来看,感知往往与一种强烈的道德意味联系在一起。修道士洛朗所著《罪德论》(*Somme le Roi*)的14世纪英译本强调保持各种身体器官的聪颖敏捷的重要性,眼睛要避免看愚昧的景象,耳朵要少听胡言乱语,两手不要触碰不应触碰的东西,鼻子不要被甜香过度吸引,舌尖不应过度沉湎于膳食与美味。感官乃灵魂之窗,透过这扇窗,死亡这道永恒的诅咒可能直捣心脏(Francis, [1942] 1968: 225)。这种道德意义也可以通过容貌和视觉来传达:面相和手势在个体所制造的印象中尤为重要。

当时感官涉及的范畴远远超出我们现在所设定的界限。从孕期胎儿的生命之初到死亡和坟墓的彼岸,感知不仅由人类引发,也有其他来自此间或别处、有灵或无灵的机体与物件参与其中。死产儿与逝者组成了社会群体的一部分,他们的感知以及他们对感官的影响都有相当的重要性。比如,人们常常会把死去的母亲的嘴巴张开,这样她尚未出生的孩子就能脱离母体的情况下继续呼吸了;此外，往往会在死者身边演奏赞美歌的圣乐，人们也会为了保护亡灵而将尸体葬在圣灵庇佑的土地之下；我们还能读到有关化解亡灵制造的麻烦的故事，这些不散的阴魂有时似乎盘桓在生前的住所附近，抑或与生者讨价还价。所有这些案例都展现了知觉体验在更广阔语境中的运作流程（Cassidy-Welch，2001：217—218、223；James，1922；Powicke 和 Cheney，1964，1：70、635；Schmitt，1994；Thompson，1902—1904，1：353）。

个体与知觉的研究

中世纪的感知观念认为，个体能够直接受到在场他人乃至他物以及其性质的影响，而且这些影响涉及生理、道德和精神诸多方面。因此，除了本书其余章节将会谈到的有关感知体验的美学、哲学及宗教讨论外，以教育、指导众人或制定规则为目的的文本一般也能为我们揭示感官文化的大量细节。育人的一部分工作在生命的最初几年中便已潜移默化地展开了，经母亲言传身教于子女，这些过程大半不为我们所知；但我们从中世纪时期的文字记载中仍能觅得蛛丝马迹，由此得以洞悉并感知具体的发生情境以及更普遍意义上的社会感官环境。从中世纪后期起，仪德书（books of etiquette）和家规中便开始罗列行为举止的范本，这主要出现在精英阶层间。在法规文件、早期的忏悔书，以及专为成人或岁及告解年龄者撰写的告解指导书中，宗教层面的行为指导亦为人们标示出了感官实践的合理范围；在第四次拉特兰公会议于 1215—1216 年间举办之后，告解指导书逐渐发展成一种特定体裁。除此之外，另有特殊类型的宗教行为指导文献，譬如修道院规程、将之扩充展开的惯例书，以及为新进修道士融入新生活、形成新的行为习惯而撰写的作息细则。所有这些宗教文献呈现给我们的是一系列规范性文本，但是，要想确定文本勾勒的行为习惯在当时享有的地位却困难重重；许多文本之间联系紧密，不过，追索惯例和实际做法的演化过程也并非易事。尽管如此，这些文献仍然为当时的感官实践提供了其他文献无法提供的信息，本章节旨在以之为素材来勾画修道院生活中感官文化的一些主要特征。正式法规提供了另一层面的与感官相关的社会管控，但是，理解官方规程与实际操作之间的差异仍然非常重要。除这些文本外，对手势和外貌的讨论以及面相学研究同样值得关注。为了与这些从理论或规范层面展开的对日常行为的描述形成互补，我们也将纵览大量有关实践中的感官的信息。不少记录人们日常生活状态的文献都顺带留下了有关这些实践的蛛丝马迹，为我们提供了独一无二的历史资料。

面相与手势

面相学研究试图解析个人行为在感官层面引发的后果，以及感官对个人行为的影响，它向中世纪的男男女女揭示了其认识他人所需的各类知识。人的容貌颇为关键，因为容貌助人判断品性，而但凡有人想通过知觉向观察者抑或周遭的人们传达某些道德品质，容貌也是一种必要的媒介。面相学的观念承袭自古希腊罗马时期，尽管不乏批评者，但这些观念仍然在整个中世纪颇具反响（Frank，2000：135—137、142—145；Shaw，1998）。化妆品在当时不受到认可便与此有关，因为人们认为妆容掩饰了个人真正的品性。但是，对化妆品的使用却极为广泛，诸如《特罗特拉医书》一类的文献也谈及女性美白面容或涂抹脂粉所需的各项准备（Green，2001：138—139）。当时也存在一种更普泛的认识，认为要想成为一个善良、有尊严的人，或者说，要想在他人眼中成为一个完整的人，每个人都必须有完整的官能。生理残疾和感官缺损都会阻碍个体形成善良正直的人格。1295—1296 年间，在剑桥郡巴恩维尔（Barnwell）的奥古斯丁修会修道院中，其指示明确要求，每位加入修会的新成员都必须具有完好的自然官能（*naturalia*）——"也就是，眼睛及其他身体部位"——此外，还要求他们适应社会、心智稳定、举止端庄（Clark，1897：120）。

完善的感知官能是不少一般行为的先决条件。在中世纪晚期，任何想要订立遗嘱的人都必须通过各类能力测试：他们必须处于得当的宗教状态，这通常意味着在拟定遗嘱前，人们需要完成告解流程；他们必须神志清醒，任何身体缺陷通常都被认为是此种状态的对立面；不过，即便的确存在身体缺陷，他们也必须具备完好的感知官能。巴尔托鲁·德·萨索费拉托（Bartolus de Saxoferrato，1313—1359）在对查士丁尼（Justinian）编纂的《学说汇纂》（*Digest*）的评述中把盲人和哑巴排除在遗嘱撰写者的行列之外，后世评述者常以巴尔托鲁的版本为准。这便是为什么罗切斯特主教（Bishop of Rochester）约翰·谢皮（John Sheppey）在 1360 年 9 月拟定最后一份遗嘱之际，强调他除了无法行走，诸感官均润泽且功能正常（Helmholz，2004：402—403；Woolgar，2011：xxix、xxxv、219）。

除了相貌以外，一个人的举止行动、姿态手势也尤为重要。中世纪社会对手势有深入思考，并为之制定了详尽的规则。巴恩维尔修道院对负责接待访客的修道士（hostillar）有以下指示：因为他与身处各种情境的男男女女频繁接触，所以，他必须在走路、站立以及其他一切言行举止中保持一位奉行宗教生活的人士理应持存的操守。就算在对话中无法提出实质观点，他仍需要保持愉悦的神情、妥善的言行，因为善言能助人广交好友（Clark，1897：192）。

在给修道院的见习修道士（novice）的指示中，有关感官的内容尤其耐人寻味。新入会的修道士必须摒弃在俗世中的各种举止习惯，调整自己的感知方式以适应新的生活，这整个过程通常有一位师傅指导。不少论著都对手势姿态做出了细致的指示，此处的"姿态"不仅指全身的动作，也包括所谓的"形象"，又或者说是灵魂内在动态在外在层面的体现。此类论著便包括圣维克托的于格（Hugh of Saint Victor）撰写的《见习修道士导引》（*Institutio novitiorum*），这则文本后来成为许多其他见习修道士指导手册的范本（Hugh of St. Victor，1997；Schmitt，1991）。13世纪，在恩舍姆修道院中，新加入本笃会的见习修道士都会收到指导他们整日言行方式的建议。他们必须切断与世俗事务的一切联系，与他们遁入修道会前的人生彻底告别；除宗教游行外，他们不得踏出修道院，除非得到准许可以在修道院的墓地中呼吸新鲜空气；他们的饮食也不允许包括荤腥（因为其与肉欲存在紧密的联系，食肉存在内化肉欲的危险），即便是在这类戒律相对宽松的疗养所也是这样。他们必须按照顺序坐在修道院的长凳或者地面上；在午休期间，他们被要求待在寝室，全身盖上被子；读书或其他事务均不被允许，而他们的床铺一般也被安排在寝室的师傅和高级别修道士的床铺之间；除非师傅在场，否则见习修道士不得相互交流；这些师傅必须坐在

33

他们之间，不得将自己的职责转交于他人。在他们成为正式的修道会成员之前，见习修道士的言行（除却告解和自然生理状况所需）必须得到师傅的认可。正是在这一转正的过程中，见习修道士被带领进了僧侣应遵循的感官行为模式中。这些对行为举止的细则规定甚至延伸至诸如咳嗽、感冒等身体议题上。从鼻孔或胸腔中释放出的体液必须小心扔到地上，然后用两脚踩踏，以免打扰到神经脆弱的人，抑或弄脏其他虔心祈祷者的衣服——此外，这些从体内排出的废物也不能扔在教堂内部。那些被咳嗽困扰、痰多的修道士必须被他们的师傅带离教堂，并一直休息到身体不适感消退为止。这些指示不仅为我们展现了修道院新生活日常的感官规程，也体现出为他人维持良好感官环境的重要性（Gransden, 1963: 37—39、47）。

感官的礼节

在个人生命最初的几年中，对感官行为的训练往往是在母亲与子女的互动中乃至更宽泛层面上的护士和居家环境的影响下逐步完成的，孩子正是在这一过程中树立起为社会所接受的行为习惯。当时的父母为保暖给孩子置办衣物、裹毯和床具，还有专为婴幼儿准备的食物，我们现在已经掌握其中的不少历史细节：除了喂奶之外，母亲和护士有时会把咀嚼过的食物喂给幼儿（Orme, 2001: 51—92）。颇为矛盾的是，我们对童年经历的了解大多来自非典型的情境，譬如对事故的记录和神迹故事。这些文献呈现出的图景虽然偏颇，却也极具启迪意义；父母的监护在许多情况下反而相对松散。

1303年9月6日或7日间的夜晚，北威尔士的康威（Conway）镇上的一位城堡厨师杰维斯（Gervase）年仅两岁多一点的儿子罗杰（Roger）失踪了。杰维斯那天傍晚到教堂里参加了一场葬礼的守夜仪式。杰维斯的住所离城堡仅几步之遥：他把妻子德尼斯（Denise）和一位城堡中的佣人文斯丽娅纳（Wenthliana）留在家中。裹着裹毯的罗杰躺在摇篮里，而杰维斯的两个女儿——7岁的阿格尼斯（Agnes）和9岁的伊索尔达（Ysolda）——已经入睡。杰维斯离家之后，他的妻子和文斯丽娅纳在孩子们入睡后也出门了，间隔的时间大约等于步行3英里*所需的时间。她们也来到了家附近的教堂。她们并没有锁门，也没有用任何方式把门关紧；通常的做法是从屋内插上门闩，但是为了让家中的成人能够重新入室，这一方式显然不可行。杰维斯的妻子和这位女佣在教堂里守了大半夜，杰维斯回家后发现家门打开，两个女儿睡梦正酣，但是罗杰却不见踪影。罗杰身上原先的裹毯和其他衣物均在家中。杰维斯以为罗杰出了家门，便开始在附近的区域找寻自己的儿子；但是周围的邻居都已熟睡，不知道罗杰的下落。杰维斯坚信有邻居带走了自己的儿子，因此回到教堂，告诉妻子罗杰失踪的消息。杰维斯在教堂里一直待到凌晨，但心情却越发焦急，忍不住再次回家，点着火把找罗杰。家里没有罗杰的影子，街上和其他地方也没有。夜深了，他不打算吵醒更多的邻居，只得回到教堂等待日出。第二天早上，城堡总管问他去了哪里，杰维斯回答说，他整夜都在教堂为一场葬礼守夜，总管回答说杰维斯的守夜十分不幸，因为他儿子的尸体在城堡的沟渠中被发现了。罗杰显然依照习惯跟随父亲去城堡工作，但城堡前的吊桥被抬起，而罗杰则在一片黑暗中坠入了干涸的

----

* 1英里约等于1.61千米。

35

护城河里。现场找来验尸官检查尸体，他正在与一位站在不远处的审判官展开正式讯问，与此同时，康威的镇民约翰·塞沃德（John Syward）也爬下沟渠，触摸这具尸体。约翰从钱袋中取出一便士，并在罗杰的额头上画了一个十字，祈求圣托马斯·坎蒂卢普引发神迹，让罗杰起死回生。他发誓要完成一次朝圣，步行至这位圣徒位于赫里福德的墓前。这位镇民看到罗杰的舌头在他张开的嘴巴里动了一动，他把状况报告给验尸官和其他站在四周的人，这最终成就了一次神迹。过了一会儿，孩子的右臂也开始动弹。验尸官停止了调查，把浑身赤裸的孩子交还给了孩子的母亲。当孩子被移至火炉边暖身后，更多生命的迹象开始显现。又过了一阵，罗杰已经开始说话，并恢复往常的开朗了。

  这则故事讲述了每个父母的噩梦，但是故事人物的反应和感官环境的潜在含义却完全属于另一个时空——从神迹的信仰、圣徒的力量、宗教符号、言语到约翰·塞沃德的那枚硬币都是典型的中世纪时代的。约四年后，当几位长官针对托马斯·坎蒂卢普的圣徒事迹询问一位神职人员时，他在证人陈述中描绘了地处北威尔士的这座英格兰小镇的种种细节：镇上一家人的私密生活、房屋的室内环境和敞开的大门、孩子们床铺的安排和布置、镇上黑暗寂静的夜色、他们与周围邻居的关系、他们的工作地点、各种时间观念、人们对死者抑或可能未死之人的态度等。这份记录是经他人传达的，但认识到这一点后，我们仍然可以视之为一则日常感官生活的小片段（Biblioteca Apostolica Vaticana, MS Vat. Lat. 4015, fols. 189r—203v）。

  仪德书主要的读者群是日常生活在大家庭中的孩子，这些家庭的社会阶层通常要比厨师杰维斯的家庭高一些。《孩童书》(Babees Book)这部大约写于1475年的作品描述了年轻人应有的行为习惯,强调礼貌的美德、节制的举止、对身体和眼神的控制,以及避免无益的闲聊(许多此类作品均以诗体形式创作,更便于孩子牢记文中所提的训诫):

> 呵,美丽的孩子,请注意听我的歌谣。
> 当你走近我主的所在,
> 先说"愿主赐福于你";然后向所有
> 在场的人,谦卑地致意问好;
> 不要莽撞闯入,而是轻松缓步地走进;
> 抬起你的头,记得只向你的君主
> 或上帝单膝跪地。
>
> 如果有人向你走来,与你交谈,
> 稳稳地直视他,
> 在他们说话时,
> 仔细聆听他们的描述;尽你的全力
> 避免闲聊,也不要让你的双眼
> 在屋中游走,专注于耳畔的言语,
> 保持愉悦的面容、勤勉的精神。
>
> (Furnivall, 1868: 3)

其他文本强调了另一些好习惯:保持双手和指甲的洁净;切面

包而不是掰面包；不要把手指伸进菜盆里；不要掏鼻孔、耳朵或者挠痒；不要用刀清理牙缝中的食物；不要在餐桌上吐痰，或者把手肘、拳头放在桌面上；避免打嗝；吃饭时，要保持双唇紧闭、避免贪吃（尤其是奶酪上桌的时候）；不要把骨头扔到地上；也不要把调羹、木盘或刀当成玩具（Furnivall, 1868：16—25）。

　　家规中的感官规训也同样随处可见。这些规训通常旨在创造一个以房主的荣誉和利益为中心的环境，感官影响在其中成为一项重要的议题。噪声是危害之一。威斯敏斯特的修道院院长温洛克（Abbot Wenlok of Westminster）制定的家规大约撰写于1295—1298年间，其中尤其关注家中的侍者（garcons）。这些侍者大多是青少年，身处在一个只有男性的家中，他们的存在极有可能破坏家宅机制的尊严感。家中总管需要确保，在修道院院长入座之后，侍者们一组组地进入厅中用餐，必须为每一位侍者端上膳食，其中也必须包括奶酪。用餐过后，他们不得在大厅入口处或者室内的其他场所徘徊（包括贮藏室、食品室、厨房——可以想见这是为了偷食放在里面的食物），而是应当回到他们的马上，避免成群结队地发出喧闹的声响。这并不意味着修道院院长的三餐是无声的仪式：虽然修道院中的修道士在用餐时都保持沉默，一旁伴有经文的诵读，以达到启迪用餐者和避免修道士过度沉浸于食欲的目的；而修道院院长在家中的用餐则颇有世俗领主之风，家人欢聚一堂，吃饭时也免去了许多修道院中的限制。虽说得体的行为在用餐时仍然重要，但来访的吟游艺人也常会出现在厅堂中，为院长及其家人表演（Harvey, 1965：243）。

　　在大户人家中，食物的味道常常会得到精心的管控，除此之外，观察者或许还会赞叹这间住宅其他的感官特征，比如，家庭成员整齐划一的衣着。在英格兰，家中员工以及侍奉房主的佣人都身着制服。这些用同一批布料制作的制服一般在一年夏季和冬季的两个时间点上分发，不过职位较低的佣人只会收到一批制服。罗伯特·格罗斯泰斯特（Robert Grosseteste）在大约 1245—1253 年间为林肯的伯爵夫人（Countess of Lincoln）拟定的家规要求，为维护夫人的尊荣，夫人家中的骑士和绅士每天不得穿老式搭肩衫、有污渍的外套或不得体的短外套，而要披上为他们特制的礼服，尤其是在夫人用餐或在场的各种场合里（Oschinsky, 1971：402—403；Woolgar, 2006：190—266）。

性别与阶层的感官标识

中世纪社会有清晰的等级体系；为了明确阶层、地产和性别的诸多分界线，感官标识就变得异常重要了。从具体的制服到反奢侈法在更宽泛层面上对服装纹样的规定，从纹章式样到给罪犯烙印、迫使异教徒和犹太人分别穿戴画有柴捆和十诫石板的袖章，所有这些做法都旨在以相对直截了当的方式标示出不同人群的社会地位和性别（Piponnier 和 Mane, 1997）。我们不应忘记中世纪认为符号可以形塑个体的观念：一个异教徒毋庸置疑就是异教徒，这不仅因为他身上烙了一个字母"H"，也因为这个符号使他成为异教徒。其他区分方法则更为委婉，譬如，制服布料的品质可以区分职位级别。在路易公爵（Duke Louis, 1444—1447 年在位）统治下的萨沃伊（Savoy）宫廷里，通行的服饰以灰黑色为主，这种颜色象征谦卑之心；但此种极为精致密实的黑布是布料技术革新的成果，与勃艮第宫廷中的制服非常相似,此外,家中不同级别的工作人员都以布料品质的级别为标志。尽管灰黑色意指谦卑,但这种布料却很贵;意大利的反奢侈法令对其自12世纪以降的生产发展起到了助推作用(Page, 1993: 65、127—128)。黑色也可以标示寡妇身份,白色则指向处女;衣着庄重而不张扬是每个人都需要做到的(Francis, [1942] 1968: 239—240、251—253、285—286)。条纹布和卖淫行业的联系在中世纪欧洲广为流传(Pastoureau, 2001)。而中世纪晚期的宗教道德剧也常常把衣装变换当作一种戏剧手法,以暗示人物的精神蜕变(Forest-Hill, 2000: 93—94)。神职人员的服饰不能太过招摇:11世纪和12世纪的整个欧洲,从阿格德(Agde)、梅尔菲(Melfi)和威斯敏斯特的各个教会机构开始,都要求教士穿单色服装和得体的鞋子(Whitelock 等, 1981, 2: 676、749、778)。1425年,在为北安普敦郡布拉克利(Brackley)医院指定的规程中,大主教亨利·奇切尔(Henry Chicele)言简意赅地表明了这种立场:"此外,因为外衣的形态常常能揭示洁净的生活方式,并为那些向往倾听神圣仪式的人提供追求虔敬之心的榜样,所以,医院主管、牧师、教士和其他执行教仪的神职人员……应穿朴素的白色罩衣。"(Thompson, 1914: 18—19)一些将凡尘富贵抛诸脑后的人也会刻意颠覆既定的社会等级,拒绝使用高品质的产品、穿高档衣装。耶稣甘愿选择贫贱,人们也理应在穿着上效仿。现存文献中描述了专为启发教士自我禁欲而设计的服饰,其中始终不变的是刚毛衬衣(hair shirt),包括坎特伯雷大主教阿宾顿的埃德蒙(Edmund of Abingdon, 卒于1240年)在内的神圣的高位神职人员常常在主教所穿的衣物内另穿一层此种衬衣(Lawrence, 1960:

187—192）。

上流阶层的标志是一套与清洁和气味相关的惯常做法。最典型的仪式是饭前洗漱——某些大户人家会专门为储存洗漱器皿设置一间单独的水罐室（ewery）。一些精英家庭为此会使用银质器具，让这些器具成为公共仪程的一部分；这些器皿的出场是为了视觉展示。人们使用精心制作的洗手罐（aquamaniles）正是为此；还有水罐和水盆，常常成对地出现在英国人的库存清单中（Woolgar，2011：165）。

欧洲各地的器皿纹样均有所不同。另有一些为其他场合的清洗仪式量身定制的器皿：一些清单中提及洗头洗脸乃至剃须所用的水盆。这最后一种用途的水盆出现在一些 13 世纪枢机主教的私人财产中：戈弗雷多·达·拉特里（Goffredo d'Altri）就有一个剃须用的银盆；卢卡·费耶斯基（Luca Fieschi）有三个大小不等的水盆，其中一个是镀银材质的（Brancone，2009：68n、90、173）。昂贵的香水让不少男士女士得以显示自己的尊贵地位。上层人士会随身携带水果香氛球（pomander）和麝香球，前者源于法语的"*pomme d' ambre*"（琥珀果），是用抹香鲸分泌出的香甜的龙涎香（ambregris）制成的。而在王室圈子中，香球则是用黄金和珠宝制成的，香料位于球体内。在一份记载于 1400 年的清单中，法兰西的查理六世（Charles Ⅵ）便在其位于文森森林（Bois de Vincennes）居所的书房中放有一套香氛球，其中一只装饰有教皇克莱蒙（Pope Clement）的盾牌纹章，很可能是一件送给国王的礼物（Henwood，2004：158—159）。

为了维持荣誉、尊严和纯净，中世纪的人们热衷于清洁身边的事物；洗涤也可能是出于卫生的考量。整洁的环境与怡人的香气是美德的标志，感官将这些印象和美德投射给他人。因为其香甜的芬芳，人们会把圣母马利亚比作一间香料店："一如香料店中的各种香料气味香甜，圣母也因体内的圣灵和丰厚的美德变得甜美无比。"（Mirk，2009—2011，2：223）

就算在乡村，人们也常去溪边洗手，孩子们也在河中戏水，洗浴却是不太常见的事情。在精英阶层中，沐浴也是一件为重要场合而做的特殊事项，譬如在婚礼和骑士授勋仪式前，这或许是为了标示身体洁净的程度。其目标似乎是想制造出某种类似土耳其浴的环境，洗浴者周围环绕着一顶布制帐篷，浴缸中撒满香料和草药（Thornton，1991：246、316—317）。需要指出的是，沐浴并不一定意味着洗浴者必须赤身裸体，虽然裸身洗浴的确是多数情况。在公共浴场中偶有混浴的做法，这一场合也常与淫乱放纵的行为联系在一起（Carlin，1996：211）。在1292—1293年间，有几位目击证人在爱丽丝·勒·马雷斯卡尔（Alice le Marescal）与萨福克的埃利亚斯（Elias of Suffolk）之间的一场婚姻官司中被传唤质询。埃利亚斯宣称他无法娶爱丽丝，因为他曾与爱丽丝的一位血亲克里斯汀·德·托雷（Chrstine de Thorley）有肌肤之亲。事情发生在1289年复活节周后的一个周三，在一间位于伦敦塔附近的混浴浴场里，浴场主可能是一位理发师，当时正值一天中的第三个时辰（但是也有人说这发生在午后，另有人补充说，他们常在那里看见埃利亚斯和克里斯汀）。埃利亚斯带来的目击者回忆道，他们亲眼看见埃利亚斯与克里斯汀同在一个浴缸中洗浴，也看见他们在浴室一旁的一间小房间中赤身在床上交欢。其他人也目击了这一切，包括一些躺在邻床上的人（Adams 和 Donhue，1981：356—361）。

人们对各种情境下的清洁和柔化逐渐产生抵触心理或许是在所难免的。14 世纪和 15 世纪的人们从中看到了一种不甚妥当的阴柔之气，认为精致的衣物、床具和小心翼翼的洗涤程序象征着堕落与颓丧（Owst，1933：411—413）。

性别领域的区分为女性的感官惯习和生活划分出一个单独的区域，这在居家生活和中世纪晚期的某些工作类型中尤为明显。在英国，女人不仅参与食品的零售贸易和食品行业中的特定工作，也负责完成日常购物。如果说为精英阶层的大户人家烹饪是男性大厨的职责，那么民间的烹调则几乎完全是由女性执掌大权。在村庄和城镇中，不少与烹饪和备食相关的意外都发生在女性身上。在食品保存和准备肉类的工作中，亦有这些"腊肠太太"清洗和处理内脏的身影；她们侍养花草、潜心园艺；她们酿制酒品，并调配出蜂蜜酒一类的特殊饮品；她们是名副其实的挤奶工；此外，我们也会看到女人带着孩子采集果仁、莓子以及其他食材（Carlin，2008；Woolgar，2010）。

中世纪基督教中有一条相对负面的思想脉络，其对女性体验同样重要；这种类似于厌女心态的观点认为女性是潜在的污染源，她们使男性分心、诱发卑贱的色欲。许多教士认为任何可以让他们看见、接触或者亲吻女性的情形都是不可接受的——即便是他们的亲姐妹也一样。在女性有可能与男性或者教会用具产生接触的环境中，她们都被禁止入内。洗衣女工有时会获准可以在住所的大门口接收换洗的衣物；但通常，人们会选择雇用男工。即便是在贵族大家庭中，人们也总是对女性心怀芥蒂、区别对待：只有屋主直系家庭中的女性亲属、她们的密友和侍奉她们身体与穿着打扮的女仆是例外。这种区别对待的结果在当时的建筑规划中可见一斑，女性的寝居常常与其他建筑空间区隔开来。精英阶层居所的整体装饰方案也有所体现：譬如在亨利三世位于威尔特郡（Wiltshire）的克拉伦登宫（Clarendon Palace）中，整间大房屋的女性区域便有不同的装饰纹样。女性感官体验的其他元素可以在衣物和个人配饰中发现蛛丝马迹：在精英阶层中，这体现为各式昂贵的织物和珠宝，以及与之相关的刺绣或丝纺业这类特殊工作。男女性服饰的区分在社会中有广泛共识，换穿异性服装的行为常会引发不安（Richardson，2003；Woolgar，2006：100、227—229）。

家中的和修道院中的感官

如果说感官活动可以识别个体，那它们基本也可以出于相同的原因而识别家庭环境。对清洁和美德的强调最终在实践中得到体现，虽然追求美德不一定是人们唯一的动机。举例来说，我们会发现人们对地面洁净的关注。在神迹故事和布道的训诫事例中，贤善的农妇常常在清扫房屋、清除废弃的柴草和家禽家畜分泌的腐质。其中一个特色是仪式性的春扫（spring-clean），其时间与一年中灵魂可被赦免的契机重合——也就是在复活节期间。约翰·米尔克（John Mirk）编纂的一部受欢迎的中世纪英语布道文集《庆典之书》（Festial）把"复活节"（"Astur"）一词追溯至"火炉"（aster）：他认为，复活节标志着冬季的末尾，标志着炉火移出屋外的日子，而在熊熊燃烧的火炉于整个冬季期间为房屋蒙上一层乌黑的浓烟后，人们理应在其四周撒上一圈翠绿的灯芯草和馨

第一章　感官的社会生命：体验自我、他者与环境

香的花朵；对于那些想要令灵魂家园保持纯净的男女而言，这盆火炉即引导他们摒弃淫欲之火、怒火与妒火，在心中撒满香甜花草的榜样（Mirk, 2009—2011, 1: 114—115, 2: 351）。到了14世纪晚期，民间流传的有关圣托马斯·贝克特（Thomas Becket，卒于1170年）家宅的描述称，因为长凳上没有空间，一些来访的骑士会端坐在贝克特家中的地板上，为了保持骑士衣物的洁净，每个夏日，他家的大厅都会铺上苍翠欲滴的灯芯草，每个冬日，又会换成洁净的干草（Mirk, 2009—2011, 1: 39）。除此之外，还有其他方面的问题引人关注。从一份写于1266年的惯例书中，我们会发现威斯敏斯特修道院的圣器保管人被要求为唱诗席和礼堂、祭坛前方的地面与台阶等地点铺上毡毯，毯子还需要每年换新。每逢主要节庆宴席以及其他必要的场合，保管人也需要在教堂各个未铺设地砖的角落——尤其是在圣所*内——撒上灯芯草或者干草。在耶稣升天节、五旬节和三一主日前夕的守夜仪式期间，唱诗席地面上也需要覆盖灯芯草和常春藤叶。从复活节到诸圣日的这段期间，祈祷室也需撒上灯芯草，此后直至复活节前则会换成干草。尤其值得指出的是，布置唱诗席和祈祷室的灯芯草必须是从盐沼湿地采集而来，以免采自其他地区的草种会因为过盛的湿气散发出臭气而污染跪拜在唱诗席地面上的僧侣周遭的空气。在圣器保管人清理教堂的同时，修道院的施赈人员也需要在唱诗席和会谈室铺满灯芯草或干草，医务员则应布置好医务处的小教堂（Thompson, 1902—1904, 2: 50—51）。我们还能找到有关清扫规程的记载：在14世纪30年

---

*　圣所（presbytery）通常位于唱诗席后方教堂圣坛的东侧。

代，坎特伯雷的圣奥古斯丁修道院的内务主管需要在寝室中放置一只配有圣水喷洒器的水桶，一旦发生意外，需要清洁和维持神圣场所的秩序时，圣水就可以派上用场。每年，寝室起码需要彻底大扫除一次，需要在大扫除期间更换垫床用草（Thompson，1902—1904，1：195）。

地面铺设的装饰也可能指涉荣耀，尤其是地毯等织物的使用可以标示地位的尊卑。丝织品等精致织物作为远东贸易的重点，在地中海地区流传得更为广泛，因此，随着13世纪起欧洲南部的王后和公主联姻至北部，在世俗情境中运用挂毯和布饰的风尚也逐渐从欧洲南部传至北部，这成为感官习惯演变的一种体现。在反奢侈法令中也对使用价格高昂的织物挂毯有专项规定。

1476年，威尼斯颁布了禁止在居家装潢中挂置精美丝绸的法令，但是从反复出台的规定和丝绸在绘画中的出现可以看出，这些禁令并未得到重视。意大利匠人争相效仿近东地区出产的丝绸，威尼斯一时间成为丝绸制造业的重镇（Monnas，2008：148—179；Thornton，1991：64—66、68—72；Woolgar，2006：223、251—252）。

抵御寒气是这些地面盖毯的主要功能之一，但是这些布置也同时渲染着屋主的威望：即便只是用木质地板覆盖裸露的地面也颇见成效。在其上添设灯芯草甚或草席则能更加锦上添花，任何种类的织物都能为该户人家增添优越的气息。这些铺设的装饰也会改变房屋的声景，不仅能减轻脚步声，也能让谈话更为私密。更宽泛而言，居家环境中也有其他需要注意的区域。每间房间都可能兼顾数种功能：庄园的主寝室可以同时为饮食、睡眠、生活提供场地，而农房除了满足这三重功能外，还是农民烹饪的地方。在社会机构中，寝室、厨房和厕所的空间往往有明确的区分。厨房因为其中的嘈杂和混杂的气味通常被比作地狱，它与其他空间的区隔或许多少是出于预防火灾的考量。这些区域内的感官行为大致遵循通行的群体准则。

涉及感官的群体和私人习惯与仪式

即便是在最为显赫的大户人家里——又或者尤其是在这些人家里——"私生活"的概念都是不恰当的。所有的生活均是公共生活：某些场所的环境可能会显得更为私密，但它却不是现代意义上的"私人"空间。如果我们把目光投向人们最私密的生理功能，我们可能会对此有所认识。只消观察如今仍保存完好的建筑就可以轻易地发现，厕所有时是集体共用的：在大户人家或机构环境中，这基本是常规做法。使用修道院公共蹲厕的僧侣可能会被要求用兜帽把面部完全遮起来；这或许是一个公共场所，但是每个人都需要顾及他人。蹲厕也不是僧侣祈祷的地方，否则圣言难免会被该地亵渎。只有老者和病人可以在寝室中使用便池（Thompson, 1902—1904, 1：186、194）。在大家庭中，侍奉屋主身体的仆人常会现身在最私密的场合——而且，能在这样的场合出现被视为一种荣誉的标志。便座和便池的使用意味着男主人和女主人均不需要离开寝室去公用的厕所（Thornton, 1991：245、248、298）。为了控制气味和臭气散布，人们对厕所的位置进行了精心的规划，譬如将其嵌入城堡墙面的转角处，人们也有意识地在厕所中引入怡人的气味，尤其是以香水的馨香来缓解恶臭。在欧洲各地精英阶层的居家环境中都能发现结构繁复的香炉（Thornton, 1991：249—250；Woolgar,

47

2006：136、264—265）。

  日常作息可以通过制定家规和修道会惯例汇编来确定。以洗手为例，在 14 世纪 30 年代的坎特伯雷，一个圣奥古斯丁修道院的本笃会修道士会被要求在每天清晨与男僧一齐离开寝室时以及修女开始用正餐时清洗自己的双手。在其他时间段，修道院也要求执行同样的仪式，譬如僧侣在夏季午睡后离开寝室之际，抑或从 10 月中旬到复活节期间的午餐后；当然，如果他们是为哼唱《自深渊处》(De profundis) 的赞美歌或者做一段简短祷告而尽早来到回廊入座，那这样的仪式也可免去。晚饭后，当僧侣更换好鞋子离开寝室后，他们也需要洗手。同一习惯在一整年间不同时间点上细微的变化在文献中也有体现：譬如，如果一天中没有晚餐，而是换成饮茶小憩，那么在此之前也会要求僧侣洗手；而当修女们为弥撒重新更换白长袍或斗篷式长袍时，也需要洗手。全年除去主要节庆外的每周六，修道士都会在回廊中洗脚，而当节庆是在周六或周日，那么洗脚则会提前到该周的周四。修道院的下级内侍会负责准备两缸热水，并连同四个水盆和一个放有毛巾的水缸搬入回廊。在洗脚时，僧侣的脸部直至鼻子的部分需要遮起。剃须也在回廊里进行，通常是僧侣之间相互刮胡；但是因为许多人不知道如何剃须，下级内侍也会专请四位手法熟稔、来自教会外的佣人来协助。冬季的剃须每两周一次；夏季则是每三周两次。同样地，下级内侍需要备好热水、水盆及毛巾。一般来说，僧侣一年中分别会在圣诞节和圣灵降临日上洗澡（曾经有过一年四次的惯例，但是一般认为，本笃会会规不允许病人或残弱者以外的人沐浴过多次数：沐浴不是为了享受，而是为了疗养）（Thompson, 1902—1904, 1：200—201、214—217）。

与示爱和婚礼有关的习俗也回荡着各种感官的共鸣。在最上层的社会群体中，载着华贵嫁妆柜和家具、远嫁外邦的公主会经历漫长复杂的仪式庆典。爱德华二世的王后法兰西的伊莎贝拉（Isabella of France）在1358年入葬时，身披的正是她在50年前的婚礼上所穿的红丝缎束腰外衣和斗篷。除了交换对当下或未来的承诺之言外，婚宴并不一定有更繁琐的程序——中世纪晚期的英格兰盛行在教会外举办婚礼——甚至，除成婚夫妻以外，不需要其他的见证人。言辞即代表婚姻成立。婚礼要求二人互握双手：所谓的"绑手礼"（handfasting）要求夫妻相互接触，这是婚礼证词中常常会记录的细节；除此之外，现场的花环装饰以及时有出现的戒指互换仪式亦有记载，不过这些戒指可能甚至是用稻草而不是黄金制成的。

　　在一个只有极少数人拥有多套服装的时代，婚礼参与人并不需要身着特别的装束。1270年，农夫理查德之妻露西为发生在七年前的一场婚礼提供证词，婚礼双方是亚当·阿特布尔（Adam Attebure）和玛蒂尔达·德·拉·雷（Matilda de la Leye），举办地点在贝德福德郡（Bedfordshire）的卢顿（Luton）附近的一片名为瑞丁（Ridinge）的田野上。夫妻二人在当日下午交换誓言，露西当时与玛蒂尔达的亲姐妹同在现场，但除此之外别无他人。亚当身穿黄褐色土布束腰外衣和一件罩衣，玛蒂尔达则身着深棕色羊毛长袍，这是一种中档的羊毛布料。在另一场举办于1200年前后的婚礼中，面包师拉尔夫的侄女爱丽丝和铁匠约翰在伦敦芬乔奇（Fenchurch）教堂的圣坛内喜结良缘，证词中记录了二人互握双手以表忠贞之心的场面。约翰身穿蓝色外衣，爱丽丝则身披约翰的一件蓝布斗篷。其他经常出现的礼仪环节包括在新娘和新郎头顶上撑

49

举华盖的仪式（这一般出现在教堂内）以及一场婚宴（Adams 和 Donahue，1981：19—28、120—122；Woolgar，2006：235）。

刑罚与感官

中世纪各类刑罚与感官的道德准则紧密对应。体罚、毁形和死刑都相当常见。完好的感官官能是被他人视为拥有完整人格的必要前提，这些刑罚也因此显著地贬损了个体的人格层次。不会招致死亡的刑罚包括切断肢体、割去耳朵、挖去眼珠、阉割生殖器，另一些在较长时段中展开的刑罚则最终将人拖向死亡；不论是哪一类刑罚，它们都剥夺了个人的感官官能，令他们不再具有完整的人格，从而明显沦为道德边缘人群。这些刑罚都刻意引发痛感、侮辱受刑者，并在公共场合进行，通常会选取属于一个群体的最重要的空间——譬如熙熙攘攘的集市或主干道、教堂、礼堂或食堂——又或者发生在一个群体生活空间的边缘地带，作为对罪犯最大限度的凌辱，并向公众直截了当地揭示恶行者的道德沦丧。犯人的服饰即他们的标志：在多数情形中，他们几乎衣不蔽体，有时甚至赤身裸体。1339 年，罗伯特·巴萨吉（Robert Bassage）被发现犯下通奸罪，他被判处分别在自家教区的教堂附近和林肯的集市附近当众接受六次杖打，行刑时，他需穿着衬衣（camisa），在脖颈间垂挂十字架。当他再次犯罪时，刑罚的方式也基本相同，但罗伯特必须赤身裸体（Poos，2001：71—72）。体罚和死刑的意图在于对身体施加痛苦：在人间执行道德惩戒，既是在模拟恶人未来将在人间与死后承受的苦难，也同时是在向世人展示着犯人的特定地位（Flint，2000）。1511 年，滕特登的朱利安·希尔斯（Julian Hilles of Tenterden）作为异教徒被关在一座位于坎特伯雷外不远的修女院，除非得到大主教的豁免，否则她余生不得踏出这片郊区半步。还有一项责罚将不断恼人地提醒她曾经的罪行：她在今后的人生中将被禁止穿亚麻内衣，而不只是在每周五不被允许穿（Tanner,1997：109）。

在教会法庭中，刑罚将个人区隔开来，确保他们参与附加的宗教仪式，诵读一首首赞美诗等；有时，犯人还必须在余生中经受附加时段的斋戒。悔罪者通常需要赤脚完成他们的忏悔，同样地，要通过赤脚来完成朝圣旅途，从而磨砺身心，这将给参与者带来更大的益处。绝罚是最严厉的刑罚，个人在身体与道德上均被摒弃在教会群体之外，也就被剥夺了一切基督教可给予个人的恩惠——包括享用被赐福的食物、在圣灵庇佑的土地下葬，以及这两者给予个人的感官庇护。地狱中的生理煎熬在中世纪人的脑海中始终是鲜活清晰的。12世纪末期，在斯特拉福德-朗格索恩（Stratford Langthorne）的西多会修道院中，有一位世俗修道士脱离教会一段时间后被重新接纳。但是，修道会却不允许他穿戴世俗修道士的全套装束，死后下葬时也未身披道服。当时正在海外的修道院院长，梦见他在地狱中衣发皆被烈火焚尽的惨象。这位世俗修道士告诉院长，他需要经受的一项刑罚便是从一个炽烈燃烧、突突冒泡的大锅底下走过，锅上打了几个洞，沥青、硫黄和铅会流到他的头上和衣服上。事后，院长要求把其遗体掘出，为他披上世俗修道士的道服并重新入葬——很快，院长便又一次在梦中看见了那位可怜的世俗修道士，但这一次，道服保护着他荣耀的身体（Holdsworth, 1962：196—197）。

结　语

中世纪的社会生活与感官的模式和我们如今的经验截然不同。传授道德教诲和社交举止的文本向我们展示了每个行为举止、知觉感受都有可能被赋予美德或罪恶的含义。个体、其身体和衣着，乃至最贴近他们的居家环境，都是指涉社会地位的符号，也因此人们会对它们所显现出的特质细加审视。感官是通往灵魂的通道。沁人心脾的芳香、言辞的习惯、运动的体态都泄露、传达着相应的特质。感官情境会延伸至个人周遭的事物与生灵所具备的特质，并深受其影响。

然而，感知并非一成不变。对感官的智性理解在中世纪晚期尤其因为怀疑心态的催生而产生变化；人们对理性联想的理解也历经变迁；身体逐渐趋于封闭，不再受到外界的影响，而身体本身对他人的影响也逐渐获得了新的根本性解释；这些在长时段的历史发展中非常重要，但其影响力却直到启蒙运动时期才被真正释放出来。我们可以例举那些异教徒，他们不相信神迹或神圣塑像的力量，更遑论对圣餐的信仰；我们也可以联想到新教徒发起的宗教改革，以及其对理解圣言而非受到圣音感召的强调。另有许多更大规模的变化极有可能与感知体验息息相关，即便我们不见得能指出具体的联系：包括艺术对透视法的使用和写实主义的兴起、光照的推广和普及、多样化的饮食，以及复杂多变的声音及音乐创作（Milner，2011；Pearsall 和 Salter，1973：161；Woolgar，2006）。所有这些都对个体的社会生活有着深远的影响。

第二章

都市感官:想象中的中世纪城市

凯瑟琳·雷耶森(Kathryn Reyerson)

神学家雅各·德·维特里的一则著名的道德故事,描述了一位农夫牵着驴子穿过中世纪的蒙彼利埃(Montpellier)那满是香料商贩的街道的体验。在一间店前,学徒们正在用研钵和杵把研磨香草和香料,店口的香气如此异样,农夫一下便昏厥了过去。好在一铲子粪便就足以让他缓过神来。这则故事旨在描述一个人离开他所熟悉的环境所引发的各种问题(Jacques de Vitry, 1890: 80; Luchaire, [1912] 1967: 398)。在更细微的层次上,嗅觉相关的象征可以用来表达和巩固既有的阶层差异。人们认为粗鄙的农夫无法欣赏生活中更精致的细节。城中和乡下的气味或许都很浓郁,却也迥异非常。蒙彼利埃制药产业的专长正是长生不老药和香料酒,这些被出口至欧洲各个角落的特产显然比农夫习以为常的生活用品要精致高档太多了(Dion, 1959)。

我们需要对中世纪欧洲的城市环境和乡村环境进行感官层面的区分。由北部一路南下,尤其是在北部的大陆平原地区,城镇和这里的教堂在视觉上主导着乡村的景致。如今，当人们乘坐火车或汽车前往巴黎西南部的沙特尔（Chartres）时，仍然能看见耸立于这座现代城镇的大教堂。当一位中世纪时期住在博斯平原（Beauce plain）的居民步行或骑行去这座城镇时，在数英里外就会看到沙特尔大教堂。中世纪的城镇居民伴着教堂的钟声而起而息。当时的城镇访客会看到这样的景象：集市里充满喧嚣和单调的叫卖声，铁匠手中的铁砧以清脆的节律敲击金属，屠宰场的屠夫身上散发出熏人的腥味，皮匠店中满是浓浓的皮革味，河水浑浊不堪，污水任意地倾泻在街道的中央。乡村的环境却迥然不同：谷仓前院和庭院中声音嘈杂，牲口的气味熏人且吠叫不止，田野、森林、溪流齐奏出自然的韵律。尽管对感官的刺激丝毫没有减少，但乡村生活更多地呈现为田园式的安宁祥和，不过，与城镇相比，乡村的风光、声景、气味、味道和触觉所诉诸的对象皆有差异。

当我们试图展开对中世纪城市的想象时，通过分析感官体验来让都市环境鲜活起来是有用的。[*] 在更宽泛的意义上，都市感官的议题之所以值得探究，是因为这为我们潜入早先的历史时期提供了一条可以引起某些共鸣的途径。即便我们如今不再谈论譬如"圣人体香"的议题，即便我们开发每种感官的方法与中世纪城市中的居住者也不尽相同，我们仍然与中世纪的栖居者共享着同一套感官配备。本章试图在都市感官的广阔图景中，细致分析那些弥漫在中世纪盛期和晚期（约 1000—1500）西欧城市环境中的景象、气味、声音、口感与味道。

---

[*] 我的博士研究生凯文·穆梅（Kevin Mummey）和我一同钻研过想象中的中世纪城市这一议题，参见 Mummey 和 Reyerson（2011）。——原书注

中世纪欧洲都市发展的鼎盛时期出现在公元 1000 年之后。在西方,虽然城市在罗马帝国崩溃后(约 476)并未彻底消失,但在取代罗马帝国的多个蛮族国家中,都市环境却不再是文化和体制建设的核心了。11 世纪前,中世纪经济出现复苏的迹象,并在随后的一个世纪里全面崛起,这最终带来了实质的人口增长(Lopez,1976)。在接下来的三个世纪中,欧洲城市开始扩张,完成了从乡村向都市的转型,不过,中世纪都市人口中有一部分人始终在城镇四周的田野耕作。这些发展影响了都市感官的演化轨迹。久而久之,城市居民的人口越发密集起来,都市感官体验的影响也急剧上升。原属罗马帝国抑或其他文化源头的城市重获新生,新的城镇也按照四方形或圆形布局进行规划(Lilley, 2002)。显然,随着时间的迁移,中世纪都市生活中的景象、气味、声音、口感和味道的影响力也在变化。人口增长所带来的转变是潜移默化的,但是感官体验也同样受到重大危机的冲击,譬如 14 世纪和 15 世纪频发的战争、疾病和瘟疫以及社会动乱(Miskimin, 1975)。

这趟追寻都市感官的旅程穿越了中世纪的几个百年,为此,我特地选择了一位最善于观察的中世纪商贩作为向导与我们相伴而行。这位商贩辨别品质的能力是基于他的视觉、味觉、嗅觉和触觉,他在商业上的敏锐也在很大程度上仰赖于听到(和偷听)的市场细节,任何关乎交易成败、可能增添收益的讨论都逃不过这位商贩的耳朵。"贱买贵卖"(*E scarso comperare et largo venda*)是这位商贩的座右铭(Balducci Pegolotti, 1936:20)。品质也是一个问题。商贩手册中的细项明确地指出了作为商贩必须具备的敏锐观察力(Balducci Pegolotti, 1936; Lopez 和 Raymond, 1955:341—358)。当城镇逐渐脱离地区性权力而收获更大的自主权时，商贩运转着市政机构。罗伯特·洛佩兹（Robert Lopez）常常对此津津乐道，称城镇政府是属于商贩、由商贩经营、为商贩争取权益的机构，其性质类似于某种商业行为（Lopez, 1967: 266—270）。商贩作为地地道道的都市人总是在城镇间辗转，也因此，在我们穿行于欧洲的旅途中，他便成了观察都市感官体验的最佳向导。

在视觉上，中世纪城市不仅以教堂为标志，还可能以城墙为另一个符号。就像大教堂一样，在商贩入城时，从远处就能看到城墙。位于法国南部的埃格莫尔特（Aigues Mortes）是圣路易进行十字军东征时的出征港口，其毗邻地中海，城墙俨然一派近在咫尺的景象（图5）。携商品而来的那位商贩乘坐小船，穿过潟湖和蜿蜒的河流，最终抵达位于内陆的港口。他的船只在岸边卸货。中世纪的城墙可能源自罗马时期，城墙底部的痕迹反映出罗马的砖石工艺（appareil）*。它们也可能是在12世纪或13世纪建造起来的，此类结构常包括垛口（卡尔卡松［Carcassonne］的城墙即如此，19世纪的建筑史学家维奥莱-勒-杜克［Viollet-le-Duc］曾为该建筑做过修缮工作）、射箭口或孔洞（威尔士的博马里斯城堡［Beaumaris castle］和昂热城中的圆形高塔是为两例）（Viollet-le-Duc, 1990: 195）。埃格莫尔特的城墙建造于13世纪，一直保存完好，而且幸运的是没有被维奥莱-勒-杜克修复过。整座城镇经精心规划，呈现为对称的长方形结构（Jehel, 1985）。

蒙彼利埃的防御工事长达3 762米，包括11个主门和额外的次

---

* 这种被称为"*appareil*"的砖石工艺采用的是涂抹了灰泥的层状碎石。

级入口。整个城墙结构中只有两座塔楼留存至今。其中一座名为松塔（Tour des Pins），在新的市立图书馆于12世纪晚期完工前，这座塔楼一直存放着市立档案。沿着中世纪蒙彼利埃的城墙内侧有一条名为杜斯庞（Douze Pans）*的内道。在防御工事的外侧另有一条路叫作"护城河"（the Douve）（Fabre 和 Lochard，1992）。对城镇防卫队来说，能在这些道路上行军非常关键。但是在蒙彼利埃和其他城镇中，城墙内常常房屋林立，都市商贩也会利用墙外的壕沟做生意，壕沟内满是制作绳索的匠人需用的长绳和木材商人的木头，由此造成了城镇当局和居民之间的紧张关系（Reyerson，2000）。

毋庸置疑，城镇与乡间的日夜生活有所不同，但当夜幕降临时，黑暗笼罩着一切，只有火炬和蜡烛偶尔将其穿透。中世纪居民在黑暗中会感到不安——倒霉事总是在晚间发生，恶人披着夜色更易在四处行动。当暮色渐暗时，中世纪商贩一般会被要求停止工作，因为产品制作的质量会随着黯淡的光照而下降。夏季的工作时间更长，而到了冬季，尤其在欧洲北部，天黑得更早。人们在夜间仍然有不少活动，商贩总是拉着一干好友从旅店去酒馆，心血来潮的年轻人会拿着火炬出门。例如，在意大利城镇，油灯常被用来照亮圣像；偶尔也会使用特殊场合专用的蜡烛，不过一旦暮色降临，黑暗也就不可阻挡了（Frugoni，2005：27）。

出于安全考虑，城门会在晚间关闭。夜巡在许多中世纪城镇都很常见。譬如，在位于陶伯（Tauber）河上游的德国小镇罗滕堡

---

* 该路名直译为"12拃路"。1363年，蒙彼利埃欲在城墙边修建道路，要求强制拆除任何离城墙12拃的房屋，故此路得名"12拃路"，此处从音译。"拃"（pan）指手掌撑开后大拇指到小拇指间的距离，是古罗马时期通行的度量单位。

（Rothenburg），夜巡队伍就负责巡逻街道。在13世纪的伦敦（Kowaleski, 2008：341），教区执事会从教区中召集两人来负责守卫城门，他们一般在日间就位，直到破晓方才离去。夜巡人员需要配备武器。伦敦的仲夏夜巡是一件复杂的事务，其主要目的是监督围绕着施洗者圣约翰日（6月24日）以及圣彼得和圣保罗日（6月29日）的仲夏夜狂欢活动。在市民狂欢活动期间，由著名商人组成的各个行会和市参议员们会派遣持武器的游行者管控主要街道（Lindenbaum, 1994）。除了此类庆典巡逻外，中世纪城市中的夜巡也相当普遍，因为当时并没有遍及全市的照明系统。黑暗、罪孽与恶习之间的联系赋予了夜晚以寓言性的内容。此外，《出埃及记》中的描写引发了有关黑暗和瘟疫的联想。与之相对，光明则总是与知识、启迪联系在一起。

中世纪的商人很注重精确性，时间一直是金钱。在13世纪热那亚（Genoese）记录商人合约的一系列公证文件上，不仅注明了日期，还录入了具体的时间（Lopez和Raymond, 1955：183）。白天和夜晚的每个时间点通常都有钟声敲响。我们一般认识中所谓的修道院"时间"是以三个小时为一个区间——子夜时分为"夜祷"（*matins*），随后每隔三个小时，包括"晨曦祷"（*lauds*）、早上六点时的"第一时辰"（*prime*）、"第三时辰"（*terce*）、"第六时辰"（*sext*）、"第九时辰"（*nones*）、"晚祷"（*vespers*）和"睡前祷"（*compline*）。一天24个小时被分为12个部分，但这些部分并不均等，因为当时没有可以确保测时精确度的机制，甚至就连最早的时钟在这方面也是不规律的（Le Goff, 1980）。

除了管理宗教时间和相关仪式外，钟声在低地国家中工业化程度较高的城镇也起到召集人们开工和收工的作用,其效果和工业革命时期的工厂汽笛并无二致,伊普尔(Ypres)、布鲁日(Bruges)和根特(Ghent)大抵都是如此(Hodgett, 1972:141)。数千年间,日晷一直是计时的重要工具,滴水钟也早在中世纪前就已出现,但从13世纪到15世纪之间,机械时钟和摆轮装置的发明和完善最终让市政厅和包括坎特伯雷大教堂在内的教会建筑上出现了时钟。1509年起,纽伦堡(Nuremberg)圣母堂(Frauenkirche)上的机械钟开始运作。这无疑满足了在中世纪晚期异军突起的纽伦堡商人的需要。相比之下,催乡民起床的则是鸣啼的公鸡和象征着黎明到来的初升的太阳。

中世纪城镇的城墙或是临时兴建的,或是以罗马时期的中心部分为基础扩建而来的。在这些城墙之内,商贩会遇到迷宫一般的狭小街道,有一些通往中央广场、集市、大教堂或者市政厅广场。空间非常珍贵。狭窄且时常呈不规则状的街道不是以网格结构展开的,这便造成了有限的视角;悬垂在房屋外的建筑结构也让通道更显得缺乏对称感。

经过全面规划的城镇基本呈现对称的长方形结构,譬如埃格莫尔特的城区结构就会令人想起罗马兵营(*castrum*)的布局。有时,规划采用圆形结构,各条街道以同一点为中心扩散开,法国西南部的布拉姆(Bram)是为一例。面对高低起伏较大的城市地形,铺设台阶的街道也相当常见,譬如马略卡岛的帕尔马城(Palma de Majorca)和普罗旺斯的圣保罗-德旺斯(Saint-Paul de Vence)。

流动性对商贩的生意极为关键。为了寻觅客户兜售货物,他会在城镇中四处游走。他与合作人的联系会让其生意更上一层楼。蜿蜒的街道确实起到了一部分挡风的作用。在法国南部，密史脱拉风*只不过是各种风中最出名的一个。特拉蒙塔内风（Tramontane）则让意大利北部的城镇苦不堪言。爱尔兰海上刮来的阵阵寒风曾猛烈地侵袭威尔士和英格兰西部的城镇，北海的风在法国北部和低地国家肆虐，德国北部和更东面的土地则长年受到巴尔干海域强风的骚扰。每逢冬季，中世纪居民都不得不忍受逼人的寒气，拱廊、门廊和建有顶篷的街道因此成了某种避风港。

不论在乡间还是城里，中世纪居民都有一定的时间要在户外；这在夏季和冬季都带来了不小的问题。地中海气候里的户外活动显然要宜人许多，但是冬天的雨季给欧洲南部的户外工作者带来了不小的挑战，而英国和低地国家则要全年应对阴雨天气。在意大利，从破晓到黄昏，街道上都满是人群。他们经常出没于大教堂广场、集市广场和市政厅前的公共广场（Frugoni, 2005）。中世纪的店主，也就是零售商一般就住在店铺里。他的店铺前面一般可能会放置一个售卖店家货物的柜台。人们站在街边侃侃而谈。在南部的大型城镇里，他们可以坐在石凳上，而在地处比利牛斯山区的蒙塔尤村（village of Montaillou）中，居民则常在户外相互除虱，与此同时闲聊些异端观点（Le Roy Ladurie, 1978）。

中世纪的大教堂令商人目眩神迷，它既是一个特别的都市现象，又是主教或大主教（教区负责人）的根据地。圣丹尼斯的修道院院长苏歇（Abbot Suger of St. Denis）提出的有关光的抽象理论开启了引人注目的哥特式教堂计划，从 12 世纪起将中世纪大教堂

---

* 密史脱拉风（Mistral），法国南部出现的干冷且强劲的北风或西北风。

与光融合了起来。苏歇说道："光芒从最神圣的窗户中射入，整座圣殿都被这种奇妙的连续光芒笼罩着。"（Simson，1956：100）苏歇在设计第一所哥特大教堂，也即巴黎北部的圣丹尼斯大教堂的过程中，遵循了两种原则——光度和各部件间的一致性。从1140年左右起，欧洲的大教堂对圣殿中光照与色彩的作用进行了颠覆性的整合。光束透过彩绘玻璃窗倾泻而入，尤其是大的玫瑰花窗，在石质地面上映射出斑斓的图案。哥特式大教堂作为一个城市性的杰作为各个主教区和大主教区增色不少。一般而言，当我们的商人和城市居民置身于这些充满了万花筒般的色彩的神圣空间，尤其是沉浸于沙特尔大教堂那彩绘玻璃的蓝色中时，他们无疑都将心生敬畏之情。

从11世纪到13世纪末期，西欧的人口增长了三倍，而且其中大多是城市人口的增长，为容纳新增的人口，中世纪城镇发展出了兴盛的建筑产业。乡村人口过剩，再加上城镇扩张带来了新的经济机遇，这些都导致了大批从农村向城镇的移民潮。这是大教堂建造的高峰期，这一过程通常大约都需要100年的时间。白天，城市的上空回荡着各种声响：建筑工程的隆隆巨响、石匠凿石头的声音、滑轮和辘轳的吱吱声、工具的敲击声和工人间互相的呼喊声。在某些情况下，施工进度会让所有这些噪声成倍地交叠在一起。在新建的、经规划的城镇以及为防御工事而建的乡村中，人们常常期盼着城中1/3的房屋能在第一年中竣工，而在随后的几年中逐步将剩余的工程完成（Hodgett，1972：129）。

承袭自罗马文明的城市架构十分脆弱，好比是在一个原本以农业为主的乡村世界加了一层饰面。有证据表明，甚至是在墨洛温王朝时期（Merovingian period），城市人口密集也滋长了火灾的发生，因为大多数房屋都是木制的。图尔的格里高利（Gregory of Tours）叙述道：585 年，一个女人曾预言了巴黎的一场火灾，面对大家的嘲讽，她回应说，她在梦中看见一个男人从圣日耳曼德佩教堂中走出来，手举火把，正要把成排的商贩屋宅点燃。这个故事暗示当时的房屋是一栋挨着一栋的（可能还包括商铺）。580 年的一场火灾把整座波尔多城都焚毁了，奥尔良城也没逃过类似的噩运。585 年，巴黎失火（女人的预言似乎真的应验了）导致塞纳河上其中一座桥的一部分被毁（Gregory of Tours, 1974）。

火灾的破坏力在发展完善的中世纪城市中几乎随处可见。熙熙攘攘的都会中，几乎每条街上都能看到烧成焦炭的房屋。失火的危险真实存在，因为人们在取暖和烹调的过程中都会用到火。许多行业需要使用可燃材料，比如羊毛和绳索。包括面包师、陶匠、铁匠等在内的各类技工也依赖火来完成自己的生产制作（Frugoni, 2005：155—159）。城市当局严令禁止任何蓄意纵火的行为。在蒙彼利埃，纵火罪的刑罚是割去罪犯的舌头（Pégat 等, 1840：86）。从中世纪一直到近代早期乃至现代时期，城市始终饱受火灾的困扰。我们只需回想一下 1666 年那场焚毁了圣保罗大教堂和大片城区的伦敦大火，以及 1871 年的芝加哥大火。在这样的灾祸面前，商人面临着失去大量库存和店中货物的危险，甚至有可能因此失去家园、丢失性命。

从古至今，信息都是商业往来的关键。克利福德·格尔茨（Clifford Geertz）把露天市场（Suq）视为前工业时期集市的模型，用道格拉斯·诺斯（Douglass North）的话来说："就其本质而言，生意的游戏规则是让交易的另一方来承担被抬高的交易成本。通过手握比对手更精准的信息来赚钱。"（North，1985：564—565）从流传至今的贸易书信中可以看出，当时的商人对此有深刻的体会，意大利商人达蒂尼的书信（Datini letters）即例证（Origo，1957）。书信中常会细致地描述政治、集市和气候状况。感官信息之所以关键，是因为它可以反映出产品的价值和成果的质量。

　　城中还有其他的媒介。蒙彼利埃的市政领事馆由商贩和工匠组成，他们参考的一项官方信息来源便是这座城镇的编年史，其中收录了早先发生的时政事件的简短新闻，直到13世纪为止，这份编年史都将地方读者的关注点放在与蒙彼利埃息息相关的西班牙语世界上。尤其从13世纪下半叶起，视事态的严重程度而定，编年史中还包括一定地理范围内的气象新闻。譬如，在1262年1月记录了一场大雪（*la gran neu*）（Pégat 等，1840：336）。在1285年一则有关粮食紧缺、谷物价格居高不下的评论中，新闻覆盖的范围骤然延伸至整个基督教世界："一场致命的饥荒在整个基督教世界里蔓延开，1塞提埃*小麦的价格为20图尔苏。"（Pégat 等，1840：339）到了14世纪，有关气候和自然灾害的新闻增加了不少：1309年3月29日的蒙彼利埃地震；同年8月21日的月食；雷兹河（Lez River）的一条支流发生洪涝，导致雷加西厄（Legassieu）区、圣三一（Trinity）区和圣埃斯普里（Saint Esprit）区的房屋遭到破坏。1313年，旱灾成为日常生活的一部分："到处都是大旱。"人们为此组织了多场游行，终于盼来了久旱后的甘霖："主赐雨于我

---

* 塞提埃（setier），法国旧时的一种容积单位，1塞提埃约合150升。下文的图尔苏（sous tournois）是法国旧时的一种铜币，即图尔城铸造的苏。

们。"（Pégat 等，1840：344）。1330 年，大旱再次来袭，紧接着是在 1331 年淹死 200 人的雷兹河洪灾。1333 年 5 月的日食过后，是一个令人痛心的报告，那一年物资紧缺、饥荒肆虐，年轻人不得不啃食生草度日，甚至有人饿死街头。与热那亚的战争切断了来自伦巴第和西西里以及加泰罗尼亚地区的粮食供应，人们只能从勃艮第和威尼斯获得些许补给（Pégat 等，1840：347）。这些编年史的描述极为精练，但仍然展现了气候事件的感官影响。

有趣的是，蒙彼利埃城镇编年史中对圣母院大教堂（Notre-Dame des Tables）的钟颇为关注，该教堂是一座闻名遐迩的朝圣教堂，各地的货币兑换商都在此处聚集。1309 年的圣诞夜，由一位安东尼先生铸造的大钟安置到了圣母院大教堂的钟楼里（Pégat 等，1840：344）。1325 年的报道中记载了一口为圣母院制作的中型钟；这口钟在 1337 年的诸圣节（All Saints' Day）上被砸坏了（Pégat 等，1840：346）。事实上，这些钟是为了召集当地群众的。14 世纪 20 年代，蒙彼利埃频频发生政治和社会危机，居民们正是应着钟声屡次被召集起来的（Combes，1972）。

毫无疑问，钟声是向大批中世纪都市居民传递信息的通用方法。钟声可以用来警告军队的来袭和火灾的发生。以各异的节律穿透日夜的钟声，通常是用于警告人们或集结群众。麻风病人在靠近人群之际，会晃荡手中的小铃铛或响板以警示路人。麻风伤口的气味抑或麻风病带来的毁容都可能给路人带来生理上的抵触反应（Frugoni，2005：77）。

在没有报纸或电子媒体的时代，街头公告员（town crier）是新闻和官方通告的另一个传播口。街头公告员会通过各式各样的宣传将新闻传遍大街小巷。蒙彼利埃的城市防御组织"城墙卫队"（Ouvriers de la Commune Clôture）会在几扇城门上张贴告示，宣传他们的官方公告（*criées de bans*），这些公告涉及一切可能会损害城镇防御和城墙安全的事务，此外，他们还会进行口头宣传（Reyerson，1997b：219）。法院系统会利用街头公告员来召集犯人和债务人到法院来解释他们的行为和债务问题。蒙彼利埃有几处专为此类公告所用的地点：马略卡的国王法院所在的岔路口；亚麻布商区（Canabasseria）；皮货商区（Pelliperia）；位于蒙彼利埃雷（Montpelliéret）的老法院（蒙彼利埃雷是1293年被法兰西国王购得的前主教区），以及其他多个地点。街头公告员的公告声穿过城市各处，是传播政治或法制相关的官方信息的重要方式。

口述是中世纪城镇和乡村文化中的一个关键维度。口口相传和闲言碎语都是传递消息的方式。在更正式的场合，譬如每年宣布新的市政管理团队的公共庆典上，市政官员通常会做就职宣誓（Pégat等，1840）。宣誓过程中会重申有关政府运行和商业活动的规则和法规。这些一年一度的活动带有一种仪式性，甚至还有一种诉诸触觉的特点，与商贩在生意中的做法形成了呼应。在商贩前往公证人处拟定合约时，他们通常会把双手放在福音书上，用宣誓来确认正式签约（Reyerson，2002b）。

不论是城镇编年史、街头公告员，还是城镇四处张贴的公告、宣誓，这些都是以口述或书面形式在公众间传播官方信息的方式（Reyerson，2000a）。噪声、视觉，或许甚至触觉都牵涉其中。这些信息渠道向商人和其他都市居民讲述着地方贸易往来的细节，而政治当局的书信和指令则提供了与进出口、货币、财政需求等相关的信息，这些需求通常是战争规划和作战计划的结果。

商人会到中世纪城镇的旅馆和酒馆，寻求商业门路，休闲娱乐以及缔结同伴情谊。线人网络会向商人透露情报，许多交易都是在旅馆中经中间人之手拍板成交（Reyerson，2002a）。酒精促进了交流。尽管巴黎每一季度都会产出大麦酿制的啤酒，甚至在百年战争期间和英军占领巴黎的 1422—1436 年间，啤酒也是日常饮品，但葡萄酒是更受众人青睐的；都市社会中下层的群体常会选择色泽偏暗的酒，而都市精英则偏爱色泽更清澈的红葡萄酒（Vincent-Cassy，2005）。法国南部有自尊心的城民会经营葡萄园，来为城中的家庭酿制葡萄酒，有时甚至到市场上去售卖。14 世纪，法国南部生产的葡萄酒会一路妥当地运至阿维尼翁（Avignon）和巴黎，这两座城市是法国南部酒商的重要市场（Dion，1959）。因为难以长时间保存，人们都喝新产的葡萄酒。

不过，中世纪城镇中的酒店行业还有截然不同的另一面。喧闹骚乱的旅馆、酒馆常常侵扰着宁静的都市夜晚。在中世纪晚期的法国，酗酒的问题如此普遍，以至于因酒精催化犯下的杀人罪可以向王室申请赦免。酗酒影响人的言辞和行动。醉汉的步调踉踉跄跄、踟蹰不前，模糊的重影扰乱视线，恶心感、头疼、肠道问题和干渴感都影响着醉酒者；我们一次又一次在乔叟、兰格伦、傅华萨（Froissart）、热尔松（Gerson）和其他人的文字中读到类似的情景（Vincent-Cassy，2005）。酒鬼身上散发着异味，还会发出吵闹的肠胃胀气声。葡萄酒、麦芽酒和啤酒的盛行对那些沉醉于酒精的人和目睹醉酒者的人都带来了负面的影响。

在香槟（Champagne）地区及其他地区的集市上，四处兜转的商贩日复一日地讨价还价,在他们连绵不止的低语中偶尔夹杂着呼喊声,毫无疑问,这标志着一桩桩生意的成交。除了洪亮的钟声、街道的喧嚣声,中世纪的集市上也少不了当街兜售商品的叫卖声、运输货车的嘎吱声和牵引货车的动物的哞叫声。如果雅各·德·维特里笔下的农夫在闻过粪便之后恢复了清醒,那么牲畜一定就在不远处。在蒙彼利埃市中心的草本广场(Herbaria Square)上,雇佣的临时劳工在晚间开始工作,次日清晨,小贩和经销商便支起摊位,开始贩卖蔬果和禽类(Reyerson, 1997b)。人们绝非无缘无故地称卖鱼妇有一副嘹亮粗犷的嗓门,小贩和流动商贩的叫卖声也有相似之处。在这样一处市中心的集市中,吵闹声是非常明显的。在伦敦,街边摊必须在晚祷时辰前撤离,让夜幕降临之际的道路更为畅通、整洁(Kowaleski, 2008:351)。

街上的叫卖声会吸引顾客光临酒馆、购买商贩的产品。胡安·鲁伊兹(Juan Ruiz)在《善爱之书》(*The Book of Good Love*)中如此描述这些小摊贩:"摊贩拎着竹篮、摇着铃铛,车上挂满了饰品、戒指和徽章,一路吆喝着'卖桌布啦,用毛巾换桌布啦!'"(Frugoni, 2005:48)当有人骑马在拥挤的街道上疾驰而过时,马具的金属声和摊贩的铃铛声此起彼伏,向行人发出警告。在步行街区占领20世纪末期的欧洲城镇之前,现代的汽车驾驶员对狭窄、拥挤、障碍重重的都市街道始终无所顾忌。为什么中世纪的骑马者会有不同的行为呢?店主也在户外完成他们的手工活,或许会哼个小曲,会向熟人打招呼,当时的居民彼此都认识。正如劳洛·马丁斯(Lauro Martines)所言:"每天,总是同一群人走在同一条街道上。他们几乎即刻便能认出彼此……每个邻居都有自己的特定身份,都与一个行业、一个名字、一种名声、一个家族或宗族联系在一起。"(Martines, 1979: 74)陌生人反而会引人注目。商人在初来乍到的城镇中如同不速之客,但是当地居民会欢迎他们,因为贸易往来是中世纪都市经济中的一块肥肉。

　　商人、都市精英和贵族的饮食较好。中世纪食谱揭示了一些居民的丰富菜品(Cosman, 1976)。人们对香料的需求非常大。有一种错误的刻板印象认为,中世纪居民用香料来提升劣质肉品和让保存状况较差的农产品更具可食用性。事实上,中世纪精英阶层都会竭尽所能地在每道菜上使用极为多样的香料。人们会高价购买胡椒、肉桂、孜然、藏红花粉等,有证据显示,人们已经消耗——或者至少是购买了——大量的这类东西(Freedman, 2008)。一本重要的商人手册的作者弗兰切斯科·迪·巴尔杜乔·佩哥罗迪(Francesco di Balduccio Pegolotti),罗列了各大集市上出售的香料种类、价格和存量(Balducci Pegolotti, 1936)。在较大城市中的香料商、胡椒商和药剂师迎合了精英和中产阶层客户,其中既包括世俗人士,也包括教会人士。

　　烹饪时的菜香中掺杂着香料的味道,弥漫在城镇的街头巷尾。在中世纪城市中,室内结构的通风功能不佳,导致用火做食物和取暖产生的浓烟会积聚在屋内。现代人的嗅觉在短时间内便能习惯环境中的气味,过不了多久就察觉不到任何异样了。或许,中世纪的居民也是如此。

　　纵览整个欧洲,食物的来源均有所不同。在小冰期开启前的几个世纪,气候逐步变暖,葡萄藤在英格兰也可以生长,大麦在冰岛亦能种植,但从 14 世纪开始就不再可能了。乡村的穷困群体成天以黑麦面包和稀粥或面糊度日，而贵族和相对富足的城里人当然是吃白面包。14世纪的饥荒和瘟疫为欧洲带来了人口结构上的灾难，据说，原先的每五人中只有三人存活至该世纪末。都市人口的减少意味着在1400年，有更多人能吃上肉、穿上衬衫。

地中海地区的欧洲城镇通常都受制于一种改良的城市地役权制度（urban servitude），这一制度承袭自罗马法，在当代的法国法律中仍占有一席之地。总体而言，商贩和都市居民都十分关切都市环境。在一个生活空间逼仄、供水短缺、街道极度狭窄的城市里，道路通行权、雨水储备，乃至自然光和空气的流通都是重要的考虑事项。许多法令对房屋建造提出限制，规定了屋外悬垂结构的大小和雨水的排流方向。邻里之间的抱怨在这般紧凑的街区中无处不在。即便是在中午，穿过这些规划得相当局促的街道的自然光也是昏暗的。房屋一间搭建在另一间之上，人们生活在由此产生的超负荷的感官中。

1205年，蒙彼利埃出台的法令指派两个人监督道路、房屋外墙、排水沟和垃圾的维护（Teulet, 1863）。管控厕所规划和水资源利用的工作或许也落在了这些负责维护城墙的个人肩上。档案中不时会出现有关建造排水沟和排水渠的许可证。不少案例中，非法建造的厕所和排水沟都遭到了罚款，房屋建造的许可证经常明令禁止建造者搭建这类设施。当时的城市垃圾处理毫无疑问会用到城外护城河的沟渠，那么不论从防御工事还是城市卫生的角度来看，市政机关的介入都变得可以理解了。

城市法令管制的区域正是某些手工制作活动进行的场所。制革工人的工作需要用到水，而且因为皮革的气味，他们通常只能在城市郊区活动。在制作皮革时涉及的有毒化学物质包括鞣酸、动物粪便和石灰。费拉拉（Ferrara）的屠夫只能在波河（Po River）的某一段河岸边搭建肉铺。为了控制都市环境中的废物总量，有些城市对肉铺的数量也做出了限制（Zupko 和 Laures, 1996：35—37）。

一些中世纪城镇的水资源紧缺（Guillerme, 1988；Squatriti, 1998）。在城中和乡间，自然喷泉和人工井会为人们提供家用水源。此外，通常还有公共浴场。在蒙彼利埃及其他中世纪城市中，公共浴场是邂逅、社交，有时还是卖淫的场所（Rossiaud, 1988）。在蒙彼利埃，地区性河流雷兹河的两条小支流纵穿过城镇，城墙卫队偶尔会改变水道。

城镇中的某些特定区域可能尤其喧闹。每座中世纪城镇中都有的热浴室和洗澡堂一定非常吵闹。西班牙城镇里妓女的嘈杂声招致了不少民怨。在 14 世纪初的巴塞罗那，教区教堂的职员们抱怨称，妓女的业务扰乱了日常的布道。另有一次，一位正直的妻子抱怨说，"诚实贞洁"的女人难以避免与"卑劣的女人"交谈（Mutgé i Vives, 1994：259—315）。在赫罗纳（Girona），妓女被禁止参与舞蹈表演，一旦发现，妓女和演奏的乐师均会遭到逮捕，他们手中的乐器，包括号角和鼓等都会被没收。出于对污染和腐化的担忧，赫罗纳禁止妓女触碰粮食、蔬果、鱼和面包师的烤盘，一如当局对犹太人的禁令（Clara, 2008）。赫罗纳的妓女区就在大教堂和城墙的附近，坚实的墙面会将各种接客、拉客的吆喝声反弹出去。人们想把妓女限制在妓女区的愿望可能不仅仅出于道德考量，而是更多地反映出市政府试图塑造城市地貌，让某些区域免受人口混杂和有时随之而来的暴力之灾的父权愿望（Mummey 和 Reyerson, 2011）。

学生和商人是中世纪社会中游走四方的人群，更贴近于生活中相对污秽难堪的一面。边缘人群与中世纪城市中的景象、声景和气味的关系值得在未来进一步探究。

城市颁布的法令频频对出现在街道上的猪和其他家畜提出管制。在颁布于 1297 年的有关伦敦街道管理的法令中，我们可以看到："街上的猪圈应当被尽快拆除，街上不应该出现任何猪，否则一律没收，用以建造城墙和城门。"（Kowaleski，2008：351）意大利城镇中的猪会清理废物，人们用街上的垃圾来喂肥它们。在锡耶纳（Siena），夺得 1296 年当年卫生合约的个人有权"从田野广场（the piazza del Campo）和邻近街道上"收捡"所有的垃圾、粪肥和散落的谷物"（Frugoni，2005：65）。他还有权成为街头公告员，可以"在这为期一年的时间里，在田野广场上养一头母猪和四头小猪，让它们收捡和吃掉所有散落的谷物"。在意大利，这些被称为"圣安东尼之猪"（*porchi di Sant'Antonio*）的猪群有免费的供食，可以随意在街上晃悠（Frugoni，2005：65）。另一方面，蒙彼利埃的居民被禁止在城墙内养猪（Pégat 等，1840：131）。中世纪人用垃圾喂养猪的做法显然存在卫生隐患，在瘟疫时期尤其如此。此外，作为杂食动物，猪对幼孩和墓地构成了威胁。城中还圈养其他动物，不仅有奶牛、马、山羊、绵羊、驴子、骡子，有时还有鸡和其他禽类，随之而来的粪便污物在街上随处可见。乡村环境中也充斥着动物的叫声和气味，但还是能在那里呼吸上一口新鲜空气。

来自牲畜、垃圾和都市手工行业的各种气味，弥漫在中世纪城镇的空气中，笼罩着穿街走巷的商贩们。英格兰的垃圾情况如此糟糕，以至于官方不得不在 1385 年发布全国性的法令，要求清除英格兰各城镇中的垃圾。这次法令的条文揭示了中世纪城镇所面临的卫生和恶臭等问题：

> 堆积如山的垃圾和粪便、被宰杀牲畜的内脏和其他腐烂物都被扔进了沟渠、河流和其他水域里，在城市、自治市以及本国的城镇和郊区内及周边很多地方都能看见，其数量多得惊人，对当地空气造成了极大的污染，天天有当地居民和那些居住、造访及旅游至这些城市的人染上疾病和其他难以忍受的病症……为居民、住客、访客和旅人带来了无穷的困扰、影响和危险。

（Kowaleski, 2008: 351—352）

与无处不在的废弃物问题形成对比的是，中世纪的美学意识相当强烈。城市人热衷于时尚，到了12世纪和13世纪，用衣着来表现自我蔚然成风。或许，中世纪的商贩颇有时髦人物的风范，这些人正是时髦装扮的主要消费者（Heller, 2007）。衣着是生活地位的标志（Mathews, 2012）。随着欧洲经济体系日趋成熟，市场上的世俗商品越发丰富起来，炫耀性的消费行为屡见不鲜（Jardine, 1996）。商品展示和零售销售迅速发展，即便只有少数富人会花重金消费奢侈品，但这些产品已然开始进入城市中社会各阶层人群的视线。商人及其顾客对面料的质地、触感、色彩和光泽都极为挑剔。绸缎、织锦缎和金线织物都非常贵。15世纪中期，一位法国王室的财务主管雅克·戈尔（Jacques Coeur）管理着一家银铺（*Argenterie*），该店铺就是法国王室物资供应所或者说百货商店。从这家店铺琳琅满目的货品清单中，我们可以看到贵族阶层和商界精英的品位。珍珠宝石；镶金绣银的奢侈布料；红色、蓝色、绿色，有时还有黄色的羊毛和丝织品；用松鼠、狐狸、白貂、松貂或紫貂的毛制成的皮草，各类产品应有尽有。戈尔是布尔日一位皮货商的儿子，他对高质量的商品有着敏锐的眼光和熟练的触感（Reyerson，2005：58—59）。皮带尤其可以彰显穿戴者的财富。拉古萨（Ragusa）出产的银皮带（zonas belts）是将一个个银方块拴连在一起制成的（Stuard，2006：50）。一条长长的皮带从腰间垂坠下来，穿戴者行走时会发出摩挲声。在伦敦，贵族们常到王室官员的家中做客，身着华丽的服饰，带着自己的宠物，在人群间穿梭；宠物的种类不一而足：包括老鹰、鹦鹉、隼，还有猴子，不过常见的是狗（Holmes，1952：41）。

　　黄金和绸缎产业的制作工序主要依赖手工，没有机械工具的协助，譬如摇纱纺线、锤薄金片的工作便是如此。在银匠街和金匠街之类的城市街道上，处理珍稀金属的工匠敲打金片的声响此起彼伏。在那些铸币厂集中的城镇中，铸币厂工人铸造硬币时也是同样的情景。商贩通常会以咬硬币的方式来确认其真伪；他们需要对金属的细腻程度和其中珍贵金属的成分做出敏锐的判断，因为他们的生意正是建立在这一基础上的。不论是钱币、珠宝，还是圣体匣和圣骨匣，商人在判定商品质量、鉴别珍贵金属和宝石的真伪时，处处都需要运用触觉和视觉。

　　质量监控是中世纪手工行业和产品营销中的一个重要特征。为了判断货物的质量，商人需要培养各种敏锐的感官应变力。用味觉、触觉、嗅觉和视觉来估值的能力是商人的看家本领。商贩手册明确界定了对高质量商品的判定标准。商人也发展出一套精准的感官语汇，利用视觉、嗅觉、触觉和味觉来评估商品（Manke，2012）。在蒙彼利埃，有胡椒贸易监管人负责审核产品质量、避免欺诈行为，他们在一家胡椒商铺里发现了他们认为不纯正的藏红花粉。在一场1355—1358年间关于这批掺假的藏红花粉的诉讼中，被传唤上庭的专家证人描述了这批货物不同程度的杂质含量。商人在其中加入异质材料，让商品变得更重。专家证词来自蒙彼利埃本地和西班牙地区的胡椒商、药剂师、称重师和商人。这些证人无法判定杂质是什么，但有个别人指出，可能是一种甜味或用蜂蜜调配的添加剂，因为藏红花粉本身味道偏苦。还有另一些证人提出，这可能是"一种甜酒、粉末和类似燕麦之类又重又尖利的物质"（Reyerson，1982）。

在中世纪城市的大型表演中，各行各业的人士都会身穿最精美的服饰来参加所属行业的游行庆典。1268年，在一场为纪念总督洛伦佐·蒂耶珀洛（Doge Lorenzo Tiepolo）的庆典上，威尼斯的皮革匠们穿着"用鼬皮、狐皮和其他动物毛皮装饰的服装"参加游行（Mackenney，1987：141—142）。这些庆典常有鼓号声相伴；到了16世纪，威尼斯当地出现了鸣礼炮的习俗和用糖粉制作而成的图像（Mackenney，1987：145）。不论是主要的圣徒节日上的宗教庆典，还是王室或贵族入城期间的举城欢庆，都制造出一种特别的喧嚣。教会庆典本身就包含了赞歌声与熏香味。

伦敦和巴黎这两座都城都给居民与访客提供了日常单调生活和特殊时刻的兴盛繁荣景象中的大量感官体验。商人和学生有时也参与其中。以备受瞩目的1165年腓力·奥古斯都（Philip Augustus

的降生为例，威尔士的杰拉尔德（Gerald of Wales）在其自传式著作《论君主的教育》(De Principum Instructiones)中，回忆了他当时在巴黎还是学生的经历。嘹亮的钟声和刺眼的烛光将他从睡梦中惊醒。他从学生宿舍的窗口俯瞰广场：

> 两位老妇人尽管身无分文，仍手举着蜡烛，她们的面容、声音和手势都洋溢着欣喜之情，她们迫不及待地向对方奔去，仿佛是在冲锋。当［杰拉尔德］问她们这番骚动和狂喜所谓何事时，其中一位妇人抬头看着他，说道："上帝赐予我们一位国王，一位这个王国的继承人，因为上天的恩典，他将获得无上的权力。因为他，你们的国王将遭受毁誉和挫败、惩罚与耻辱、迷惘与苦难"……这些妇人知道，他［杰拉尔德］和他的同伴来自英格兰。
>
> （Davis, 2006：334）

对任何一个居住于大型内陆城市的人而言，密密麻麻的房屋和居民忘情欢庆的场景都将成为其城市经历中极富特色的一部分。

英国学生亚历山大·尼卡姆（Alexander Neckam）曾从伦敦一路辗转至欧洲思想之都巴黎求学，他把这段旅途中的观察用文字记录了下来。他的叙述充满了对两座城市的感官描写（Holmes，1952）。维斯和威廉·菲兹·史蒂芬[*]都提及了伦敦的码头区，在

---

[*] 维斯即罗伯特·维斯（Robert Wace, 约 1100—约 1180），盎格鲁-诺曼诗人。威廉·菲兹·史蒂芬（William Fitz Stephen, ?—约 1191）是一名神职人员，曾为托马斯·贝克特（Thomas Becket, 约 1119—1170）服务，并为其写了一本传记。

这座大港口中，有停泊的船只亟待修缮，有固定短桩和铁钉的声音不绝于耳，有潮汐盆地弥漫着的气味（Holmes，1952：33）。商人会在码头上光顾菲兹·史蒂芬赞不绝口的小餐馆，美味的佳肴散发出诱人的香气，与到港船只上的鱼腥味混杂在一起。伦敦码头也是洗衣女工工作的地方，人们将这里称为"浣洗桥"（La Lavenderebregge）。在许多流经城镇的溪流岸边都能看到洗衣服的人，沙特尔的厄尔（Eure）河即一例。

从14世纪初期起，另一类事件开始在中世纪城镇中频频发生，那便是社会骚乱。人们对中世纪骚乱的研究大多集中在政治、经济和社会层面上，其感官维度被忽视了（Cohn，2006）。唯一的例外或许是对谣言现象的研究，流言蜚语常常与中世纪的社会动乱联系在一起，是许多类似事件重要的诱因之一；在口口相传和道听途说中，谣言向社会散布着不稳定的情绪（Gauvard，1994）。一场发生于1074年的骚乱在德国的大主教区城市科隆（Cologne）爆发，编年史作者让布卢的西热贝尔（Sigebert of Gembloux）和赫斯菲尔德的兰伯特（Lambert of Hersfeld）对该事件的描述中包含了不少感官细节（Toye，2010）。[*]科隆民众因反对大主教而组织了这场骚乱，当时在沃尔姆斯（Worms）、勒芒（Le Mans）以及稍晚一些的拉昂（Laon）也相继发生了类似的暴乱。科隆骚乱的导火索始于大主教手下的人员对一艘商人船只的强征行为，该商人的货物被纷纷扔入水中。这位商人的儿子在城镇四处发表讲话，谴责大主教不正当的暴行。兰伯特将骚乱的人群比作被风席卷而起的树叶。西热贝尔讲

---

[*] 明尼苏达大学（University of Minnesota）的硕士布莱恩·陶伊（Brian Toye）的学期论文对相关内容进行了翻译（Toye，2010）。——原书注

述了一场类似的骚动：在婴儿的洗礼仪式上，平信徒用耳垢（"耳朵分泌出的肮脏体液"）而非圣油为婴儿施洗。他们把缴纳的什一捐献（tithes）焚烧殆尽，把圣饼踩在脚下，把弥撒用酒泼洒一地。兰伯特描述了暴民径直冲入大主教住所的场景；在他的礼拜堂中，他们"用肮脏的双手拿起圣器"，把与弥撒仪式相关的器物弄得东倒西歪（Toye，2010）。触觉和听觉深深地嵌入了这些编年史作者对科隆骚乱的描写中。

除了中世纪晚期的社会暴乱以外，饥荒、疫情和战乱也给中世纪人口带来重创。发生在1315—1317年间且余波不断的大饥荒对诸如伊普尔和布鲁日等城市造成了巨大的破坏（Jordan，1996）。作为一座食品资源相对稀缺的内陆城镇，伊普尔遭到了沉重的打击。对1316年伊普尔的描述中不断出现同一句话——"把街道上的尸体收聚起来"（Kowaleski，2008：318）。那一年，伊普尔近1/10的人都死于饥荒，死尸的恶臭难以阻挡。在1329年发生于锡耶纳的饥荒中，穷困人群遭到歧视，为此，他们针对这种不公待遇发起了起义；武装卫队将人群从城门赶至城外（Kowaleski，2008：323）。一位佛罗伦萨商人的私人日记描述了当贫穷的人群得不到救济时的反应："面对这番残酷、傲慢的回答，人群中响起无尽的高喊和拍打双手的声音，人们叫着嚷着，用力地抓着自己的脸，令脸上都仿佛留下了指甲的印记。在整个城市、乡村、城堡和堡垒四周，都可以听到人们因某个家人丧生而发出的哀嚎。"（Kowaleski，2008：320—322）

早期的意大利文艺复兴作家乔万尼·薄伽丘（Giovanni Boccaccio）在《十日谈》的序言中，描述了1348年黑死病在佛罗伦萨肆虐的情形（Boccaccio，1972）。四处都是死亡的气味，城中街道上横尸累累。邻里间都能闻到屋子里腐烂尸体的味道，尸体被一摞摞地堆在建筑物前。人们的反应不尽相同。有些人把自己锁在屋内，有些人干脆沉溺于酒精与享乐。有些人——正如薄伽丘所写的——"并没有与世隔绝，而是携带着鲜花、香草和各类香料四处闲晃，他们经常把鼻子凑上去闻一闻，他们认为这些香气可以安慰大脑，因为空气里弥漫着死尸、疾病和刺鼻药物的混杂气味"（Kowaleski，2008：325）。还有一些人，比如薄伽丘这些故事的听众，选择远离城市，到乡间避难。

中世纪时期的多数战争都是以围攻城市的形式展开的。在第一次十字军东征期间，隐匿在近东一座城镇中的十字军，因为在进入堡垒内安营扎寨前，没有注意到水井在城墙之外，不得不饮污水度日。1347年黑死病期间，突厥人在黑海围攻卡法（Caffa），将瘟疫患者扔到城中，把疾病传染给了当地居民，包括乘坐桨帆船向西逃的热那亚人（Ziegler，1969）。瘟疫的传播沿着贸易路线延伸开来，城中的商人大批感染。瘟疫还给穷人和营养不良者带来了重创，年轻人有时也难逃此劫。在人口密集的城镇和修道院中，死亡人数不断攀升。

商人的足迹或许遍布欧洲的各大城镇，但他的感官体验却大同小异：浓郁的饭香、烟味和垃圾臭味，街上有牲畜哞叫声、马车疾驰声和人声，阵阵钟声穿透了城市上空。当夜幕降临时，黑暗笼罩一切。中世纪晚期，战争、骚乱和疾病引发了新的感官体验。当城市不断扩展、人口密度急剧上升时，这些变化对诸感官的影响变得愈发明显。炫耀性消费和零售市场对都市经济的感官现象进行了重组。人口危机、经济危机为都市景观带来巨变。多彩纷呈的感官体验既表达也影响着都市经验,当我们细细审视各种细节时,中世纪城市便在我们的想象中鲜活起来了。

第三章

集市中的感官：中世纪城镇中的集市、商铺与购物
玛萨·卡尔林（Martha Carlin）

对中世纪人而言，集市代表一种鲜活多元的感官体验。不论是市场上还是商铺前，都充满了各种声响：街上的叫卖声和公告声，叮当作响的铃声和泼水声，刺耳的短促尖叫声，拍打声、研磨声、咒骂声，沉重的车轮碾过地上石子的隆隆声和嘎吱声，陌生的口音和语言，零星的口哨声和歌声。在集市中，都市生活的常见气味——烟味、下水道味、旧衣服和煮沸的蔬菜味、烘焙的气味和教堂中的熏香气味——被阵阵血腥气的鱼腥味、热腾腾的点心和浓郁的奶酪味、新鲜的麦秆和新制成的皮革味所覆盖了。新鲜的农产品和全新的织物色泽艳丽，花哨的饰品和抛光的金属制品闪闪发光，琳琅满目的食物和饮品令人垂涎，还有柔软的奢侈皮草、粗糙的木桶狭板和黏稠的蜂浆，这一切刺激着视觉、味觉和触觉。但在中世纪集市中不仅有感官享受，也容易因感官而受骗。商贩利用各种诱惑、诡计，甚至赤裸裸的假货来引诱、欺瞒顾客，人群常常失控，小偷和扒手潜伏在四

处。因此，中世纪的集市呈现出一派密集纷杂的感官景象，但其中也不乏潜在的危险。

中世纪早期的集市，500—1000 年

在拉丁西方，蛮族入侵、帝国政府崩溃和长途贸易收缩导致社会的重心从城镇转移到大量乡村庄园和修道院。在欧洲北部，许多城镇在5世纪和6世纪间日渐萧条，最终沦为废墟。当新的定居点和集市重新在7世纪和8世纪崛起时，它们往往建立在原罗马城镇之外的一些新地区，比如在海滩或河边、乡间修道院或别墅附近，又或位于朝圣区域中心和其他聚集点。到了9世纪和10世纪，许多这些城外的定居点和非城市的集市都落入了维京人之手（Pestell 和 Ulmschneider, 2003；Ottaway, 1992：125、144）。

与欧洲北部相比，欧洲南部城市生活的生命力是更强的。我们可以从来自高卢-罗马的贵族西多尼乌斯·阿波利纳里斯（Sidonius Apollinaris，生于430年前后，卒于480—490年间）的两封书信中看到罗马和克莱蒙（Clermont）的集市。西多尼乌斯的第一封信写于他初到罗马的467年。他告诉自己的友人赫雷尼乌斯（Herenius）：

> 我抵达罗马时，恰逢贵族里西梅尔（Ricimer）的婚礼，他正要迎娶皇帝的女儿，希望能以此为国家带来更多的安宁。忘我欢庆的人不止是个别几个人，各阶层和派别的人士都沉浸于此……每个剧院、集市、官邸、公共广场、神殿或竞技场都

回荡着粗俗诗般的"塔拉西奥"[*]的喊声。

(Murray, 2000: 199、202—204)

显然,包括集市在内的许多罗马的公共机构仍然存在。他们为庆祝王室婚礼而歇业,这些场所回荡着的不再是喧闹的讨价还价声,而是异教时代古老的婚礼仪式欢呼声。

西多尼乌斯给马赛主教格雷库斯(Graecus)写第二封信的时候(约5世纪70年代前后?),已经成了克莱蒙的主教(约470)。他在信中明确指出,那些可能是住在乡村庄园里的富裕的高卢-罗马人,曾付钱让专业的代理人代表他们到城市的集市上去选购进口商品:

> 给您送这封信的人仅靠作为交易商的身份来勉强维持生计……因为大家都知道他是采购代理人,他的名声渐长,但随之增加的却是别人的财富。尽管他的财富不多,但人们十分信任他的工作;当一艘货船的货物登岸并被运往集市时,他拿着别人的钱去悉心选购,但在那些相当认可他的债权人那里,他留下的不是任何担保品,而是他为人诚实的好名声。

(Murray, 2000: 193、226—227)

---

[*] "塔拉西奥"(Thalassio)是古罗马婚宴中的一种传统的欢呼声,古罗马作者对这种传统的缘由解释不一,但都将这种仪式和罗马人劫掠萨宾妇女为妻的故事联系起来。这段文字中拿来与这种喊叫类比的"粗俗诗"(Fescennine verse),原先是在村庄丰收欢庆时诵唱的,而后传入城镇,在宗教庆典和包括婚宴在内的各种私人聚会上颇为流行。

大约一个世纪后，比德（Bede，731）讲述了一件有关教皇大格里高利在就职（590—604年在位）之前的著名轶事，我们从中再一次看到了罗马集市的情形：

> 据说，某天，一些刚抵达罗马的商人在集市上展示了他们的许多物品。蜂拥而至的人群中就有格里高利，他看见几个当作商品被展示的男孩。他们肤色白皙，五官端正，头发也很漂亮。格里高利充满兴趣地打量着他们，询问他们是从哪个国家和世界上的哪个地区来的。"他们来自大不列颠岛，"有人告诉他，"那边的人都长这样。"

当格里高利询问他们的种族和省份时，他被告知这些男孩是来自德伊勒（Deira，大致是今约克郡的东区）的盎格鲁人（Angles）（Bede, 1955, 2.1：99—100；Cramp, 2004）。根据比德的讲述，接连的哥特人战争（the Gothic wars）让罗马变得支离破碎、人口减少，但在随后不到一代人的时间里，罗马集市又开始吸引海外的商人和成群的购物者，其中包括出身贵族的格里高利本人。在古典世界中，公共集市上贩卖奴隶的场景极为常见，在后帝国时代的基督教罗马，仍是如此。但吸引格里高利注意的是盎格鲁男孩的美貌，而非他们沦为贩卖商品的状态。

在8世纪和9世纪，许多加洛林王朝的城镇（Carolingian towns）每周都会举办售卖当地货物的集市。日常生活所需的物品通过船只运抵如杜里斯特（Dorestad）、昆都维克（Quentovic）、鲁昂（Rouen）和美因茨（Mainz）这样的海港和河港，其中包括麦

83

子、葡萄酒、盐和铁（Riché, 1988：112—113）。较大的城镇吸引了那些从事进口奢侈品贸易的商人和有相应消费力的顾客。举例而言，康布雷（Cambrai）和美因茨的集市上就有诱人可口的东方香料出售，比如胡椒、肉桂、高良姜和丁香（Riché, 1988：174；Reuter, 1991：235），而在阿尔卑斯山以南，帕维亚（Pavia）这座王室首府则吸引了来自威尼斯和意大利南部的商人，他们带来的奢侈品诱惑着当地和周边区域的买家，以及翻越阿尔卑斯山前往罗马的有钱朝圣者们。皮亚琴察（Piacenza）的主教以及诺南托拉（Nonantola）和布雷西亚（Brescia）的修道院院长们在当地建起一间间仓库，用以存放大量购得的货物，当查理大帝（768—814）在意大利北部时，他的随从们在帕维亚购买了许多用进口绸缎制成的价值不菲的服装。成功的集市不仅是贸易的中心，还是新闻和流言的中心，当富有的贵族欧里亚克的杰拉尔德（Gerald of Aurillac，约855—909）将要带着亲随从罗马回家的消息在帕维亚传开后，威尼斯的商人们便带着服装和香水蜂拥而至，想从他们身上大捞一笔（Riché, 1988：29、116—117、164）。

考古发掘工作揭示出其他集市中心更加肮脏的一面，包括在英格兰北部的约克的集市。罗马人在约克这片区域建立了军队堡垒，称其为"艾伯拉肯"（Eboracum），在后罗马时代，这里几乎被遗弃了。在盎格鲁时期，一个名为"野猪村"（Eoforwic）的新定居点在距离约克一公里（即半英里）开外的弗斯河（River Foss）畔逐渐落成。一部撰写于8世纪的圣鲁伊德嘉（St. Luidgar）的传记提及了在约克出没的弗里西亚商人（Frisian merchant），著名学者约克的阿尔昆（Alcuin of York，732—804）称赞约克为"一座海陆商人城镇"。法国北部和莱茵兰地区出土的陶器遗迹表明,盎格鲁时期的约克的确是一座国际性的商贸中心,满足了诺森布里亚的王室家族(Northumbrian royal house)的需求(Ottaway, 1992:120—132)。

867年,约克遭到维京人进攻,被斯堪的纳维亚人控制。随着斯堪的纳维亚移民涌入城中,维京约克——当时被称为"约维克"(Jorvik)——再度崛起,成了一个城市中心。他们沿着乌斯河(River Ouse)定居,就在罗马时期建造的城墙外。据拉姆西的贝尔特弗斯(Byrhtferth of Ramsey)所写的《圣奥斯瓦德传》(*Life of St. Oswald*, 997—1002)记载,约克因"商人的财宝而充实和富足,甚至到了无以言表的地步,这些商人来自各地,其中不少都是丹麦人"(Ottaway, 1992:146—148;Byrhtferth of Ramsey, 2008:xxix、150—151)。考古证据证实了这些文字所记载的故事,但也揭示出10世纪的约维克脏乱不堪的情况,位于市外的铜门街16—22号(Coppergate 16‐22)遗址体现得尤为清晰。在铜门街上,最早的建筑物都不结实,只有篱笆墙和中央壁炉,这些房屋的居住者主要是金属工匠,他们在屋内留下了大量杂物。他们用铁块和铁屑制作了各类工具、武器、结构配件和小的镀锡服装配件。这些金属工匠在975年前后消失了,可能是被驱赶至另一个地方,以缓解他们工作中的火光、噪声和浓烟给民众带来的侵扰。接替他们的是一群木料施工和雕琢骨制及鹿角制品的工匠,他们占据了更多带有半地下室的建筑,在这些建筑中还发现了许多一般以女性为主的纺织工作的证据,包括羊毛梳、纺锤、纺线重物和铁针、铜针。发掘出来的衣物残片包括一只钩针羊毛袜和一顶用近东丝绸织成的当地女帽。

一些植物染料的痕迹表明，衣物的色彩一般比较鲜艳，用色包括红色、蓝色和紫色。

遗址中还发掘出了大量鱼类残骸和动物骨骼，后者以牛骨为主，其次是羊骨和猪骨，当时的人们很有可能是现场宰杀牲畜的。现场的大量猪虱表明，后院中饲养了很多猪。不少人类粪便的残存痕迹遍布遗址的各处，不仅能在便坑中检测到，也出现在了庭院地面和房屋地面上。此外，饮用水井也是在便坑附近挖的。挖掘人员还从人类肠道寄生虫中找到了数百万虫卵。这些建筑物的居住者想必是在一个满是人类和动物排泄物的环境中生活、工作和贩卖自己制作的商品的，他们身边满是成堆的腐烂垃圾，成群的虱子、苍蝇和其他昆虫，以及成批的老鼠（Ottaway，1992：149—155）。922年，阿拔斯*的外交官艾哈迈德·伊本·法德兰（Ahmad ibn Fadlan）在伏尔加（Volga）河上遇到了一群罗斯-维京商人（他称之为"上帝最肮脏的造物"），铜门街污秽不堪的环境正好让人想起这位大使对这群商人的嫌恶态度（Ibn Fadlan，2005：64—65）。

集市，1000—1350年

拉丁西方的新千年带来了战争减少、人口激增和贸易复兴，这些变化导致了长达3个世纪的城镇的迅猛发展。人们重新涌入老城，还建立了大量的新城。在12世纪80年代左右，克雷蒂安·德·特鲁瓦（Chrétien de Troyes）在《圣杯的故事》（*Le Conte du Graal*）中嵌入了两段对城中集市的精彩描写。在第一段中，他描

---

* 阿拔斯（Abbasid）是阿拉伯帝国的一个王朝（750—1258），以先知穆罕默德的叔叔阿拔斯的名字命名。

述的是一座极其贫瘠破败的城镇,"城中无人研磨、无人烘焙,也因此……没有面包、蛋糕或者任何可以贩卖的东西,就算是一便士的货都没有"(Chrétien de Troyes, 1990, lines 1748—1772:xi, 361—362)。在这段文字中,克雷蒂安描绘的城镇衰败是通过其对集市中的感官影响呈现出来的:一片寂静、没有一丝烘烤面包的香气,也没有在街头展示的出售商品。与之形成对比的是,当高文爵士(Sir Gawain)向第二座城镇望去时,他看到了生机勃勃的商业往来和一派繁荣的景象。他看见街上熙熙攘攘,

> 满是英俊男子和美貌女子,货币兑换商的桌上满是金币、银币和其他硬币。他看见广场上和街道上到处都是从事各种各样活动的工匠:有做头盔和锁子甲的,有制长矛和徽章的,有编缰绳和削马刺的。有些人在打磨剑,另一些人在浆洗和纺织布料;还有一些人在梳理布料,另一些人在裁剪。有些人在熔化金银,另一些人把它们做成了精美绝伦的器具:杯子和碗,涂漆珠宝、戒指、皮带和搭扣。看着这番景象,人们很可能认为和宣称,这座城镇每天都举办集市,其中的商品数不胜数——蜡、胡椒、谷物、斑点的和灰色的皮毛,以及各式货品。
>
> (Chrétien de Troyes, 1990, lines 5693—5717:409)

克雷蒂安描写的大概是他的出生地特鲁瓦城,这座富足的城市是有影响力的香槟伯爵们的根据地,也是两场著名的年度贸易集市的举办地。但是与巴黎这座王室都城,同时也是阿尔卑斯山以北最大的城市相比,特鲁瓦并不算大。在腓力·奥古斯都执政

期间（1180—1223），该城在塞纳河两岸扩张开来。腓力把自己的都城改造一新，为扩张后的城市筑起了高墙，下令在城内主干道和广场铺设地砖，并建立起了一座雄伟的新堡垒——也就是现在的卢浮宫（Baldwin, 2010：19—20、25—31）。腓力还着手管控巴黎城内的生活必需品贸易，包括肉类、酒类、面包和盐（Baldwin, 1986：346—347）。1183年，在右岸靠近圣婴公墓（cemetery of the Holy Innocents）的区域，国王在香浦区（Champeaux）的集市里建起了一座名为"大堂"（Halles）的带顶棚市场。据圣丹尼斯修道院的修道士、腓力的传记作者里戈尔（Rigord，约1145—约1210）所言，国王是想为人们提供一个保护商品和商家可以免受潮湿气候影响的市场，在晚间还能将商品安全地存放在这里。腓力的新市场是多边形的：南半区是长方形的，而北半区则大致是一个三角形。腓力在市场周围建了一圈由石灰石砌成的墙，墙内的面积大约有2公顷（5英亩）（参见Lombard-Jourdan, 2009：178—180中的分布图）。在选址的南端，他修建了两个巨大的两层的石头市场大厅，一直从集市的一头延伸至另一头。北厅名为"毛料厅"（*Halle aux Draps*），约为128.63米长，15.59米宽（422英尺长，51英尺宽）。*厅内有70扇窗户和32个分隔间，每个分隔间有两个铺位（换言之，每面长墙都有64个铺位）。因此，每层总共有128个铺位，并且可以被分成更小的单元。南厅是结构类似的"织工厅"（*Halle aux Tisserands*）。在围墙和建筑物之间，国王建起了有顶棚的

---

* H.索瓦尔（H. Sauval）在1724年描述其尺寸为66突阿斯（toise）长，8突阿斯宽。在中世纪和近代早期，巴黎的突阿斯单位长度为1.949米；在1799年，这个长度变为2米（Zupko, 1989：584）。——原书注

摊位（Lombard-Jourdan，2009：16—17、21—22、26—27、31 的注释 60、53、178—181）。最终建成的是一个大型的购物集市，在西欧是第一次出现这么大规模的集市。国王希望所有制成品的销售商能够齐聚一堂，也便于购物者货比三家，并促进施行法规和征税。为了达成这些目的，所有巴黎的工匠都被命令每周闭门三天（周三、周五和周六），把商品运到"大堂"售卖（Lombard-Jourdan，2009：24—25、83）。"大堂"最早专门售卖羊毛布料，但也逐步成为其他制成品、谷物和食品的重要市场（Baldwin，1986：345；Lombard-Jourdan，2009：83—84）。

到了腓力统治的末期，在整个围墙内区域的北侧（三角形的）部分建起了一个以谷物和干菜为主的批发市场，而在谷物市场东侧的墙外空间，是一个卖活鱼和腌鱼的大型三角形露天集市（Lombard-Jourdan，2009：69—70、179）。到了 13 世纪 90 年代，巴黎的人口达到了整个中世纪时期的顶峰，总计约 200 000 人（Baldwin，2010：30），包括墙外鱼市在内的整片区域挤满了 19 个长长的大厅和无以数计的商铺及摊位（Lombard-Jourdan，2009：35、51、72—73、151—152、180—181）。

早期的集市大厅是用琢石建成的，有着瓦片屋顶。许多集市都有二楼，在建筑结构外部有一处宽敞的楼梯联通上下层，这些巨大的两层建筑约 12 米（约 39 英尺）高，有一些会把瓦片屋顶改为石板屋顶（Lombard-Jourdan，2009：31）。厅堂内部有两排石柱或木桩，把空间分成三条过道。两侧的过道在每个分隔间中设置两个摊位，形成了一条有摊位的"长街"，隔着中央的那条宽敞过道遥遥相望。窗台提供了光照，下层的每一端都有大门，驮畜和马车就是从这些入口把货物运至摊位的。根据需要，每个摊位都配有桌子、橱柜、碗柜、搁架、展示柜或者挂衣服或鞋子的杆子（Lombard-Jourdan，2009：31、33—34）。

有三份文献能为我们观察 13 世纪和 14 世纪早期巴黎集市中的感官体验提供丰富的线索，它们分别是加兰的约翰（John of Garland）的《词典》（*Dictionarius*，约 1218 年，修订于 1230 年）；纪尧姆·德·拉·维勒讷沃（Guillaume de la Villeneuve）的《巴黎的叫卖声》（*Crieries de Paris*，约 1265）；和让·德·詹顿（Jean de Jandun）的《巴黎礼赞论》（*Tractatus de laudibus Parisius*，1323）。加兰的约翰是一位英格兰学者，平日里，他在巴黎左岸（Left Bank）新建起的大学区中教授拉丁语语法。他撰写的《词典》主要是以一场巴黎的购物之旅来向学生传授和商业相关的拉丁词汇。加兰的约翰描述了约 50 个工匠群体制作的商品和工作环境。比如，那些兜售小商品的人经常在街边或者集市上摆一张便携的支架桌。这些商贩包括在大桥（Grand-Pont）的精英钱币兑换商和金匠，大桥连接着西堤岛（Ile de la Cité）上的市中心和右岸（Right Bank）的商业区，还有约翰的邻居威廉，他在集市上贩卖肥皂、镜子、剃须刀、针线、铁熨斗和磨刀石等小型居家商品。其他卖家常常在自己的居所经营作坊或者零售店。其中包括在圣拉扎尔大门（Porte St.-Lazare）附近的制弓匠和在大桥的小型皮具销售者。最不起眼的卖家没有固定的销售地点，而是走街串巷，一边吆喝，一边兜售商品。

约翰所写的文字反映了他自己在街上和集市里的感官体验。他描写了皮革店里"刺鼻的恶臭"；染色匠那染成黑、蓝、红色的指甲；磨刀工手中的利器锃亮的锋芒；铁匠铺里扑哧扑哧的喘息声；

赤身的漂洗工站在填满了白土和热水的深沟中，踩踏蓬松的羊毛布料的气喘声；胸针匠贩卖的铃铛的叮当声；修补杯具或皮毛衬里的匠人的喊声，以及喊酒人在酒馆中宣布打开新的一桶酒，并提着酒壶让潜在顾客先尝为快的吆喝声（Carlin，2007：494—498、508—517）。

纪尧姆·德·拉·维勒讷沃的《巴黎的叫卖声》中也回荡着类似的呼声，由此反映出当时集市和街道上的喧嚣："新鲜的鲱鱼！""咸鲱鱼！""配有大蒜酱或蜂蜜酱的肉！""热腾腾的豌豆泥！""热腾腾的豆子！""西洋菜！""新鲜的生菜！""鲶鱼！""做面包的酵母！""配香槟酒的美味奶酪！""我有布里干酪！""别忘了我的新鲜黄油""桃子！""卡约（Caillaux）产的梨和新鲜的坚果！""优质可口的醋！我有芥末醋！""刚出炉的馅饼！""刚出炉的松饼！""给多明我会修道士的面包！给方济各会修道士的面包！给粗衣修道士（the Friars of the Sack）的面包！给加尔默罗会修道士的面包！给可怜的囚犯的面包！""棉烛芯！""好喝的葡萄酒！""热腾腾的圣饼！""热腾腾的果馅饼！""热腾腾的伦巴第板栗！""马耳他无花果！""茴香！""稻草！""埃唐普的鲜葱！""来自海外的肥皂，肥皂！""梳子！""热腾腾的甜馅饼和水果蛋糕！""帽子，帽子！"（Guillaume de la Villeneuve, [1906] 1968；参见 Dillon, 2012：78—81）。热腾腾的食物能吸引城里的穷人，他们中许多人都无法在家中烹调一顿热乎的饭菜（Carlin，1998：27—29、32、51）。

1323 年，巴黎的纳瓦拉学院（College of Navarre）的哲学家让·德·詹顿（约 1285—1328）给这座都城撰写了一篇赞歌（《巴黎礼赞论》），是与另两位比较巴黎和桑利斯（Senlis）的学者的一

91

次交流的一部分（Inglis, 2003：63—65）。让·德·詹顿在对"大堂"的叙述中描写了两层的香浦服饰市场中贩卖的商品（Lombard-Jourdan, 2009：153 的注释 588；180—181 中的分布图），以及顾客在陈列着豪华装饰品的走道里探索的乐趣：

> 在这个市场底楼的某些地方，比如在其他堆积如山的商品下面，人们会发现一件美过一件的装饰织物；在其他地方，有精美的毛皮斗篷，一些是用动物皮毛制成的，另一些是丝绸的，还有一些是用精致的舶来材料制成的，我必须承认我并不熟悉这些材料的拉丁语名称。这栋建筑物的上层像一条长得惊人的巷子，里面陈列着各种用来装饰身体各个部位的饰品；有戴在头上的头冠、编带、帽子，有梳头发用的象牙木梳，有可以映照自己模样的镜子，有系在腰上的腰带，有挂在腰间一侧的钱包，有手套，有挂在胸前的项链，还有许多其他类似的商品……在这些展示地点，闲逛的人都会看到很多用于婚礼和盛大的节日庆典的装饰物似乎正在满含笑意地看着自己，他们在大致搜刮完一批商品之后，仍会被一股迫不及待的冲动牵引去另一处，甚至在穿梭过整个市场之后，只要他们想根据自己的欲望行事，就仍会感到有一种无法满足的热切欲望驱动着他们，想要重新体验这种愉悦的感受——不只是再体验一两次，而是几乎要无止境地不断回到入口——让他们重启这次浏览商品的旅程。
>
> （Jean de Jandun, 2002, 第三章：11—12, 英译本；
> Lombard-Jourdan, 2009：152—153, 拉丁语原文）

同样地，意大利的市民赞歌也描写了集市的喧嚣和其中井井有条、琳琅满目的商品。据本维森·德·拉·里瓦（Bonvesin de la Riva）所言，在1288年的米兰，每周五和周六都会举办集市，"而且，每天，生活必需品都会被大量地带往广场，大声叫卖"（Bonvesin de la Riva, 2000：16）。14世纪早期的帕多瓦（Padua）有不少公共的集市大厅，缝纫用品、鞋类、腌肉、食用油、奶酪和谷物均有销售，主广场被分成几个区域，销售的是其他类型的商品：北面贩售禽类、水果、二手衣物和兵器；南面贩售酒类、工具和蔬菜（Giovanni da Nono, 2000：19—21；Hyde, 1966：42—43）。

威廉·菲兹·史蒂芬盛赞了12世纪70年代早期的伦敦的繁华景象。他提到这座城市中的工匠和零售商常常按照各自的职业聚集在某些区域，也罗列了当地各色的进口奢侈品，其中包括香料、熏香、黄金、宝石、优质的钢制兵器、中国丝绸、法国葡萄酒和俄罗斯皮毛。在城墙外，有一处被称为"铁匠场"的宽敞的露天空间，主要作为贩售牲畜和农耕工具的集市；每周六的马市都有"城中的所有伯爵、男爵和骑士，以及许多市民前来，不是来凑热闹的，就是来物色马匹的"（Fitz Stephen, 1990：52—54；参见Carlin, 1998：29—30）。

伦敦的城墙内没有重要的公共集市广场。相反，易腐烂的鱼肉和水果等食物在主要贸易街道的贩卖处和站立摊位上都唾手可得，这些街道包括"西奇普"（Westcheap，曾经也叫"奇普"；后来改名为"奇普塞德"［Cheapside］）、"东奇普"（Eastcheap）、新旧鱼街和新门街（Newgate Street）（Carlin, 2008：63—64）。到了13世纪中叶，这些地方都出现了机制完善的市场，并在约1273—1283

年之间的十年里进行了部分整改（Harding, 1988: 1—15）。街上还能找到二手衣物和居家用品（*Liber Cust*, 1860, 1: 426—427; *Cal Letter-Book C*, 163; *Cal Letter-Book D*, 244）。和其他的中世纪城镇一样，伦敦的集市只在日间开放，清晨最初的几个小时只允许那些想购买家庭用品的买家进入，没有任何转卖的生意（*Liber Cust*, 1860, 2: 568）。1274年，作为城市和集市规划整改的一部分，奇普塞德区被清空，转而成为迎接新国王爱德华一世（Edward I）的游行通道。商贩不得不搬迁至其他摊位，或者由市政府新建的一个木制结构的集市大厅中。这座集市效仿巴黎的集市，也被称为"大堂"（也就是后来的"颈手枷市场"[*]）（Keene, 2006: 128—129），但一如其他城镇，伦敦的集市始终热闹、拥挤，充满了各种分散人注意力的感官体验。

集市，1350—1450年

在百年战争和黑死病相继暴发后，巴黎的"大堂"的繁华景象开始暗淡下来。纺织品和其他制成品的贸易量急剧收缩，日常的维护工作日益怠惰，到了1368年，整座集市已无异于一片废墟。查理五世（Charles V）回想起"大堂"曾是"巴黎最美丽的景象之一"的辉煌岁月，哀叹着如今遭到废弃的集市，他命令市政官员修缮集市，但最终却功亏一篑。就连曾经被要求每周五、周六到大厅集市贩卖商品的二手衣物商人都提出了抗议，称那里能吸引的顾客比圣婴公墓广场的街市还要少。（Lombard-Jourdan, 2009: 64—

---

[*] "颈手枷市场"（Stocks Market），正式建立于1282年，于1410—1411年间在同一地点重建。其名称源自这里有伦敦市内唯一固定的用于惩治犯人的"颈手枷"。

65、85；参见 25 的注释 45 和 83）

不过，"大堂"仍然是巴黎最主要的食品集市之一。在《巴黎家政书》(*Ménagier de Paris*) 这本百科全书式的家庭管理和烹饪手册中，有一段记载于 1393 年左右的购物者对这座集市的描写，这本手册是一位富有的市民阶层人士为了教导自己年轻的妻子而编写的。该手册推荐读者到"大堂"去买各类新鲜产品，还推荐了那里的奶酪、盐、木盘面包、扫帚和木桶。对于其他产品，该手册也推荐了不同的集市，包括皮埃尔奶市（Pierre-au-Lait）的牛奶；巴黎大门（Porte-de-Paris）的鱼、盐、花和绿色植物；河滩广场（Place de Grève）的木柴，以及六家市内肉铺的新鲜肉类（*Ménagier*, 2009, 2.4.2：253；2.4.55：266—267；2.5.18：274；参见 Favier, 1974：34—38）。

对仔细观察和用感官评判市场上的商品，《巴黎家政书》也给出了细致的建议。比如，当你要买兔肉的时候，"你可以通过掰断它的一条后腿来判断兔肉是不是鲜嫩"（*Ménagier*, 2009, 2.4.11：255）。野兔的年龄可以通过数它后腿上的洞来推算："洞的数量和它的年龄一样"（*Ménagier*, 2009, 2.4.22：256；2.5.116：293）。麦加姜和品质略差些的奎隆姜（Columbine ginger）的区别在于其外皮色泽深一些，手感更软，果肉更白（*Ménagier*, 2009, 2.5.272：321）。有一首帮助记忆的诗中罗列了六种可以帮助判断奶酪是否鲜美的视觉和触觉特征（色泽、无孔洞的表面、干燥程度、重量、硬度和外皮）（*Ménagier*, 2009, 2.5.58：281—282）。

中世纪城镇中的公共集市常常都是喧嚣不断，臭气熏天和拥挤的。集市中也是有危险的：顾客和路人不得不在破碎的陶器碎片间

95

小心前行，在满是被踩烂的商品和湿稻草的湿滑地面上谨慎向前，一不小心还会踩上水坑甚至血泊，地上还有包裹、篮子和其他障碍物；他们还需要谨防扒手，小心店主用坏了的铸桶装水来冲洗他们的桌子时溅出的水。在一首名为《吞金窟伦敦》("London Lickpenny")的讽刺诗中，生动地呈现了一位因法律事务而从肯特（Kent）来都城的穷困乡下人所经受的超感官负荷。在他一路从人群中挤进威斯敏斯特大厅的法庭时，有人把他的帽子偷了。当他走出法院大门时，突然发现自己被一群佛兰德斯人（Flemings）团团围住，这些人高声叫道："先生，你想买些什么——精美的毛毡帽，还是阅读用的眼镜？"随后，他步履艰难地前往伦敦，集市中的噪声和千变万化的干扰不断冲击着他的神经，令他头晕目眩。街边商贩吆喝着他们那热腾腾的豌豆荚、可口的草莓和樱桃。一位杂货商邀请他买自己的胡椒、藏红花、丁香、天堂椒或粘米粉；在奇普，一位绸缎商人向他展示上等细棉布、巴黎丝线、棉和薄纱；另一位商人见他没有帽子，连忙上前劝他买顶帽子。在坎德尔维克街（Candlewick Street）上，布料商叫喊着"便宜的布料"，街边贩子则喊着"热羊腿！"鱼贩子向他推销鳕鱼和鲭鱼；在东奇普，一位快餐厨师吆喝着他的牛肋排和肉酥饼。在一家酒馆，白锡腊酒杯的叮当声响作一团，乐手们演奏着竖琴、风笛和索尔特里琴（psaltery），顾客的大声喧哗与街边歌手演唱《詹肯与朱利安》("Jenken and Julian")的歌声遥相呼应。在康恩希尔（Cornhill）的二手衣市上，不少偷来的商品被当街转卖，这位不知所措的访客在那里苦苦寻觅着自己那顶被偷的帽子（Dean, 1996: 222—225）。

在物资紧缺或市场不稳定的时期，购物者为获取稀缺的产品而你争我夺,以往熙熙攘攘的集市气氛也随之变得紧张起来。一位匿名的巴黎人在他的日记或回忆录中写道,1420年12月,在查理六世、亨利五世携王后举行了盛大的入城仪式之后,当地面包的价格涨了一倍,"而且,就算如此,如果人们不在破晓前就到面包房,规规矩矩地站在那里等面包师和他们的助手,就什么都买不到了……到早上八点时,面包店前就挤满了人,甚至到了没有亲眼看见就无法相信会有这么多人的地步"(Parisian Journal, 1968:155)。

集市的氛围可能会让女性感到强烈的敌意。在14世纪的根特,任何在集市日进入玉米集市的女性都有可能会被集市上的各种男性"推推搡搡、肆意谩骂,甚至用猥亵的目光、挑逗的言辞骚扰",其中不仅包括男商贩、车夫、挑夫,还有码头工人和其他顾客;女性仅仅是在集市中出现便已然冒着败坏自己名声和社会地位的风险了(Hutton, 2009:411、416、421—427)。一位14世纪中叶的佛兰德斯的插画师描绘了《圣经》中的底拿(Dinah)遭到玷污的场景(《创世记》34),画家正是把整个故事放在了一家店铺附近,而在场的其他女性则视若无睹,悠哉地聊着天继续购物(BL, Egerton MS 1894, f. 17; Keene, 2006:138—139和图7.5)。

家境富足的户主基本都会避免出现在公共集市,而是派仆人去添置家用、讨价还价,这并不奇怪(Ménagier, 2009, 2.4.55:267—268)。不过,市民阶层的家庭主妇仍然需要通晓购物的要领,以便于监督她们的仆人。在一首由乔叟同时期的法国诗人厄斯塔什·德尚(Eustache Deschamps, 1346—1406)所写的讽刺诗《婚姻之镜》("Le miroir de marriage")中,新娘的母亲向自己的女婿提出建议,要求他允许自己年轻的夫人自己上集市去选购家用品,这样她才能学会如何购物、了解各种商品的价格。在她熟悉了这一切之后，她就可以派她的贴身男仆或女仆去集市选购，并仔细检查账目，不被任何虚报的价格所蒙骗（Deschamps，1894，第 36 章：114—115）。

商铺，1000—1350 年

在黑死病暴发前，都市人口的激增导致出现高昂的租金和相应变小的店铺，尤其是在中心地段。据记载，在英格兰的约克，从 1086 年起开始出现成排的小商铺，而在温切斯特（Winchester），同样的现象则要到 12 世纪初期才出现（Palliser 等，2000：185；Britnell，2006：117）。在 13 世纪和 14 世纪初期的伦敦，奇普塞德的商铺通常都不到两米宽，门径也不到 3 米（6 英尺×10 英尺）（Keene，2006：131）。

许多零售店的布局都遵循一个通行标准。在英格兰，商铺一般是一间位于多层木制房屋底层的房间。除了狭窄的门面，一扇或多扇没有配玻璃的窗户正对街边，天光会倾泻而入，街边的过客亦能透过窗口看到店中的商品。一般来说，窗户的上下两边会钉上窗户板，在白天，下端的挡板可以变成一个木制的销售前台，上端的挡板可以变成一个顶棚（Clark，2000：64—65；Schofield，1994：205 的注释 141；Keene，2006：131；Stenning，1985：35—39；参见 Salzman，1967：418—419）。尤其是在 14 世纪，许多这样的商铺都是以一致的规格，在同一屋檐下成排建造而成的（Schofield，1994：55—56，71—73，153 的注释 2）。

在意大利城镇中，商铺一般位于拱廊和成排的建筑物内。在

第三章　集市中的感官：中世纪城镇中的集市、商铺与购物

14世纪早期的帕多瓦，贩卖布料、皮毛、精品服装、铁器和盐的商铺与摊位都位于主广场旁的公共建筑物前的门廊下（Giovanni da Nono, 2000: 19—21; Hyde, 1966: 42—43）。在13世纪90年代的热那亚，面对成排的高档商铺中展示的令人眼花缭乱的舶来奢侈布料、羽毛、皮毛、香料和珠宝，一位匿名的平信徒诗人热烈地赞美道：

> 那些在街边排开的商铺啊！所有出售同一类工艺品的店几乎都聚在一处。店铺中满是精美的商品……说实话，比起看到商铺关门，我看到这些店铺大开，当街展示商品时，心情是更加愉悦的：每周日和每个节庆日，只要合适，我绝不希望店铺紧闭，因为我迫切地想进去一探究竟。
>
> （Anonimo Genovese, 2000: 22）

在一些英国城镇中，除了主街上价格昂贵的商业门面，在这些门面的后方往往藏着不对外开放的私营集市，这些集市被称为"库存集市"（seld）。它们为无法在最佳地段盘下店面的商贩提供了小型零售点。譬如在伦敦的圣马丁库存集市，通往奇普塞德的狭窄过道的两边分立着25个贸易"站点"，每个站点都是1.5米宽、2.5米长（约5英尺×8英尺）（Keene, 2006: 133—135）。和巴黎的"大堂"一样，伦敦的库存集市和零售店都有陈列和储存货物的柜台、桌子、木箱和橱柜（*Cal Hust Wills*, vol. 1: 56、66、155、259、319、477、489; *Cal Letter-Book E*: 134）。1197年，编年史作者豪登的罗杰（Roger of Howden）在描写那些为店铺装上黑色或红

99

色窗帘以遮挡阳光的商人时说道,"因此,在选择上好布料时,买家的眼睛往往会被蒙蔽"(Davis, 2012: 216),而另一家在1220年已有记载的伦敦库存集市被当时的人称为"画出来的集市"(painted seld),这或许是因为集市中的绘画装饰不同寻常(Keene, 2006: 135)。除此之外,我们很难找到有关这一时期英格兰本地商铺和集市有装饰的证据,当然能为纯粹的装饰性陈列腾出空间的商铺也屈指可数(参见 Keene, 1990: 34—39)。

装饰用的商铺招牌在当时还未出现。1267年,罗杰·培根(Roger Bacon)在巴黎撰写了一本有关符号学的论著(《论符号》[De signis]),他在其中探讨了各种"符号"。而后的1292年,他在牛津撰写的《神学研究大全》(Compendium studii theologiae)中重拾了同一课题。在这两部著作中,培根指出,酒馆通常把酒桶的圆圈作为标识,表明店中有酒卖,而包括面包师在内的手艺人也会把货物的样品陈列在店铺的窗台前,作为他们贩卖商品的符号。不过,在这两部著作中,培根都不曾提到任何描绘有具体形象的商业符号(Fredborg 等, 1978,尤其是1、7、27、147节; Bacon, 1988,尤其是57、117、127节和注释251)。尽管到了13世纪,巴黎的一些房屋外墙上饰有雕像(Camille, 2000: 4—5、14—15、20、21 [图1.7],23—24),但挂在杆子上的有具体形象的商业符号显然还没有通行起来。

在14世纪上半叶后期的伦敦的公民记录中常常会提及这些符号标识(Cal Plea and Mem Rolls, 1323—64: 125; Cal Hust Wills, 1: 472、566、567、672、699),在《史密斯菲尔德法令》(Smithfield Debretals,约1325—1350)中描绘的麦芽啤酒杆(也就是啤酒馆展

示的扫帚状的杆子),以及《鲁特瑞尔诗篇》(Luttrell Psalter,约 1330—1345)中的一张"君士坦丁堡"的图像也是例证。《鲁特瑞尔诗篇》中还有三根挂着标识的杆子(Davis,2012:245,图 16[BL, MS Royal 10. E. IV, f. 114r];Brown, 2006:73 [BL, Add. MS 42130, f. 164v];参见 Camille, 2000:18)。不过,用这些标识的并不是伦敦的商铺——《鲁特瑞尔诗篇》中的标识杆也极有可能是类似的情形,而主要是供人饮酒的馆子和一些商业旅店,尤其是当时常常位于地下室内的酒馆(Schofield, 1994:79),其主要目的在于方便旅人认出来。这些商家有可能享有比大多数前黑死病时期的店铺更宽敞的建筑立面,也就能更有效地展示这些标识。

商铺,1350—1450 年

黑死病肆虐后的欧洲人口骤减,地主不得不削减地租,同时提供其他配套设施来吸引租户。比如在伦敦,圣保罗大教堂的教长(Dean)和理事会(Chapter)于 1370 年签署了一份协议,建造一片共计包含 18 家商铺的街区,每家店铺中都配有壁炉,这在当时是极为奢侈的设施(Salzman, 1967:443—444;Schofield, 1994:185—186 及注释 90;Keene, 2006:136)。主祷文巷(Paternoster Row)内的一排 13 家店铺是由伦敦桥的受托管理会在 1387—1388 年间建成的,这些店铺中有 11 家装有壁炉,店内的木制品都涂上了清漆,店面内部则涂了赭色漆(LMA, CLA/007/FN/01/018, Roll 6 [1386—1387]:205—206;Roll 7 [1387—1388]:224—227、229;Roll 8 [1388—1389]:277—278)。这一时期的店铺面积也普遍增加了;许多伦敦商铺的门面都有 3.35—3.66 米,甚至更宽

（11—12 英尺）（Salzman，1967：441—443［1369］、443—444［1370］、446—448［1373］）。有些商铺内有展示货物的陈列室、独立的工作间或办公区域，以及一个地上的商品储藏室，这意味着不用再把货物储存在阴暗潮湿的地窖里（Salzman，1967：478—482、483—485；Keene，2006：148；亦见 Schofield，1994：185 的注释 87，205—206 的注释 142；*Cal Letter-Book A*：217）。诸如此类的发展导致库存集市这一零售渠道逐渐式微（Schofield，1994：73—81；Schofield 和 Stell，2000：387—389）。

1375 年，伦敦颁布了一条有关安全措施的法令，命酒馆老板不得在店外悬挂有他们标识的杆子或者超出七英尺长的活动板，不过其中并未具体指明配有危险标识的店铺（Riley，1868：386—387；参见 *Cal Letter-Book H*：12；*Liber Albus*：453）。但到了 1426 年，当约翰·利德盖特（John Lydgate）翻译并扩写纪尧姆·德·迪居勒维尔（Guillaume de Digulleville）的诗歌《人生的朝圣》（*Pelerinage de la vie humaine*）时，把装饰有狮子、老鹰、鹰头狮身兽和其他图像的店面招牌描述为随处可见的景象，而 1355 年的初版文本中并没有对这些的描写（Lydgate，1899—1904：第 20 行的 396—第 20 行的 404，第 544 页；xiii）。

为了吸引顾客的眼球，许多店家不仅在装潢和商品陈列上下足了功夫，甚至还聘用了美貌的女销售员。约翰·高尔在《人类之镜》（*Mirour de l'Omme*）中宣称："说实话，零售商铺理应由女性来打理。"（Gower，1992：345；参见 Keene，2006：138—139）约翰·利德盖特描写了一位坎特伯雷当地的女啤酒销售员，她"姿色动人"、袒胸露乳，专靠自己的美色吸引男顾客（Lydgate，1934：

429—432）。这些女人可能还会用香水或化妆品来增添自己的魅力；由伦敦著名的布道者威廉·利奇菲尔德（William Lichfield，卒于 1448 年）修订的一部关于五感官的论著，尤其警告读者不要被那些用"香甜的油膏激起男人淫欲"的女性所引诱（BL, Royal MS 8 C i, f. 129v）。事实上，不少商铺名义上在做生意，私底下却是嫖娼的场所。1385 年，亨利·默灵（Henry Moring）的妻子伊丽莎白"表面上装成一位勤恳刺绣的织工"，实际却做着妓女和老鸨的勾当（Riley, 1868：484—486；参见 532—533）。她像极了乔叟所写的《厨师的故事》（"Cook's Tale"）中那位年轻的已婚女性，她表面上的工作是看店，实际上也是一位妓女（Chaucer, 1987："Cook's Tale"，最后两行）。

其他店主为了争取顾客采取了相当激进的销售策略。《农夫皮尔斯》中，"妒火"的人格化身承认自己为了抢走顾客而诽谤商业竞争对手和他们的商品（Langland, 1975；Passus V，第 129—133 行）。在高尔的《人类之镜》中，一位布料商人把路人拽进店里，同时高声尖叫道："上前来吧，到我的店里来！床具、手帕、鸵鸟毛、丝绸、缎子和进口布料：进来吧，我会把它们一一展示给你看，如果你想买，就在此停下脚步吧。本店是整条街上品质最好的店了！"（Gower, 1992：332）不过，许多有教养的店家会避免这些鄙陋的行为。利奇菲尔德有关感官的论著里有这样一个论断，兜售散货的穷困商贩常常比贩卖精致商品的富裕商人嗓门更大（BL, Royal MS 8 C i, f. 124v）。

和先前一样，不诚实的贸易行为比比皆是。一些商家会在昏暗的光线下展示有瑕疵的商品，来改善它们的卖相。另有一些把

103

破破烂烂的商品包装一新,"比如,一位商贩把一件商品的外表装点得很好,心里很清楚它是金玉其外败絮其中,但仍然在销售的时候强调它的外观,口中满是溢美之词"(BL, Harley MS 45, ff. 58v、64r、71r-v)。英格兰多明我会修道士约翰·布罗姆亚德(John Bromyard,卒于约1352年)讲述了羊毛商人在称量之前把羊毛沾湿的做法;也谈到制革匠把腐烂的旧皮毛打磨光亮后,作为新品出售;还有故意数错找零的卖家。这些人用"买家自负"(caveat emptor)来为自己的欺骗行径开脱:"买家有自己的感知和认识……他们可以选择买或者不买!"(Davis, 2012: 77—81)心怀不轨的卖家宣称这就是市场的运作方式,甚至认为实事求是的生意方式会让他们赚不到一分钱(Jacob's Well [约1440],载于 Davis, 2012: 120)。

然而,自14世纪晚期起,伦敦城内偏高档的店铺都试图营造一种更具装饰性、雅致得体、宽敞有序的氛围,并成功地吸引了精英阶层的男女前来光顾。譬如,1382年1月,一位来自康沃尔的名为约翰·德·丁纳姆(John de Dinham)的绅士前往伦敦参加理查二世(Richard Ⅱ)和波西米亚的安妮(Anne of Bohemia)的婚礼,他的行旅见闻表明,他曾挨家挨户地拜访自己在伦敦的贸易伙伴,向他们支付款项和下订单。第二年,丁纳姆(此时已经是一名骑士)带着妻子到伦敦游玩了十天(2月24日—3月6日)。夫妻二人都去购物了,他们购买的东西反映了一些惊人的性别差异:丁纳姆太太的收获包括精美的布料、硬麻布、绳线、纱布、藏红花、肥皂、糖蜜和金箔,而约翰则买了一顶帽子、一副手套、两副刀具、圆盾、兵器和铠甲、弓弦和箭带(Truro, Cornwall County Record Office, AR 37/41/1, AR 37/44)。同时,欧洲大陆的艺术家也开始描绘穿着得体的男男女女光顾设施完善的商铺的场景。比如，一本写于 14 世纪晚期的名为《健康全书》(*Tacuinum sanitatis*) 的伦巴第手抄本里就描绘了一位到裁缝店去裁剪衣袖的女士（Mitchell，1965：插图 117）；佩特鲁斯·克里斯图斯（Petrus Christus）作于 1449 年的一幅画作呈现了一对年轻的贵族夫妇在金匠店购买结婚戒指的场景（New York，Metropolitan Museum of Art，藏品号 1975.1.110）；在大约于 1460 年出版的尼古拉·奥勒斯梅（Nicolas Oresme）所翻译的亚里士多德的《伦理学》《政治学》和《经济学》的译本中，也能找到绅士们在一座雅致的拱廊中浏览鞋匠、布工和金匠的摊位的景象（Lombard-Jourdan，2009：186 和插图 4）。

这些人大可以像以往一样召唤店员到家中提供所需的服务（可参见 Riley，1868：440），但购物于他们并非生活必需，而是一种愉快的消遣。厄斯塔什·德尚的《婚姻之镜》中描写了一位沉湎于购物的年轻太太，她跟丈夫说自己需要买各式各样的东西，不论是日常所需（纺锤、绕线杆、针线、钉子和园艺工具），还是异域珍宝（珊瑚制成的念珠、安条克［Antioch］产的缝针、丝绸、精致的纽扣和皮毛）。她总是逛许久才回家，在集市上东摸西碰各种商品，为无意购买的商品讨价还价，四处寻觅最划算的交易。对这个女人而言，购物显然是一项令人陶醉的感官体验，也同时是一种权力的表现形式。她的个人自由和经济自由，正是通过她违背丈夫的意愿，带着满满的钱包出门彰显出来的。与卖家斗智斗勇、在集市上货比三家，都给她带来了一种参与竞争的兴奋感，让她得以全面发扬自己的特长（Deschamps，1894，第 37 章：117—121）。中世纪的男男女女都在购物时了解着最前沿的风尚、时事或八卦，结交着各色人群（包括潜在的性伴侣），并从中收获多样的感官享受。

结　语

中世纪早期，在拉丁西方主要以露天的集市和作坊为主，而非零售店。这些早期集市的核心功能是为当地的一小部分民众提供生活所需的用品。尽管其中不乏远距离的贸易活动，但许多商品都是由当地的手艺人在他们狭小的住所中加工或制作而成的。从11世纪到14世纪早期，发展迅猛的城镇开始出现人头攒动的集市和越发丰富的工匠作坊。到了12世纪和13世纪，许多文献中都可以找到有关城区零售店的记载，但这些店铺通常都狭小拥挤、崇尚实用性。不过，在后黑死病时期，随着城镇地租价格下降，商铺的面积变得更大、设施也趋于齐备。较为富裕的男女仍然会避免前往街市，但他们也开始造访一些出售珠宝、上等衣料和鞋具、织物、兵器及其他奢侈商品的高档零售店。这些店家有吸引人眼球的陈列与装潢，也有精致优雅的氛围，可以说既满足了精英顾客的感官需求，也丰富了他们的感性体验。

第四章

宗教中的感官：礼拜仪式、虔信与剥夺

贝阿特丽斯·卡索（Béatrice Casean）

导 言

在中世纪的欧洲和地中海地区，宗教构建着个体与社会。因各自文化背景和宗教传统的差异，信众向上帝行谦卑的跪礼，或是单膝着地，或是双膝着地，或是前额触地，或是全身伏在地面上（Schimmel, 1994：141；Ps 138［137］：2；Schmitt, 1990：290、295）。

这种宗教姿态在私人和公共祈祷仪式中都极为常见，触觉在其中扮演着核心角色。不论对基督徒、犹太教徒还是穆斯林而言，宗教庆典都是感官体验。基督教礼拜仪式全面调动着所有的感官，不论是以被动的方式接受感知——观看、倾听、嗅闻，还是以主动的方式明确地参与其中——注目、侧耳、触摸和品尝。除了哲学和释经论著，我们还能找到两类论及宗教中感官的文献：一类描述仪式和宗教膜拜场所，另一类用感官语汇来把握抽象概念、形容精神现实与宗教体验。在这些文本中，基于身体感官经验的隐喻被用来描绘善与恶、上帝与撒旦、天堂与地狱的图景。基督徒还发展出内在

感官的概念，作为外在感官在精神领域的对应概念，这些内在感官有能力捕捉非物质的现实（Canévet 等，1993；Gavrilyuk 和 Coakley，2012）。因此，感官或是借助参与仪式与敬拜所产生的感知体验，经生理渠道发挥作用，或是通过想象与话语启迪心灵。本章中，我主要是从东方教会和西方教会语境中选取案例，我的关注点落在这两个文化圈和礼拜环境逐渐成形的过程上。因为基督教信仰包含一个自愿道成肉身，并以人类的躯体获得重生的神，感官具有理论上的合法性，也常常被认为是在此世和来世获取有关上帝知识的有益工具。感官是体会上帝存在的手段，它们令基督徒能够充分沉浸于对上帝的庆祝中。

人的五种感官在宴席上都占有一席之地，不过一些感官的地位比另一些要高。当基督徒前来聆听上帝之言，观看宗教庆典的仪式时，听觉和视觉是主要参与其中的感官。然而，在基督教礼拜仪式和圣徒膜拜的行为中，观看和聆听显然不是信众唯一需要调动的感官。尽管另外三者常常不被重视，触觉、嗅觉和味觉也为连接信众与精神现实起到了关键的作用。中世纪时期有教养的基督徒是透过哲学传统的论述来看待自己的身体的。他们基本接受了自亚里士多德以降确立起来的感官等级（Johansen，1997）。尽管视觉和听觉比嗅觉、味觉和触觉的地位更高，但在基督教践行的具体仪式中，这最后两种感官却让平信徒和教牧人员得以积极参与到仪式中来。触觉在中世纪基督教世界中尤为重要。当走进一座富丽的教堂时，信众会被邀请在身上画十字，在大理石地面上跪下或者全身伏地，亲吻圣像或点燃蜡烛。毋庸置疑，触觉在个人敬拜的行为中起到了重要作用，但是要想形容一位基督徒走进教堂的感官体验，最恰当的概念或许是"通感"(synaisthesis)。视觉和嗅觉是首先被调动起来的，随后是听觉，但是触觉和更次要一些的味觉也有出场的机会。基督教的思想家和基督教教堂空间的设计者十分留心这种相互结合的感官效果。他们通常会致力于建造出一个充盈着色彩与光亮的空间，极为丰厚的感官体验便可以在这个空间中发生。同样地，在犹太教堂和清真寺中，围绕约柜（Ark）或妥拉壁龛（Torah niche）和米哈拉布*（指明了朝向［qibla］，即信众朝向麦加祈祷的方位）的艺术设计会把目光牵引到信众需关注的焦点。宗教建筑的品质和人们对特定区域或重要人工造物（比如书籍）的精心美化体现出它们在宗教中的意义和分量。中世纪教堂和犹太会堂中的讲坛，以及清真寺中的敏拜尔[†]也同理，它们都强调了聆听上帝之言和布道的重要性。

　　教会的规程界定着何种行为值得嘉奖、何种行为必须禁止，感官在宗教体验中的参与方式也一直根据这些规则演化、发展。不同的文化选择最终会创造出特定的感官侧重。譬如，在究竟应该优先考虑哪些感官的问题上，东方教会和西方教会发展出的态度就截然不同，我将在下文中对此进行分析。此外，对这些差异的意识塑造出一种宗教身份意识。正如伯格森（Bergson）的观点所言（1988：3），"没有任何感知体验不充盈着记忆"，"有了我们的感官在此时此刻所获得的直接讯息，我们才能把过往经验的种种细节糅合在一起"。在宗教实践中，个人的感官经验制造着可在群体间共享的记忆，这些记忆作为价值观流传于众人之间。这些饱含情感的价值观

---

* 米哈拉布（mihrab），即壁龛，是清真寺的礼拜殿内的设施。
† 敏拜尔（minbar），即清真寺讲坛。

影响着一种对自身宗教传统正当性的认识，在各个互为邻里的宗教群体之间形成主导之势，并常常会令某个群体对其他宗教传统提出批判。

我们的确能够在一定程度上重构宗教建筑的视听及气味环境，但我们依赖的证据始终趋于碎片化。神职人员和信众在礼拜仪式中需要采取的姿态手势的确值得注意，但我们必须确定有关这些行为的叙述是否是当时社会的常规。朝圣者、旅行者和造访者有时会记录下他们的感官情绪，但这些仅仅是个人体验。论争型的论述会指出"他人"错误的行为，但是这些缺乏宽忍心的文字也可以通过战争的政治背景、对文化主导的渴望或对本地民众的管控等现象得到解释。科尔宾（Corbin，2005）曾提醒我们撰写一部感官文化史的难点，尤其是任何归纳性论述可能存在的风险。我们必须特别注意圣经典故是如何塑造中世纪的话语的。

基督教礼拜中的多重感官性

因为世间的礼拜仪式竭力模仿着天堂中以歌唱的天使为首的仪式，基督教礼拜也就变得愈发肃穆，常常会运用香气和音乐来调动氛围。中世纪的基督徒可以用双眼欣赏壮丽的教堂建筑和宗教典礼，聆听布道文，共享齐声歌唱的体验，嗅闻熏香的气味，并在圣餐仪式上触摸和品尝基督的圣体。不仅中世纪教堂中装饰有绘画、镶嵌画和斑斓的大理石，并配有珍贵的圣器和织毯，就连仪式也被刻意打造成具有审美愉悦的仪典（Florensky，[1918] 2002; Palazzo, 2010）。感官体验在基督教中的重要性可以从两种仪式中体现出来：洗礼和弥撒。

新生儿和刚皈依的教徒是以同一种方式加入基督教群体的，也就是通过触觉。奥古斯丁的解释称，主教在他们的身上勾勒出十字架的符号，把手放在他们头上，并向他们嘴中放入一撮盐。这些手势在中世纪长期维持不变，不过，各地区间的做法有些微的差别。十字符号有时被称为印章，但是和犹太教徒与穆斯林在幼童身上实行割礼所留下的印记不同，在中世纪基督教的语境中，主教只是触碰身体，而不会在肌肤上留下标记。

在古典时代晚期的教堂中，受洗仪式是非常郑重的事件，洗礼堂一般在雄伟壮丽的建筑内部，并专门在复活节前夜举行，这套习俗一直流传至中世纪早期。受洗仪式主要是针对成年人，只有在经过一系列漫长的准备工作之后方能举行，其中包括驱邪仪式和向受洗者传授如何祷告。在进行仪式前，不能向受洗者本人透露仪程。受洗仪式中的景象和气氛必定会深深地震撼他们的心灵，感官体验会给他们留下深刻的记忆：他们赤身裸体，全身抹上具有辟邪作用的精油；在随后的沐浴过程中，他们需要分别以父亲、儿子和圣灵的名义把头扎入水下三次；接着，身着雪白长袍的受洗者会再次在感知器官上抹上香甜的精油；最后，受洗者手执蜡烛，一路游行至教堂，参加人生第一次的礼拜仪式和圣餐仪式。在一整套相当具有戏剧性的仪式中，受洗者历经重生，完成了一次象征性的由死复生。这场仪式会调动起人的所有感官。仪式一般于夜间在烛光熠熠的洗礼堂中进行。人们大声地宣读、唱诵祈祷文字。在位于罗马的圣约翰·拉特兰大教堂（the basilica of St. John Lateran）的洗礼堂和其他配有引水装置的洗礼堂中，祷告声中还会掺杂流水从金银雕塑的孔洞中涌出的声音。拉特兰洗礼堂的室内芳香四溢，殿中有一个用精贵黄金制成的水盆，在复活节季，会有整整 200 磅的香膏在其中焚烧，殿中还另设了一个纯金香炉，炉上镶有 49 颗绿宝石（Davis，1989：16—17）。兰斯全城曾为举办法兰克人的国王克洛维（Clovis）的受洗式做准备：主教雷米吉乌斯（Remigius）"下令准备受洗池，公共广场上要垂挂彩色布料，教堂内挂上白色挂帘，准备就绪的洗礼堂中，一支支香散发出阵阵芬芳，有着香甜气息的蜡烛闪闪发光，受洗仪式的圣地弥漫着神圣的馨香"（Gregory of Tours，1974：141）。

煤油灯和香炉让洗礼堂和教堂中充满了香气。当时的人们把熏香的气味与天堂联系在一起，认为天堂中弥漫着一种奇妙的香味。在伪经文献与对冥想异象及濒死体验的记录中，都出现了芳香四溢的天堂景象，圣徒在其中以熏香为食，由此建立起圣性和香味间的稳固联系。面对一座熏香缭绕的教堂，信众即刻会感受到他们正走进一个与天堂相通的场所。"与一股香气相遇，便是与一种物质存在的明证相遇，与一道可以追根溯源至原点的存在痕迹相遇"（Classen 等，2007：341）。对中世纪的基督徒来说，熏香和滴了香油的煤油灯所散发的气味，表明气味香甜的上帝就存在于教堂之中。在古典时代晚期和中世纪时期基督徒的嗅觉想象中，尘世间的香料和各类散发香气的树木都源自天堂，它们或许是亚当被逐出伊甸园的时候随手盗走的，又或者，一种更诗意的解释是它们源自夏娃为这一悲剧事件流下的眼泪。

洗礼堂的室内装饰反映了一种信仰，即天堂也参与到尘世间的仪式中。在拉文纳（Ravenna）的洗礼堂中，所有住在天堂中的重要人物（也即先知与使徒们）都被描绘在中央圆形浮雕的四周，浮雕中呈现的是耶稣在约旦河受洗的场景，由此营造出耶稣正在俯瞰新受洗信众的氛围。受洗式中多重感官交织的体验给人们留下了持久的印象。

如果说受洗仪式是一场强烈的感官体验，那么神圣的礼拜仪式亦是如此。尤其在中世纪早期，礼拜仪式的传统很多，但让仪式变得更美、更繁复却是所有传统共同的目标（Baumstark，2011）。来自皇帝或国王的赞助让一座座令人敬畏的建筑拔地而起，每一座都旨在让造访者想到上帝的荣耀。君士坦丁堡的圣索菲亚大教堂（Hagia Sophia）正是如此，阳光从教堂穹顶的 40 扇窗户中倾泻而入，投射到约 30 米以下的教堂中殿，给造访者留下了不可磨灭的印象。"示默者"保罗（Paul the Silentiary）如此描写这座教堂："这一切让人眼前一亮"（Mango，1986：89）。庄严的队伍、倒入无数盏煤油灯里的香油、闪闪发光的镶嵌画、刺绣精美的教会服饰、仪式器具所用的珍贵金属，这所有的一切都在膜拜者的心中激起无尽的敬畏之情。拜占庭时期的仪式是一种丰厚饱满的感官体验（Pentcheva，2010：43；Taft，[1977] 1997、2006）。987 年，拜占庭皇帝接见了基辅的王子弗拉基米尔（Vladimir）派遣的异教徒罗斯外交使团。君士坦丁堡的宗主教

> 命教士们集合，随后开始举行惯常的仪式。他们点燃香火，唱诗班唱起了赞歌。皇帝陪同罗斯人走进教堂，把他们安排在一片宽敞的空间中，把他们的注意力吸引到这座瑰丽的建筑、唱诵、主教的仪式和助祭的工作上，同时向他们解释对上帝的崇敬。这些罗斯人对此叹为观止，充满惊奇地赞美着希腊人的仪式。

这群使团随后向弗拉基米尔汇报道："我们无法确定自己是在天堂还是在人间。因为，人间没有这般壮观的景象，几乎无以言表。"（Cross 和 Shobowitz-Wetzor, 1953：111）让使团感觉教堂是与天堂相通的场所是拜占庭刻意所为。拜占庭人相信，唱诗班赞美上帝的温润歌声就是天堂中的天使持续赞颂上帝的歌声在人间的回响。圣索菲亚大教堂中的礼拜仪式中有 25 位领唱人和许多神职人员，令人印象深刻。

礼拜仪式和教堂内部空间都旨在营造多种感官交织的体验，信众可以通过这些体验感受到上帝的存在。在这之中，视觉扮演着主导角色。膜拜者不仅被邀请用双眼观看仪式，教堂室内的装饰也包括当时被视为"不识字者的《圣经》"的图像，这些图像或是讲述新约中的故事或是呈现圣徒的生平。不过，人们对图像的宗教效用时有争论，因为图像亦可能被解释为一种奢侈的消遣。人们常常探讨图像的存在和其在基督教礼拜仪式中的角色，但是拉丁教会一般都承袭教皇大格里高利（卒于604年）的观点，承认图像的教化价值。然而，图像却远不止是为礼拜仪式提供背景，在拉丁语世界和拜占庭的文化圈中，图像地位的演变遵循着不同的轨迹。不论在东方教会还是西方教会都流传有一些图像能创造神迹，或是"非人类所创造"（*acheiropoieta*）的神迹的盛名。在两次圣像破坏运动时期的拜占庭世界，人们极力谴责围绕图像发展起来的敬拜仪式，但在 843 年之后，壁画开始占据教堂的空间。可携带的圣像会随教会年历而变换，并成为礼拜仪式的一部分。固定陈列的圣像被放在圣坛前的圣坛屏上，人们在圣像前焚香敬拜。第二次尼西亚公会议（the Second Council of Nicaea）认可了亲吻圣像和敬拜（*proskynesis*）

的行为，但加洛林时期的神学家却认为这种敬拜的方式无异于偶像崇拜，拒绝赋予圣像以圣物的地位（Boulnois，2008；Brubaker 和 Haldon，2011）。在拜占庭，明确标记有圣徒姓名的圣像被认为是承载圣徒存在的地点，其地位与圣骨匣不相上下。因为祈祷的对象是圣像所描绘的圣徒，而非承载图像的那块木头，在拜占庭神学家看来，这里不存在偶像崇拜的问题。在东正教的宗教生活中，触觉甚至比视觉更为关键，因为触摸和亲吻圣像是进入教堂的信众经常需要完成的肢体动作。平信徒的虔信行为主要集中在这些对象上，而神职人员则远在圣障（iconostasis）之后，专注于祭坛上的仪式（Belting，1994：172）。

纵观东方教会和西方教会，亲吻都是向人表示爱意、向圣物表示敬拜的常见姿态（Schmitt，1990）。在弥撒期间行平安吻、亲吻主教或修道院院长的手均属常规习俗。不过，就图像而言，视觉仍然对西方基督徒至关重要，而触碰圣像则是东方基督徒自然的敬拜手势。当西方朝圣者描述造访的宗教圣地时，他们会强调双眼所见的情景；而当东正教朝圣者撰写他们的朝圣见闻时，则会提及自己亲吻了哪些圣物。俄国的朝圣者斯摩棱斯克的伊格内修斯（Ignatius of Smolensk）于 1389 年拜访了圣索菲亚大教堂，他如此写道："我们亲吻了摆放基督受难圣物所在的桌子，随后，又亲吻了宗主教圣亚塞热（St. Arsenius）［的圣体］和亚伯拉罕迎接以圣三一形态显现的基督的那张桌子，还有为基督殉葬的人被烧死的那张铁床。"（Majeska，1984：92）

当把目光转向所有圣礼中最神圣的一种，也即圣餐礼时，我们也会发现东西方教会对视觉和触觉的侧重相当不同。在古典时代晚期的东方教会和西方教会，尽管圣坛与中殿被一道低矮的圣坛屏隔断，以示圣坛至高无上的神圣性，但信众仍然可以看见圣坛的情形。不过，东正教对进入这一区域的通道管制得更为严苛。特鲁洛公会议（council of Trullo，691—692）通过决议，称"任何平信徒都绝对不能踏入神圣的圣坛"，只有前来将礼赠呈于祭坛上的君主例外（Canons of the Council, 1995: 151 [canon 69]）。早在6世纪，在圣坛屏上放置圣像的做法就阻碍了从中殿望向圣坛的视线。从拜占庭中期起，拜占庭教堂中建造的圣像壁（*templon*，一种有圣像的建筑结构），以及中世纪末期俄国东正教教堂里立起的高大的圣障，在圣坛和中殿之间制造了一道物理屏障。在大门紧闭或帘幕垂落之时，从中殿完全无法看见圣坛的情形（Durand 等，2010；Gerstel，2006）。几乎所有东正教教堂都发生了这一建筑结构上的变化，不过各地改建的速度不同，这意味着拜占庭、科普特或俄国的信众不再能目睹祭坛上进行的仪式。圣坛常被比作耶路撒冷圣殿最内侧的至圣所（Holy of Holies），圣屏则是至圣所的帘幕：祭坛上所进行的仪式是不能被信众看见的秘密仪式，只有司祭和助祭才能够亲历。尼西塔斯·斯代萨托斯（Nicetas Stéthatos，卒于约1090年）宣称："平信徒怎么可以冥思……上帝的司祭颤栗着完成的秘密仪式？他们被禁止看这一切。"对于尼西塔斯而言，就连僧侣也必须将自己的感官通道紧闭，以确保礼拜仪式中最神圣的时刻所进行的秘密仪式不会被别人瞥见，他们不应允许任何世俗的思绪潜入自己的脑中（Walter，1993: 204）。教会允许神职人员观看面包转变为基督圣体的过程，但他们必须时刻谨慎地思考他们正在做的一切。一篇科普特的文献解释说，封闭的圣屏是为了让神职人员的注意力集中于祭坛上，而不会因看到平信徒中的女性而受到玷污（Bolman in Gerstel, 2006: 95）。

在西方教会的教堂中，尽管有一些边界标示区分圣坛和中殿，其中包括罗马式教堂和哥特式教堂中的圣屏（Jung in Gerstel, 2006），但祭坛仍然是开放的，教会对信众能目睹仪式中的物质元素被赋予圣性的过程相当重视。当时的异端不认可越来越多的涌入教堂的普通大众，也不允许他们观看圣餐的施行，"尊者"彼得（Peter the Venerable）在对他们的反驳中解释说，上帝创造出圣餐是为了在信众的心中激起情感，因为"整件事如此重大，人类的灵魂理应被感动，深入而非粗浅地去思考、爱戴、接纳它，要牢记基督的人性和死亡，不仅要有侧耳聆听到的声音相助，还要有双眼所见的景象加深记忆，这显然是合理和正确的"（Appleby, 1998; Peter the Venerable, 1968: 117—118）。"尊者"彼得认为视觉比听觉重要，理由在于人类记忆的不可靠性。他引用贺拉斯（Horace）的《诗艺》（Ars poetica）来论述他的观点："从耳中进入的东西对心灵的震撼，比放在值得信赖的双眼前，并直接送至观者面前的东西要微弱许多。"视觉在罗马的礼拜仪式中如此重要，以至于教会同意把圣饼高高举起，给众人观看。当时有宗教律令试图把坐在唱诗席中的教会成员和平信徒分离开，前者所在的空间也常常通过一道屏风遮蔽起来，但即便是这些律令也都强调，要确保平信徒至少能透过屏风中的窗口看清高举于空中的圣饼。对于大多数不敢在复活节或临终前之外的场合领受圣餐的平信徒而言，遥望圣饼亦是另一种形式的圣餐——"精神的圣餐"。对圣蒂埃里的威廉（William of Saint Thierry）和之后的托马斯·阿奎那来说，俗众对圣餐的渴望足以引发一种"精神上的摄食"（manducatio spiritualis）（Lamberts in Haquin, 1999）。在祭坛上展示的供人敬拜的圣饼吸引着神秘主义者的目光，他们从被赋予神性的圣饼中看到了上帝。有关圣饼流血的故事在那些怀疑食物已化为血肉的人之间广为流传。乌格里诺·迪·普雷特·伊拉里奥（Ugolino di Prete Ilario）就在奥维渥特大教堂（cathedral of Orvieto）中描绘了此类神迹（Duffy, 1992：95—107; Rigaux in Bériou 等, 2009）。科尔尼翁山的朱莉安娜（Juliana of Mount-Cornillon, 卒于 1252 年）格外笃信圣餐仪式，尤其沉醉于献祭的时刻，她曾设法说服神职人员围绕着圣餐创立特殊庆典。1264 年，教皇乌尔班四世（Urban IV）正式创立了基督圣体庆典，其流程中包括把置于圣体匣中的圣饼高举起来进行游行的环节（Bériou 等, 2009; Haquin, 1999; Rubin, 1991）。观看圣餐礼成了平信徒参与宗教典礼的方式。在高举圣饼的时刻，平信徒需念诵为此专门撰写的祷文。一位听取 14 世纪德国灵视神秘主义者蒙塔尤的多萝西娅（Dorothea of Montau）告解的神父曾如此写道："从幼年到生命的终点，这焕发生机的圣餐的气味一直激发着她想要一睹那被赐福的圣饼的愿望。就算有时她能在一天中看见圣饼一百次，她的心中仍然渴望更频繁地看见它。"（Bynum, 1987：55）

当昭示献祭时刻的钟声响起时，城中居民会为了一睹圣饼的模样，从一场弥撒赶往另一场。即便是在乡间，神职人员也要求农民在听到钟声时，停止耕作，跪着做一段简短的祷告。换言之，钟声成了西方基督教世界一个重要的标志，在基督教地区的声景中占据了一席之地（Arnold 和 Goodson, 2012）。

领土控制和对有关宗教的声音的管控相辅相成，而以言辞或音乐的方式利用公共空间的确应当被理解成一种宗教表达的权利。自8世纪以降，穆斯林统治的区域禁止基督徒在房屋上陈列十字架，组织宗教游行，用人声、敲击木板声或者钟声召集教众祷告，甚至连在教堂中高声歌唱也不被允许。基督徒和犹太教徒只是"受保护民"（dhimmis），他们虽然受到法律保护，但是属于二等公民，只有在缴纳过一种特殊税之后，才被允许在私下安静地进行宗教活动（Griffith，2008）。在穆斯林城市中，清真寺旁建有高耸的尖塔，每日会回荡起五次召集祷告的声音。因为宣礼员选定的时间未经协调，所以召集教徒祈祷的声音常常在城市上空回荡着，这制造出一个非常特殊的声音环境，到此的游客一听便知道伊斯兰教掌控着此处的公共空间。

在西班牙被伊斯兰教统治期间，钟变得极具象征性，不仅不能有基督教会的钟声，那些钟也被没收了，并陈列在北非阿尔摩哈德王朝（Almohad）的清真寺内（Constable，2010：94）。在那些基督教从伊斯兰教手中拿回统治权的城市中，尤其是在收复失地运动（Reconquista）期间的西班牙和西西里，钟声的回归虽标志着政局的变化，但宣礼员并没有立即静默下来。这一变化取决于地方统治者和穆斯林群体在当地的经济影响力。到了12世纪末，在诺曼王朝统治的西西里，一位名为伊本·朱巴伊尔（Ibn Jubayr）的穆斯林朝圣者惊讶地听到了召集人们祈祷的声音，其中还夹杂着伴随信众走进清真寺的鼓声和号声（Ibn Jubair，1952：348—353）。1265年，在刚刚收复的穆尔西亚（Murcia），阿拉贡的海梅一世（Jaime I of Aragon）允许穆斯林继续召集公开祷告，唯一的例外是在他宫殿旁的清真寺，因为他不希望召集声将他从睡梦中惊醒。1266年,教皇克莱蒙四世(Clement IV)指责海梅一世任由穆斯林"公开叫嚷"他们先知的名字,在1311年举办的维也纳公会议上,克莱蒙五世要求基督教统治者禁止伊斯兰教大声召集祷告的声音继续在基督教的领地上回荡(Constable, 2010:75—76)。然而,在阿拉贡,不同宗教群体间共享都市声景的情形一直持续着,直到中世纪的最后几个世纪才极为缓慢地停止。宗教声景的问题对双方都十分重要,因为音乐与歌声是宗教仪式中两个最基本的元素。

音乐使人动情(*Musica movet affectus*),音乐会将感官带往一个截然不同的境界。这是塞维利亚的依西多禄(Isidore of Seville)在7世纪时所写的(Isidore of Seville, 2006:95)。阅读过奥古斯丁的《忏悔录》的博学的拉丁神职人员都知道,音乐有令人动容、使人欢愉、引人皈依的力量。奥古斯丁回忆起音乐对他灵魂的启迪时说道:"当您的圣诗、赞歌响起时,我竟潸然泪下!您教堂中的音乐和甜美的唱诵深深地震撼着我。那歌声流淌入我的耳中,那真理铭记于我的心中。这令我虔诚的心绪愈发强烈。"(Augustine of Hippo, 1991:207—208; *Confessions* 9.33)尽管奥古斯丁为令他确认心之归属的情绪心怀感激,但他也对甜美且有节律的声音所带来的欣喜愉悦感到忧虑。他发现,音乐本身带给他的愉悦感比唱词更强。不过,他还是得出了教堂音乐的益处大于陷入罪恶的危险的结论:"总体来说,我倾向于认可在教堂中歌唱的习俗,不过我的观点并非不可撤销,我认为,耳朵的愉悦能在羸弱的心灵中激起一种虔信之情。"(Augustine of Hippo, 1991:207—208; *Confessions* 9.33)《诗篇》的唱诵、时辰礼拜中的念唱成为基督教教堂中的通行仪式。包括米兰的安布罗斯（Ambrose of Milan，卒于 397 年）、叙利亚人以弗伦（Ephrem，卒于 373 年）、罗曼诺斯·梅洛德斯（Romanos Melodos，卒于约 556 年）和圣维克托的亚当（Adam of Saint-Victor，1110—1192）在内的许多作者都创作过礼拜诗歌。一些祷文广为流传，譬如雅各伯·达·托迪（Jacopone da Todi，卒于 1306 年）的《圣母悼歌》(*Stabat Mater*)。教会希望能用音乐来修饰礼拜仪式，这便解释了一部分礼拜仪式中的悼文为何会被谱写成音乐。

孩子的歌喉尤其受到喜爱，东方教会和西方教会的大教堂都常常邀请男孩来唱应答式圣歌（responsorial chanting）（Boynton 和 Rice，2008：40—44）。在罗马，负责唱礼拜曲的咏经席（schola cantorum）是由孩子和成人组成的（Dyer in Boynton 和 Rice，2008：19—22）。受训歌者人数的增加意味着，聚集一堂的信众只需侧耳倾听，而不再需要唱歌。因为歌者均为男性，所以中世纪早期的教区教堂和大教堂中不再有女性的歌声，只有女修道院中尚保留着修女歌唱的惯例（Flynn，2006：771）。

虽然直到 13 世纪，许多教堂仍然保留着素歌（plainchant）的咏唱形式，但复调音乐（polyphony）已然在巴黎大教堂中兴起（Wright，1989）。生活在 12 世纪末、13 世纪初的佩罗坦（Perotin）所创作的复调乐曲中包括多至四个不同的声部和曲调。在礼拜仪式中发展出更为复杂的音乐在当时引发了一定的争议。这意味着只有唱功娴熟的歌者才能在礼拜中唱诵。在中世纪晚期，礼拜仪式愈发演变为一种为愉悦人耳而举行的表演性仪式。1483 年，多明我会的朝圣者费利克斯·法伯尔（Felix Faber）颇为不满地指出，在威尼斯的弗拉里荣耀圣母堂（Santa Maria Gloriosa dei Frari）的方济各会修道士们唱复调赞美诗，"年轻人和女士们蜂拥而至，并不是为了神圣的仪式，而是为了陶醉于其中的旋律和反行调*"（Howard 和 Moretti，2009：83）。

教堂音乐令人愉悦，贵族阶层希望能享受礼拜中的这种感官元素，甚至不惜花钱来加强听觉享受。王室和公爵的礼拜堂会花重金吸引才华横溢的音乐家前来。在15世纪，威尼斯总督的圣马可教堂开办了一个歌咏学校，其中有八个男孩，还有两个轮流领唱的声部和一位艺术大师（maestro di capella），他也是一位著名的作曲家。在14世纪期间，这座教堂中有两架固定的管风琴，既可为歌者伴奏，亦可进行独奏表演。圣马可的管理人需要确保礼拜仪式如同一场音乐盛宴（Howard 和 Moretti，2009：20—25）。管风琴的引入是区分东西方基督教世界的一项创新之举。东方教会的教堂只允许出现人声，而也许早在10世纪，固定的管风琴就进入了较为富足的拉丁教堂。到了中世纪末则变得普遍，就连教区教堂也会购买管风琴来为宗教仪式配乐。

精彩纷呈的节庆游行不断刺激着人们的视觉、听觉和嗅觉，在此期间，音乐回荡在城市的大街小巷中。在节庆日上，人们会吹奏便携管风琴、小号和横笛，来为游行的歌者配乐。例如，在威尼斯的圣安东尼节上，游行的队伍挥舞着旗帜，打扮成天使的孩童手捧

---

* 反行调（discant，拉丁语原意为"区分声部"）起先是一种中世纪礼拜仪式的风格，与巴黎圣母院的复调音乐流派关系紧密。它是一种名为奥尔加农（organum）的早期复调音乐风格，这类音乐或是包含一个素歌男高音，或是被运用到不以素歌为基础的康都曲（conductus）中。作为一种歌唱技巧，其往往采取一音对一音、两声部在音高上反向而行的方式。

着圣徒神迹的图像，歌者的唱诵声则在街头回荡着（Howard 和 Moretti，2009：84）。平信徒观看着神职人员走上街头，以形式化的姿态完成一套经反复演练的精心安排的仪式。当布道者组织的活动超出传统的弥撒布道时，可能会演变为一场盛典。在中世纪末期的拉丁西方和拜占庭世界，神秘剧把戏剧和礼拜仪式结合起来，增加了信众的愉悦感和原本已经相当丰富的感官情境（Dominguez，2007）。这些戏剧将《圣经》中的事件再现出来，让礼拜仪式的感染力更趋饱满，这反映了当时的宗教精神开始偏向于冥思救赎性受难的发展趋势。

个人虔信与感官

上帝在道成肉身的过程中让自己变得可触可感。直到耶稣升天为止，除去"不要摸我"的故事以外（《约翰福音》20：17），耶稣经历了各种触摸。血液有问题的女人得以痊愈，是因为她触摸了耶稣的长袍。最后的晚餐中，耶稣钟爱的门徒将身体倚靠向他（《约翰福音》13：23—26）。即便是在复活之后，耶稣也鼓励将信将疑的多马（Thomas）触摸他的伤口。

基督徒自然希望他们仍有机会通过触摸耶稣来令疾病治愈，也因此出现了各种基于触摸的替代敬拜形式。比起为他们举办的教堂礼拜仪式，平信徒礼拜者会更积极地参与自己选择的那些敬拜活动。他们享受与圣物或神圣场所的接触机会，这些物和场所被认为充满了能够保护甚至治愈他们的力量。有三种一神教信仰的朝圣者们涌向耶路撒冷。犹太教徒是为了一睹圣殿的废墟或其他神圣遗址。穆斯林是为了跟随先知穆罕默德的足迹，在夜行登霄和升天的过程中，他的脚印留在了当地的岩石上。基督徒是为了眼见耶稣曾走过和离世的地方，以及作为其复活证明的那座空墓。在耶路撒冷内及周边的各种教堂中，他们可以参与纪念耶稣生前最后几日各项事件的礼拜仪式。雅各·德·维特里（卒于1240年）解释说，在耶路撒冷的各处圣地中，属各各他（Golgotha）最为出名，造访者的内心因受难的记忆而深受震动："在这里，我主为救赎我们而受难……当朝圣者到访这一圣地时……受难之苦令他们流下悲悯的泪水。"（1896：40）

尽管强调的程度不同，但这三种一神教信仰都把造访圣墓和观看、触摸乃至亲吻圣物视为敬拜的姿态（Gitlitz 和 Davidson，2006；Meri，2002）。尽管教义立场较为严苛者谴责谒陵行为（ziyāra），但穆斯林为膜拜圣墓和圣物的朝圣行为在叙利亚和埃及仍然屡见不鲜。"中世纪的穆斯林、基督徒和犹太教徒的经历大多是互相启发的结果，这三种宗教的敬拜行为既相似也各异，对神圣场所和圣人之灵力的共同信仰令其愈发丰富起来。"（Meri，2010：101—102）犹太教徒、撒马利亚人（Samaritan）、基督徒和穆斯林（在不受任何限制的情况下）会造访他们的文化遗产所共享的那些圣地。当西班牙的犹太教徒图德拉的便雅悯（Benjamin of Tudela）在1165—1173年间旅行至耶路撒冷时，他参观了列祖之洞（Cave of Patriarchs），此处曾先后建起犹太会堂、基督教教堂和清真寺，每新建一座建筑便会取代先前的。他还造访了拉结之墓（the Tomb of Rachel），并记录称，犹太教徒将自己的姓名刻在了石头上（Adler，1907：25）。在一座建筑上涂鸦并非中世纪才开始的习俗，但从在基督教朝圣场所能看到的大量凿刻的十字架足见这一行为的受欢迎程度：朝圣者希望留下曾至此地的痕迹，以此将自己永久地与这处圣地联系起来。

每个基督教教堂都可能成为神迹发生的场所，但得益于某些地方圣徒的代祷引发的神迹，一些教堂获得了能让人恢复健康的盛誉。要想理解信众在治愈圣殿完成的各种敬拜行为，最充足的文献来源是神迹故事。这些故事主要由神职人员撰写，为的是宣扬圣徒创造了神迹的名声；关于信众敬拜圣徒的感官方法，我们能从这些故事中找到语境细节。从中我们了解到，敬拜的姿态包括亲吻立柱和圣像，触摸墓棺、圣骨匣和其上的油灯，以及点燃蜡烛和香炉。神职人员用墓棺和圣骨匣上方油灯中燃烧的煤油为信众赐福和治疗。在埃及著名的圣弥纳圣殿（sanctuary of Saint Menas）里流传着这样一个神迹故事：有一位负责看守神龛的教牧人员从圣徒遗体旁燃烧的油灯中舀取煤油后，在着魔者的身上画了一个十字（Drescher，1946：119）。一些病重垂危或者腿脚不便的人会到一些治愈圣殿中进行梦疗法（incubation）治疗：他们会在教堂里入睡，以期入梦的圣徒传授治病的妙方，或者通过触碰来直接令他们恢复健康。在那些入睡者所经历的灵视体验中，圣徒常常会建议他们用融化了的蜡（当时称之为"*kerôtè*"）来治疗。这种蜡或是涂抹在生病的身体部位，或是调成药剂服用，或是直接作为药物吞下去，有时还会与面包和煤油混合（Sophronius，1975）。

人们一方面把香油和香料与天堂联系起来，一方面认为它们具有疗效，这就解释了散发体香的圣徒（myroblites）的出现，在这些圣徒的节日上，圣徒会奇迹般地向信众分发有特殊疗效的香油。在10世纪的塞萨洛尼基（Thessaloniki），在一座放有圣德米特里厄

125

斯（Saint Demetrius）圣物的教堂被毁后，香油从圣徒墓棺中漫溢出来，沿着各条管道流向信众，这使他成为拜占庭世界中最受欢迎的圣徒之一。

不论是在朝圣教堂，还是在普通的礼拜堂，乃至在家中或在某间修道院寝室里，俯身触地都是向上帝和圣徒呼求的常见方式。圣徒的生平事迹表明他们每天都要进行大量的跪地祈求：圣帕特里克（Saint Patrick）是一天 300 次，圣高隆邦（Saint Columba）是一天 12 000 次。这些数字意在强调他们的虔信和异乎寻常的苦行生活。鉴于跪地礼和弯腰鞠躬礼可能是痛苦的，因而，这些行礼也被当作悔罪苦修。在爱尔兰的苦行赎罪书中，有一种复杂的罪罚代偿系统，这些拜礼可以用来替代多日的禁食（Angenendt 等，2001）。此类苦修式的敬拜行为大量兴起，由此发展出一套救赎的换算方法：教会必须向信众提供弥撒仪式，抑或大量的祈愿和跪拜仪式，此外，还可能会有点燃蜡烛和分发救济金的环节。基督徒和穆斯林用串珠来计算祷告的次数。在中世纪晚期，教会鼓励平信徒按玫瑰经来做祈祷，这种经文让信众可以更主动地参与到祈祷中，用自己的声音和双手来完成仪式（Mitchell，2009）。在东方教会中，早期隐修士发展出一种助人进入祈祷状态的技法，人们需要跟随着呼吸的韵律，反复念诵一种被称为"耶稣的祈祷"（prayer of Jesus）的简单祷文。西奈的格里高利（Gregory of Sinai，卒于 1346 年）把这种修行方式引入阿陀斯山（Mount Athos），这片半岛区域当时建有多座修道院，是十分活跃的宗教中心。俄国的僧侣和平信徒也采用了这种祈祷形式。

在西方教会，这类敬拜仪式最终在宗教改革时期遭到批判，但是托马斯·阿奎那却理解它们的用处。他提出，人们需要这些牵涉感官的身体行为，比如跪拜、高声呼求和歌唱。他解释说，这些行为并非为了吸引上帝的注意，而是人们将自身引导入聆听上帝之状态的手段（Thomas Aquinas, 1926: 119）。他一针见血地指出了身体行为和感官参与对形成虔信的重要性。

一套与上帝沟通的系统通过各种感官确立起来了。感官常常被视为了解上帝、向信众传授他们不曾见过的精神现实的工具，但倘若我们因此认为基督教始终支持吸引感官、制造感官愉悦的做法，那我们就错了。教会教父们无法抨击任何身体部位，是因为对他们而言，那将是对上帝造物的谴责，但他们却可以对人类欲望的堕落本性提出告诫。感官是罪恶欲望成型的主要渠道。世间的各种愉悦经由感官抵达灵魂，并最终对其造成污染。格里高利·纳齐安（Greogry Nazianzen, 2000: 346）写道：

> 让我们不要用盛宴来取悦眼睛，不要用音乐迷惑耳朵，不要用香味麻痹鼻孔，亦不要贪恋美味、肆意触碰，这些方法离恶如此接近，为我们打开了通向罪孽的大门……但我们的崇敬对象是圣言，倘若我们必须以某种方式享有奢华，那就让我们在语言和神圣的律法中寻觅之……

苦修理念最终导致了对感官严苛的控制，因为外在影响可以向灵魂传递世间的种种景象、声音、香气和肢体触感，并诱导基督徒走向罪恶之路，感官也因此被视为必须向这些影响紧闭的大门。人们一边极力强调对世俗世界的感官进行严格管制的必要性，一边在教堂中为信众营造丰富的感官体验，这之间的对比不可谓不惊人。关于感官控制的话语变得越发严苛，恰好与4世纪时感官体验领域在教堂中的扩张重合，这也是修道院生活兴起的时期。

对一些人而言，持续剥夺感官体验是抵制恶魔、靠近上帝的唯一路径；为此，他们选择了修道院的生活。修道士们从社会中隐退，这也同时意味着他们退出基督教群体和苦行生活的开始。禁食有助于节制性欲，对修道士心如止水地度过修行生活至关重要。许多僧侣和修女都对触觉进行严格的控制：他们身着粗糙布料做成的衣物和刚毛衬衣；除了平安吻外，杜绝一切与人的接触，最好也避免任何与异性的接触。约翰·克利马科斯（John Climacus）在《天梯》（*Ladder of Divine Ascent*, 1982：182—183）中解释了"仅凭眼睛的一瞥、一只手的轻触、一首传入耳中的歌曲，毫无坏心的灵魂也会在不知不觉间被引向确实犯下不贞之罪的道路"。

这些严厉的警告针对的是修道院中的感官体验，但平信徒也需要对此保持警觉。随着12世纪和13世纪的西方教会发展出新的教牧关怀机制，教会开始撰写道德神学论著，罗列美德与罪恶的清单，这些文字帮助神职人员向平信徒传授这样的教义——紊乱的食欲会让人偏离对精神现实的体悟（Suarez-Nani, 2002）。未来的教皇英诺森三世（Innocent Ⅲ）在他的《论鄙夷尘世》（*De contemptu mundi*）中提醒读者称，一位敬畏上帝的人不应利用凡世间的愉悦。不少论著致力于建立一套基督教的感官伦理学，利摩日的彼得（Peter of Limoges）所著的《眼的道德论》（*Moral Treatise on the Eye*）是为一例（Casagrande 和 Vecchio, 2000；Newhauser, 2010）。

苦行修道士希望通过摒弃感官愉悦来令自己的内在感官尽可能

地向精神现实敞开，以此进入与上帝互通的境界。不过，有一些修道士的禁食过于严苛，他们只以圣餐中的食物为生。这种在中世纪晚期极为常见的"神圣厌食"（holy anorexia）代表了感官剥夺的一个极端，锡耶纳的凯瑟琳（Catherine of Siena，卒于1380年）便是践行极端禁食的圣徒之一（Bell, 1985; Bynum, 1987）。凯瑟琳作为多明我会第三会的成员不让自己进食，只吃被赐福的圣饼，但是即便如此，她还是写道："虽然我无法领受圣礼，它的存在和出现便足以让我感到满足。"（Raymond of Capula, 1996）她历经多次改变人生的灵视体验，譬如，在她与耶稣的神秘婚姻中，耶稣为她戴上只对她一人可见的结婚戒指。同样地，在另一次灵视中，她的身体被印上了耶稣的圣痕，尽管这些痕迹也一样对他人不可见。尤其是在凯瑟琳对饮食的控制和灵视体验中，感官剥夺让她成了一位身怀灵力之人，为她开启了一条成为教皇使者的人生道路，这在最初是难以想象的。基督教苦行传统中的感官剥夺行为令全身心践行的男性和女性获得了基督教群体的认可。这之所以是一条通往神圣之路，是因为人们相信，剥夺生理感官的感受力有助于开启人的内在感官。

我们可以把神秘主义这一中世纪基督教的重要组成部分理解为个人对体验上帝之存在的追寻。神秘体验一般发生在头脑或心灵内部，除非通过语言或与众所周知的日常生理感官经验进行比较，否则这些体验基本无法与人分享。神秘体验是一种身体经验，但人们认为这来自一种存在，而非某些身体器官功能的结果。宾根的希尔德加德（Hildegard of Bingen）坚持认为，她得到的神示并不是通过双眼或双耳，而是经由内在感官传达于她，并赐予她一种直接的对经文的理解（Hildegard of Bingen, 1978: 3—4）。克莱尔沃的伯纳德称，他可以在心中感受到基督的存在。他的感官并没有感知到任何事物，但他却可以通过转换心智状态，衡量基督的存在对自己的影响。在有关《雅歌》（74, 2.5）的布道文中，他指出，在神秘经验中，上帝并不是出现在人的双眼中，因为上帝没有色彩；他也不是被人们听到的，因为他是沉默无言的；人们也不可能嗅到他的存在，因为他并不是与空气相融的，而是与灵魂相通的。信众是看着描绘基督的图像，聆听着圣言，在圣餐仪式中用手或舌尖触摸着圣体，而神秘主义者的体验与之毫不相同。

在这样的感官情境中，许多神秘主义者选择用触觉和味觉表达上帝与他们相贴近的感受。圣蒂埃里的威廉在圣餐仪式中品尝着上帝的滋味与柔和。13世纪的诗人布拉班特的哈德维希（Hadewijch of Brabant）借用触觉和味觉的感官语言来形容她与上帝亲密结合的过程。在这两个案例中，他们都用感官语汇来表述他们的上帝之爱，强调了感官在宗教体验中的重要性（Rudy, 2002）。

精神感官的理论让基督徒得以描绘他们对上帝存在的个人体验（Gavrilyuk和Coakley, 2012）。这种对上帝存在的内在经验可以通过基于感官的仪式达成，譬如观看十字殉难图、遥望圣饼或聆听圣乐。也可以通过将生理感官对外界关闭的方式，或摒弃感官愉悦的苦行生活来达成。修道院群体往往拥有充足的资金来建造华丽的教堂，修道院生活践行的感官剥夺可以通过礼拜仪式中积极而丰富的感官体验得到弥补，这包括为增进内心冥想而唱诵圣歌和嗅闻熏香。同样，对平信徒而言，绚丽夺目的宗教建筑和仪式，丰富多彩的礼拜和虔信仪式，开启了无数享受宗教乐趣的途径。在伊斯兰教和犹太教中，神秘主义者同样借用感官语言来传达他们享受到的上帝之存在的乐趣，信众也可以瞻仰美丽的神龛建筑（Schimmel，1982；Tirosh-Samuelson，2010）。

因为圣言在这三种宗教中均占据核心位置，所以，人们开始讨论如何把听觉放在视觉之上。在拉丁语世界中，人们对是应该装饰教堂以营造丰富的感官展示，还是应该克制这种展示，从而让信众把关注点放在聆听上，存在着矛盾。西多会的修道士们认为，聆听圣言，以歌声回应之，是基督徒最重要的任务，任何事物都不应将他们的注意力转移至别处。因此，他们拒绝使用彩绘玻璃和雕塑装饰，而是选用光秃秃的墙面来营造出色的声音环境（Duby，1976；McGuire，2011）。

这种矛盾还出现在对祈祷的讨论中。一方认为应当在虔信和祷告仪式中进一步发展多样的宗教姿态，尤其是在对圣徒的敬拜中；另一方则指向神秘主义，呼吁人们致力于潜心调动内在感官、默声祈祷。这种矛盾在西方教会越演越烈，最终引发了宗教改革所代表的决裂。在华丽的中世纪和后期巴洛克的教堂中，信众会做出各异的虔信姿态；而在加尔文派教堂那毫无装饰的空间里，宗教仪式则完全围绕聆听与歌唱展开，这两者间的区别便是这些矛盾最鲜明的写照（Finney，1999）。[*]

---

[*] 我要感谢安迪·欧克斯（Andy Oakes）和安-塞西尔·卡索（Anne-Cecile Caseau）对这篇文字的校读。——原书注

第五章

哲学与科学中的感官：身体机能或灵魂行为？

佩卡·卡尔凯南（Pekka Kärkkäinen）

西方思想观念从古希腊哲学中继承了两种截然对立——甚至互相冲突——的对感官知觉的看法。一种观点认为，人类心智是自然的普遍因果关系的一部分，是感官印象的被动接受者，会触发本能反应，使我们在不可阻挡的力量的驱使下做出各种动物行为。这种观点主要在亚里士多德主义者和医学传统中流行，但并不仅限于此（Knuuttila, 2008：2—6、17）。另一种观点认为，人类心智具有积极的能动性，它不只为思考、记忆等活动提供内心空间，还以感知器官为求知手段，以身体外部的物质为传输感知的介质（譬如空气、水），构成人类探究外在世界的主要渠道。许多斯多葛派*和包括普罗提诺（Plotinus）在内的新柏拉图主义者都偏向于这种观点（Emilsson, 2008：23—24；Løkke, 2008：36）。这两种对人类感知方式的描述针锋相对，令中世纪文化精英对感知体验的讨论变得格外

---

* 斯多葛派（Stoic），古希腊的哲学学派之一，于前308年由基提翁的芝诺（Zeno of Citium）创立。

激烈，这些精英人士想方设法地试图调和古典时期各学派不同的哲学、医学及其他学科观点。不过，这些观点之间的矛盾持续存在，偶尔会成为争执的焦点，彼得·约翰·奥利维（Peter John Olivi，卒于1298年）对透视光学论（Perspectivist theory）的严厉批评是为一例（Denery, 2005: 121—122）。

在古典心理学领域，感知体验就已然是理论探讨中的一个常规议题。在古典时代和中世纪，心理学并不是一门独立的科学分支，而是隶属于探讨生物性质的自然哲学的一部分。这些心理学探讨在所有古典哲学的主要流派中都颇为盛行。柏拉图主义和亚里士多德主义这两大传统对此的讨论在某种程度上通过盖伦医学传统（Galenic tradition）流传下来，在中世纪具有相当的影响力（Knuuttila, 2008: 8）。亚里士多德传统发展自古典心理学中最为关键的一部著作——亚里士多德的《论灵魂》（*On the Soul*）及其感知经验理论。亚里士多德用植物灵魂、动物灵魂和智识灵魂的三重区别来构想感知体验。植物灵魂是负责任何生物最基本生理机能的机体，包括繁衍和新陈代谢等。植物灵魂是包括植物在内的所有生物共有的，而动物灵魂只存在于动物和人类中。智识灵魂有抽象推理的能力，只有人类具备。感知体验被归入动物灵魂的机能之列。亚里士多德的《论灵魂》成为该领域的经典之作，其影响力一直延续至现代经验心理学的兴起（Fugali, 2009）。

本章节提供了有关中世纪自然哲学、医学、神学和其他学科文献对感知体验极为多样的理论探讨。我着眼于中世纪知识分子自身关心的那些议题：（1）感知体验的本质，包括它与其他心智现象（如逻辑推理）的关系；（2）各种外在感官的异同点；（3）针对有关感知体验的议题所展开的基础科学理论论述和实验；（4）诸如感知主体的行为性质究竟是被动还是主动，有关感知主体对感知过程的影响是什么等问题，其中包括感知体验的意向问题。

感知体验的心理学和生理学基础

鉴于感知体验是动物和人类共有的现象，柏拉图和亚里士多德都把它与人类和动物心理构成中的一个特定的元素联系起来。这一感官组成部分与身体的感知器官密切相关，但就人类而言，它与更高层次的认知官能存在显著区别。亚里士多德称之为"感官灵魂"（sensory soul），并在《论灵魂》的第二卷中描述了它的机能。古典哲学对诸多认知能力的区分通常是依照这些认知力特定的对象而做出的。感知经验事关对物质实体的可感属性，譬如颜色，而理性试图理解的是事物诉诸智性的特质，比如某个人的人格或其他本质特征。这些概念区分的重点在于感知对象的性质，而非灵魂诸官能间的关系。阿拉伯哲学中发展出了一种更侧重于心理学的观点。波斯哲学家和医学家阿维森纳（Avicenna，即伊本·西那［Ibn Sina］，卒于1037年）指出，有一部分心理现象是对植物官能、感知官能和理性官能的等级分明的次等认知力的现实化，通过确定这些心理现象，他对亚里士多德的术语进行了系统化梳理。他的理论和古典哲学的相似之处在于，每种官能仍保有其特定对象，但较此前亚里士多德主义传统的论著，在阿维森纳的著作中，诸官能和其在相应身体器官中的生理基础之间的关系得到了更复杂的定义（Kaukua, 2007: 25; Knuuttila, 2008: 2—4）。

阿维森纳认为，感知体验是这样产生的：感知始于外在客体，这些客体的可感属性通过空气或水的传导介质影响感官器官。视觉外射论认为视觉光线从眼球内部牵引而出直抵视觉对象，阿维森纳坚决反对这样的观点。他与阿尔哈曾（Alhacen，即伊本·海什木[Ibn al-Haytham]，卒于1040年）都驳斥这一观点，导致外射论在亚里士多德主义哲学中缺乏支持。再者，人们认为，有一连串反应从眼球或其他感官器官传导至神经系统，最终抵达集结感官数据的所谓的"共同感官"。剩下的处理感官数据的任务落在了内在感官上，而非实际感知经验的一部分。作为外在感知过程的终端，共同感官被视为外在感知官能的中枢地带。阿维森纳把认知过程看作一系列抽象行为，这一过程的最初阶段便发生在感官从被感知对象的物质情境中抽象为感知形式的时候（Hasse，2000：119—126；Kaukua，2007：30—31）。

阿维森纳为认知官能与感知体验的关联提供了详尽的理论解释。首先，这套理论包含了亚里士多德对感知体验官能的五分法：视觉、听觉、嗅觉、味觉和触觉（Avicenna，1952：26—27；1972：83—85）。阿维森纳把这些他称之为"外在感官"的官能与五种内在感官区分开来。内在感官的知觉功能介于纯感知和更高级的认知过程之间。这些内在感官分别为共同感官、具有想象力的或形成性的官能、（动物的）组构官能或（人的）认知官能、评判力和记忆力（Avicenna，1972：87—90；Kaukua，2007：26—30）。

这种把认知现象放在诸感官的架构中考量的做法隐含了这样一种假设，即认知现象的发生与动物的身体构成紧密相关。阿维森纳把每个内在感官都与大脑中对应的器官联系起来，并遵循盖伦的医学传统，以这种对应关系来解释为什么大脑的损伤会导致失忆或其他认知官能缺陷。对五种内在感官的区分是根据特定理论原则完成的。阿维森纳首先区分了由外在感官传输的两种数据。起初，人感知到不同的物质特性，例如色泽、声响、气味等。这些通常被称为"形式"（forms）。接着，感官让人能够透过这些直接感受到的性质来感知某些其他性质，即便是动物也有能力感知这些性质，也因此它们属于感知体验的领域。阿维森纳将这类性质称为"意向"（intensions，阿拉伯语为"*mana*"，拉丁语为"*intentio*"），并就评判官能的运作方式给出了一个经典案例："一只绵羊见到狼时会判断出要躲避，见到小羊羔时认为它值得喜爱，这之中所运用的能力就是评判力。"（Avicenna，1972：89）他把特定官能与特定对象联系起来的做法促成了内在感官的五分结构。其中两种官能与形式相关：用来接收形式的共同感官和用来保存形式的具有想象力的/形成性的官能。另两种官能则与意向有关：接收意向的评判官能和保存意向的记忆官能。除了这些被动接收的官能外，还有第五种主动操纵形式和意向的官能，即组构性的想象力，或曰认知官能（Kaukua，2007：28—29）。

就感知体验来说，最重要的内在感官是共同感官，它是嫁接外在感官和内在感官的桥梁。中世纪的亚里士多德主义哲学把做梦的现象解释为共同感官的一种状态，其中或者是外在感官器官停止输送感官数据，因此，存储在记忆和想象这些内在感官中的以往的感知图像开始填充到共同感官内部，再或者是外在感官的器官造成了实际感知的错觉（Averroës，1949：98—99；关于更早期的睡眠和梦境理论，参见 Ricklin, 1998）。睡梦与想象的差别在于，梦中出现的想象对象看起来并非普通的白日梦空想的对象，而是感知体验的对象。大阿尔伯特（卒于 1280 年）是一位德国多明我会神学家，或许也是中世纪时期影响最深远的自然哲学家；据他所言，这种区分也适用于清醒梦的现象，人们在此类体验中会清晰意识到梦境的虚假性。这种意识是逻辑推理的结果，而非人们直觉上把梦境辨识为想象所致（Albert the Great, 1896：412）。

随着亚里士多德哲学被引入刚刚在 12 世纪建立起来的大学学府，阿维森纳对内在和外在感官区分的理论为拉丁语区的哲学提供了一种对感知体验中的认知过程的系统性解释。与追随亚里士多德的哲学家相比，阿维森纳的心理学理论有一项特殊优势，那便是他成功地把盖伦的医学和生理学传统与亚里士多德的自然哲学糅合了起来。事实上，阿维森纳的心理学观念对西方作者的影响并不限于他撰写的《论灵魂》[*]，还有《医典》（Canon of Medicine）这部在随后的多个世纪中作为西方医学基础课本的著作（Hasse, 2000：2—3、225—226）。

阿维森纳的内在感官理论在阿拉伯语区的亚里士多德主义哲学中已经受到了批判。阿威洛伊（即伊本·路西德［Ibn Rushd］，卒于 1198 年）摒弃了评判官能，并把想象力和组构想象合并为一种官能。即便阿维森纳的理论在拉丁语区的哲学中被大量沿用，但该领域的著述者们仍然以多种方式对之进行整改，其中的部分灵感就来自阿威洛伊的批评。举例来说，人们对评判官能的设想就不止一种。大阿尔伯特认为评判官能在动物灵魂的层面上对应的是"实际智性"。作为智识灵魂中的实际智性，评判力为动物灵

---

[*] 阿维森纳的这本《论灵魂》与亚里士多德的书同名，是继亚里士多德的《论灵魂》以后最全面、最系统地阐述心理学问题的一本专著。——编者注

魂提供了有关感官吸引或排斥的判断,这为绵羊见狼就跑的动作提供了基础。托马斯·阿奎那(卒于 1274 年)认为评判官能并非人类心理所必需,但是为动物保留了这种能力,认为这是让动物能对某些感知做出直觉反应的官能(Black,2000;关于阿维森纳如何看待感知官能、情感官能和动作官能的联系,亦可参见 Hasse,2000:139—140)。

后来,著名的苏格兰神学家约翰·邓斯·司各特(John Duns Scotus,卒于 1308 年)质疑了阿维森纳对意向的定义,他把羊狼案例中的羊改成一只披着狼皮、狡猾多端的羊,以此来驳斥意向是一种特定类型的感官对象的观点:

> 因为,倘若一场神迹把一只绵羊变成颜色、形象、噪音等感知性质上都和狼别无二致的动物,而羊的本性和其对小羊羔天然的喜爱之情都维持不变,在看到这种变化后的绵羊时,小羊羔会像看见一只狼那样落荒而逃。但是,那只绵羊仍然不具备伤害性的意向,而只有友善的意向。
>
> (Duns Scotus,1954:43)

司各特因此认定,任何意向都不可能与感官形式一同从感知对象传输给感知者,相反,对意向的感知基于感官形式。

就感知体验和理性的关系这一议题来说,至少从亚里士多德学说传入中世纪哲学起,哲学家基本都坚持这样的观点——没有感知体验产生的心理图像,思维活动就不会发生。阿奎那对这一亚里士多德学说的观点(可参见 Aristotle, *De anima*, Ⅲ. 8. 432a8—14

的转述极为经典，他将其称为一种"转向幻象"（conversio ad phantasmata）的理论。人们认为幻象不仅仅是实际感知，因为它们也可能是对以往感知的记忆，或对记忆的组合。中世纪的亚里士多德派并不把灵魂当作可以从虚无中制造想象的创造实体，而是认为一切想象中的事物都是对以往感知所创造出的想象的重组。想象是一种发生在大脑内部某个器官中的思维过程。与之相对的理性思考则是智识灵魂的行为，而人们基本把智识灵魂与身体区分开来看待。"转向幻象"的理论可以用来解释大脑中的病变为何只阻碍理性思维却不影响智识灵魂本身（Thomas Aquinas, *Summa theologiae*, I. 84.7）。

就算是阿奎那也认为所谓转向幻象取决于当下的人之境况和身体特性。天堂里的圣徒并不需要幻象；他们的智识是通过对思维现实的直接构想来把握万物的。到了中世纪末期，一些思想家质疑传统的亚里士多德理论。埃梅里克·范·德·维尔德（Heymeric van de Velde，卒于 1460 年）自诩是一位阿尔伯特主义者（也即大阿尔伯特这位阿奎那的导师的追随者），他宣称，即便是在此世，即便没有上帝超自然的神恩相助，人也有能力不依赖幻象来理解事物。埃梅里克的观点基于大阿尔伯特和斯特拉斯堡的乌尔里克（Ulrich of Strassbourg，卒于 1277 年）开创的传统，但这种阿尔伯特主义的观点在中世纪晚期的话语中始终处于边缘地位（Hoenen, 1993、1995）。

对中世纪的学院派而言，感知体验无疑是一个生理过程。人们认为外在感知体验最终是在共同感官中完成的，而他们就共同感官在生理系统中的具体所在也意见一致。由盖伦开启的医学传统似乎认为，共同感官和其他类似的官能都位于脑部，阿维森纳的医学传统后来把这些类似的官能都包括在内在感官的范畴里。有一些人更支持把感知体验的发生定位在心脏处，亚里士多德似乎也是这么认为的，但许多哲学家却依循阿维森纳和阿威洛伊的观点，试图调和盖伦的脑部论和亚里士多德的心脏论。大多数感知器官位于头部，因此，大脑成为感知活动中心的相对合理的位置，而心脏则被纳入感知的生理过程里。这样的处理方式让包括巴黎哲学家让·布里丹（John Buridan）在内的许多作者产生了如下假设：在大脑和心脏之间有一条连通的神经，感知数据就是通过这条神经在两个器官间来回传递的（Knuuttila, 2008: 11—13）。

光学和感官知觉的科学

在中世纪哲学里，视觉在诸感官中独占鳌头。当人们探讨一般意义上的感官知觉时，通常的举例都来自视觉领域。人们也经常用图画语汇来表述传输感官数据的实体——"种相"（*species*）或"形式"（*forma*）。一门专门研究视觉的学科甚至因此应运而生，那便是光学。视觉不仅被视为感知的一般形态，人们也经常明确将之排列在其他感官之上。

有不少理论依据都支持着视觉的优越性。有一种论断是以非物质现实高于物质现实的观点为基础的。阿奎那在分析阿威洛伊对诸感官之差异的时候提及了此种论断（Thomas Aquinas, 1984: 152—153）。经验证明，物质情境深刻地决定着触觉、味觉、嗅觉乃至听觉的感受——各种气味由风传播，而风虽不能阻挡视觉，却能妨碍声音的传导。人们熟知光能在空气中从一处即刻传递到另一处，而声音和气味却无法瞬间移动（不过，对光究竟是在刹那间完成位移,还是只不过是移动速度极快,当时仍有不少讨论;参见Lindberg, 1978a)。

阿奎那区分了感官知觉中发生的两种变化,它们分别在外在对象和感知器官中发挥作用。他称其中一种为"自然变化",包括不同程度的物质变化,人们感知声响、气味和滋味时发生的变化就属于此类。另一类变化被称为"精神变化",常见于光、色彩和对事物的观察。接着,阿奎那根据感知过程所带来的变化的精神层次把感官分为几个等级。因而,视觉出现在最高贵的感官之列,因为不论是对象本身的色彩和光度,还是视觉器官本身,均未发生自然变化,当一个有色事物被看见时,眼睛并不改变其色泽。至于听觉,声音需要通过空气的流通来传导,这种流通被阿奎那归为自然变化;而触觉显然涉及感知对象和感知器官的自然变化。举例而言,对热量的感知和感知主体身体的变暖是相辅相成的。在阿奎那看来,视觉本质上的优越性与审美经验中视觉的主导地位密切相关。

然而,人们并不认为视觉的优越性是理所当然的,如阿奎那的导师大阿尔伯特这样的哲学家就考虑过其他感官的分级方式。大阿尔伯特借鉴亚里士多德,认为从动物自我保护的角度而言,触觉似乎是最重要的感官。缺了触觉,生物根本无法存活,从这一角度而言,其他感官的存在都仰赖于触觉这一功能性感官。即便如此,大阿尔伯特仍然用另一论点支持视觉高于一切的地位。倘若人们从感官知觉的目的为何出发来考量感官的等级,那么认知的深度理应成为必要的评判标准。就认知的范围和细节精确度而言,其他任何感官均无法与视觉相媲美,因为视觉可以感知尘世间和天国里的对象(Albert the Great, 1896: 168、282; Steneck, 1980: 269)。在对视觉优先的基本论断上，阿奎那和大阿尔伯特意见一致，但是阿奎那并不认同大阿尔伯特的另一个观点，即认知过程的复杂性在感官等级中占有一席之地，他反而提出应以感知变化的精神性为标准（Campbell，1996：171）。

视觉研究在当时被称为透视或光学，这门学科的一项重大发展出现在中世纪阿拉伯哲学里。阿尔哈赞（Alhacen）解释了一束束光线是如何通过与所见事物表面点对点的一一对应，从而在眼球中形成图像的。这种观点与我们当下的光学观念主要的差异在于阿尔哈赞对眼球中形成的图像的理解，他认为图像是经视觉神经传输的所有视觉数据的基础。例如，中世纪的光学不认为图像是移置到视网膜上的，相反，认为它是在晶状体的表面形成的（参见Bacon，*Perspectiva*，I. 2. 3）。不过，根据阿尔哈赞的观点发展出的中世纪光学理论仍然对后世有重要贡献，那便是它用从对象（也可能是镜中折射的对象）抵达感知者眼球的光线解释了感知者和感知对象之间的物理接触关系（Lindberg，1978b：346）。

这一光学传统还解释了许多特殊情况，比如当视觉体验不是在理想状态下发生时，就会导致感知的错觉向感知者传达有关外部世界的不可靠信息。阿尔哈赞罗列了八项真实可信的视觉体验的前提条件：对象和眼球间需有恰当的距离，对象必须直接位于眼球前方，光照必须得当，可见对象必须有相当的尺寸，眼球和对象间的传导介质必须是透明的，可见对象必须有一定密度，感知过程必须发生在一段充足的时间内，观看的眼球必须是健康的（Alhacen，*De aspectibus*，I. 7. 36—42）。没有这些前提，视觉或是被阻碍，或是至少会遭到扭曲；人观察太阳和月亮时，这些天体看起来比实际要小，这就是它们离人太远所致。阿尔哈赞罗列的前提条件标志着一种光学传统的开端：譬如在他之后的罗杰·培根（Roger Bacon, *Perspectiva*, I. 8. 1—9. 4；II. 2. 1—4）就列举了九大前提，而利摩日的彼得（*Moral Treatise on the Eye* 11，由 Newhauser 翻译：114；参见 Newhauser, 2010）则提出了七项。

尽管人们在诸感官间发现了不少差异，但阿拉伯语区的亚里士多德派哲学家已然发展出一套解释感官知觉物理过程的统一模型。原始的可感知特性的相似性（resemblance）在感知对象和感知官能之间来回传递是这一模型中的关键元素。在阿尔哈赞的光学理论和阿威洛伊的自然哲学中，这些相似性被称为各个独立的可感知性的"形式"（阿拉伯语为"*Mana*"；拉丁语为"*forma, species, intentio*"）。它们被描绘为空气或水等传导介质的特性；就视觉特性而言，它们往往沿着一条直线成倍递增，形成一道道笔直的光线，这些光线便是光学研究的焦点所在。在光线抵达眼球之后，它在眼球内（即晶状体和玻璃体内）创造出被观看事物的图像，这幅图像与事物本体形态同构（Spruit, 1994：82—84、91）。人们认为这些形式不只是穿过空气，而是在空气中不断变化，沿着从被观看之物牵出的直线成倍递增（可参见 Bacon, 1996：140）因此，从当时主导的感官形式理论来看，后来构想的那种图像从空气中穿过的夸张描述是远远不合适的。再者，当同一种理论被应用到听觉和其他类型的感官数据上时，文献中并未发现声音的感官形式也被认为具有图像形态的迹象。追根究底，人们相信，根据不同器官特定的存在模式，感知器官所接收的形式用各异的方式在感官神经和内在感官的器官里创造了相似的形式。

埃利的彼得（Peter of Ailly，卒于1420年）在其《灵魂论》（*Tractatus de anima*）中总结了早先出现的多种感官形式论。他对这些观点的性质进行了系统梳理，将讨论分为三个次级议题：感官形式在介质（如空气、水）、外在感官和内在感官中的状态。托马斯·阿奎那和罗马的吉尔斯（Giles of Rome，卒于1316年）的主要理论认为形式在这三个阶段中都真实存在，但除了谈及这一观点之外，彼得还细究了奥康的威廉（William of Ockham，卒于1347年）彻底否认感官形式确实存在的理论（Pluta, 1987: 71—72）。在中世纪晚期的学院派写作中有一种特殊类型，写作者并不尝试在书中为当时的科学探讨提供原创的见解，而是意欲用简明的文字向学生阐明不同的观点流派和这些观点形成的原因，彼得的论著即这一类型里的一例。下文会分析另一类针对同议题的阐述：布里丹（卒于约1358年）是彼得在巴黎大学的学院前辈之一，他借用评述亚里士多德文本的契机，建立起一种初步的原创科学论述形式。

布里丹对感官形式的整合理论

人们对传导介质中形式性质的讨论主要围绕形式究竟是物质性的还是非物质性的。基于普遍的日常经验，介质中的可感属性形式通常被认为不具物质性质，或者起码其物质性质是极精细的；究其本质，光是各介质中最不具物质性的。亚里士多德已经提出味觉和嗅觉是通过物质颗粒传导的，而声音系空气振动所致的经典定义也承袭自古典哲学（Pasnau, 1999: 310）。波爱修斯（卒于约526年）撰写的《论音乐》（*De musica*）在整个中世纪都被奉为音乐理论教学的奠基性著作，他在该书中甚至认识到了音高和空气振动频率的关系（Boethius, *De musica*, I. 3；英译本参见 Boethius, 1967：50）。

在14世纪的巴黎，哲学家让·布里丹为构建一种感官理论倾注了极大的心力，根据他的观点，所有感官都基于非物质形式的中介传导。布里丹还尝试用形式和物质传导介质间的互动来解释各种感官经验。布里丹的努力极富原创性，也很好地展示了中世纪晚期亚里士多德派的自然哲学解释感官知觉的基本问题的思路。布里丹对感官形式或所谓种相理论的强烈推崇可能与同一时间的哲学家奥康的威廉有关，尽管布里丹在文本中并未提及他；奥康的威廉表达了这样一种与普遍观点背道而驰的质疑：他认为人们并不需要把实体构想为介质中的形式来解释感知体验是如何发生的（关于这一文本的版本、翻译和分析，参见 Buridan, 1984；Sobol, 2001）。

布里丹的观点基于三个有关传导介质中的可感属性形式的论断：（1）形式的成倍递增不是即时完成的，而是按照一种有限的速率实现的；（2）形式会在介质中停留一段时间；（3）传导物质的粗糙度会使增加的速率减慢，它所造成的反射会扭曲形式沿笔直光线成倍递增的进程（Burdian, 1984：lxvii、lxix）。前两个论断构成了对主要问题的回答，这是布里丹在探讨亚里士多德《论灵魂》第二卷《问题集》(*Questions*) 的第18个问题时努力讨论的问题。随着第三个论断的提出，布里丹认为它可以解释许多有关光、声音、气味和包括热感在内的触觉性质的现象，他把对这些现象的描述称为"经验"（Buridan, 1984：262、299、308）。

布里丹的探讨并不是以最显而易见的经验观察为基础的，也因此他得出了不少不合常理的结论。的确，他的大量分析都旨在揭示经验为何与他的论断相悖。但这让他对一些不太常见的理论立场展开了有趣的思考。譬如，在论证第一个论断的过程中，布里丹必须面对一项明显的事实，即光的传播似乎极为迅疾，这甚至令亚里士多德这样的权威得出一个结论——光的传播速率是无限的。一切形式在这一介质中的成倍递增均以有限的速率进行的论断似乎并不适用于光（Buridan，1984：250）。

布里丹对第一个论断的论证基于这样的观点：光的形式必须在介质中停留一小段时间（参见第二个论断）。他希望通过经验观察和由此归纳出的结果来证实这一论断。空气中的轻微反射现象在月食时可以观测得到，是因为月球上并不是完全没有太阳光；对布里丹而言，这一现象说明即便是像空气这样如此出色的介质也有毛糙之处，这会阻碍光线传播，照亮空气自身（第三个论断）。这里值得注意的一点是，在布里丹看来，在空气对光的阻力中，光并不是像下坠的抛射物一般的陌生物理实体，而是一个形式成倍递增的过程，在这一过程中光内含于空气本身的实体中。鉴于阻碍导致了反射现象，布里丹得出了这样的结论：一旦出现此类阻碍，光的速率必然是有限的（Sobol，2001：190）。

因此，布里丹试图整合有关可感属性的传导过程的理论解释。他最终的结论让光的形式与声音和其他可感属性更接近了，而且，有趣的是，他还强调光速的有限性，尽管当时无法测算光速。至于太阳升起的同一时刻是否也照亮了地平线的另一端——这是亚里士多德举的例子——布里丹称，要解答这个问题，人必须能够同时身处两地。既然人们无法安排这样一场实验，布里丹只得参照木棒燃烧的现象，在木棒被移至另一个地方后，火光似乎仍在空气中闪动。更宽泛而言，布里丹还指出了视觉残像的现象，认为视觉形式在物质介质中会停留片刻,就残像的案例而言,视觉形式停留在了眼球内(Sobol, 2001：190—191)。

另一段针对第二个论断的理论论述出现在布里丹对声音形式的探讨中。布里丹称,为了能够成倍递增,形式必须至少在介质中停留一段时间,因为我们必须理性地假设,形式的生成至少需要一小段时间。通常而言,布里丹的理论似乎对听觉最为适用。众所周知,声音传导的速率是有限的,声音主要是直线形式传导。但这一理论也假设了声音会以某种方式在转角之类的地方被反射,在这一点上,声音的传导与光线不同。

不过,就声音与气味来说,布里丹需要面对的是一种物质主义的阐释。这种理论认为声音只是空气以波浪的形态传播自身而产生的振动,这就让任何有关非物质形式的讨论都变得累赘无益了。介质中的可感形式有一个关键特征,它们与一般的可感知性质不同,因为当可感形式置身于介质内部时,它们自身无法被感知,而仅仅是在感知的原初对象和感知器官之间传导。因此,当一个红色的对象被看见,空气并不会变红。但对声音和气味而言,类似的规律却没有那么显明易见。不论布里丹对这种物质主义观点的回应有多大的说服力,它的论述仍然根植于经验本身。他认为,倘若只不过是空气振动产生声响,有气味的颗粒蒸发出香味,那么声音和气味散播的距离不可能像现实中那么深远。布里丹明确拒绝了人们提出的声波论,尽管这种理论能很好地解释声响传播速率相对缓慢和回声现象这两个问题。布里丹驳斥该理论时举了这样一个例子：如果有人在一间屋子里高声歌唱,人们无法追踪到任何事物的运动,即便是窗口、门口最轻薄的遮帘也纹丝不动,这与声音靠声波形式传播的说法相悖。声音也无法显著地摇撼一团烛火。同理,布里丹也认为声音以动态传播的观点不可以解释与声速相关的现象,因为声音传播的速度远比空气被吹动时流通的速度要快(Burdian,1984:468—470;Sobol,2001:191)。

最后,布里丹的讨论转向最具物理性的一种感官——触觉。他的关注点落在了进行中介传导工作的可感形式的非物质特性上。十分耐人寻味的是,布里丹把这些形式的性质比作和光类似的辐射现象。为奠定论证的基础,他再一次从"经验"中举出一例。一个坐在壁炉前的人感受到火的热量温暖着他或她的肌肤。即便如此,这个人周身的空气却不比皮肤受热更强。因此,火一定是用不可感知的辐射来传递热量,直到热量彻底穿过传导介质抵达身体,而身体的受热则是因为热量在皮肤上被反射的缘故(Sobol,2001:192)。从我们现代人的观点来看,布里丹的举例相当便捷地解释了光辐射和热辐射的相似点,这令归入同一大类的声音和气味变得更为难以处理了。彼得·索伯尔(Peter Sobol)提出布里丹的举例存在局限性。布里丹并没有提及热水澡的例子,他在另一处用热水澡说明了随着时间的推移热感降低、身体却收获热量的情况。不过,关于这种情况是否会给壁炉的例子带来任何质疑,答案并非一目了然,因为即便起初的热感可能会逐步消退,但对空气热度和身体热度感知的相对差异仍然存在。同样的道理也适用于索伯尔针对类比光线和热量可能产生的问题所作的评述。布里丹所构想的那种在一般状况下不可感知的热量反射现象在壁炉的案例中并不成问题,这是因为光线反射的主要案例源自日食这一天文现象(Buridan,1984:lxxii—xxiii)。

第五章　哲学与科学中的感官：身体机能或灵魂行为？

布里丹为介质中的可感属性形式提出了一种整合的理论。在中世纪晚期的自然哲学领域中，用日常经验中的例子来探讨感知体验的核心问题，布里丹可谓生动的一例。早在现代实验科学兴起之前，布里丹就深化了古典时期把观察融入理论思辨中的习惯，这在他分析亚里士多德的物质论那看起来不能自圆其说的部分时尤为突出；因此，这最终造就了一种运用旧概念的新方法，其创新性毋庸置疑，却并未带来真正的思想变革（Sobol，2001：193）。

纵深感知和色彩感知的解释

布里丹在巴黎的同代人也为我们留下了一些有关纵深空间的艺术错觉的罕见评述和根据当时科学理论对此进行的解释。彼得·马歇尔（Peter Marshall）分析了尼古拉·奥勒斯梅（320—382）及其无名的前辈共同撰写的文本，文中谈到了一种制造凸现的视觉错觉的艺术技巧，即把一个对象较远处的部分用深色描绘，以此制造出凹凸的错觉（Marshall，1981：171—172）。

这两位来自巴黎的哲学家是乔托（Giotto）的同代人，但他们在自然哲学领域的言论和文艺复兴滥觞时期的艺术之间似乎并没有明显的关联。数个世纪中，这些巴黎人描述的在绘画中制造凸现的技巧在中世纪艺术中得到广泛运用，艺术家手册将之称为"阴影法"（shading），在创作画中的建筑背景时尤为常见（Marshall，1981：175）。

奥勒斯梅及其无名的前辈用中世纪光学传统的概念工具解释了这一技法所能达到的效果（Marshall，1981：172）。在对视觉的解释中，通过光线在眼球中央形成外在对象的表征起着至关重要的作用。这一表征由感官形式组成,这些感官形式分别与可见对象的色彩对应。这些单独的形式综合在一起就形成了图像,视觉感知作为灵魂的行为便是以这幅图像为基础的(Marshall, 1981:171)。

纵深感的错觉源于色彩所创造的具有不同强度的形式:偏明亮的色彩制造出更强烈的形式,而偏暗沉的色彩(比如黑色)则制造出更微弱一些的形式。这一形式的强度对应色彩的明度,并留存在图像中;借助于视觉神经和大脑中类似的外在世界的图像或再现,感知者将这一图像判断为外在世界某个对象的形象,这个对象的平面凹凸有致,而不是像绘画一样是平面的(Marshall, 1981:171—172)。

据奥勒斯梅所言,"判断"——也即对纵深感的实际感知——发生在视觉感官内部,先于任何理性或半理性的思维过程的发生;亚里士多德—阿维森纳传统下的心理学理论认为,这些思维过程发生在内在感官的官能和理性灵魂内部。奥勒斯梅指出,对一个形象的感知——这之中也包括对纵深的感知——在触觉中也会发生。不过,他没有任何理论工具可以解释触觉所创造的形式是如何对各部分进行组织排列的;同样,他也无法进一步解释听觉是如何感知距离的,即便他承认听觉有这种能力。在他从视觉性领域对感知理论进行阐述的过程中,奥勒斯梅俨然是中世纪科学领域的一个典型案例(Oresme, 1980:68—69)。

自 13 世纪起,中世纪自然哲学领域对色彩现象的研究不仅通过观察彩虹来完成,还借助用棱镜完成的实验来证实。包括罗杰·培根(卒于 1292 年)、约翰·佩卡姆(John Pecham,卒于 1292 年)和大阿尔伯特在内的许多哲学家都试图在彩虹和棱镜这两种产生了非常相似的光谱的现象之间建立联系。关于人们用六角棱镜完成的实验，波兰的自然哲学家维特洛（Witelo）给出了最详尽的叙述（中世纪时期尚没有三角形的棱镜），他也极为明晰地陈述了折射角和单个光谱色间的关系。有关彩虹之起源的第一套成熟的解释是由弗莱堡的迪特里希（Dietrich of Freiburg，卒于约1327年）提出的，他认为光谱色的出现是光线在雨滴中双重反射的结果。迪特里希正是凭借维特洛和他自己对六角棱镜的观察发展出了这一理论（Gage，2000：122—123）。

感知的主体

有一种理解认为感知是感知主体的主动行为，另一种观点则认为感知是因循自然物理因果律发生的过程，如何结合这两种观点引发了中世纪哲学有关感知体验的主动因素和被动因素的广泛理论探讨。在古希腊哲学中，亚里士多德视感知为被动的现象，是由一连串不同的被动感知能力激活而产生的，其最终的激活者是感知者之外的感知对象。然而，奥古斯丁和新柏拉图主义传统却主要认为感知是主动感知的灵魂的行为，包括引导个人注意力在内的诸多主动因素在整个过程中扮演着关键角色。再者，新柏拉图主义传统尤其反对一种观点，即存在经验中较低层次的内容——比如物质或生理过程——可能对灵魂等更高层次的机体产生因果效应（Knuuttila，2008：4—6、9）。

感知主体的主动性可以从几个方面得到确认。即便是那些遵从亚里士多德的观点，认为感知力是被动的哲学家，也会承认感知行为可以被视为一种对形式的甄别过程，也因此从某种角度而言是一个主动的过程（Knuuttila，2008：10；Spruit，2008：214—215）。与之形成对比的是罗伯特·基尔沃比（Robert Kilwardby，卒于1279年）以奥古斯丁的观点为基础，糅合奥古斯丁和亚里士多德派得出的综合理论。在他看来，至少就人类而言，感知是一项主动的过程，智识灵魂或"精神"感知到的是灵魂主动在其内部形成的一幅具有外在可感知性质的图像。基尔沃比并不否认生理过程的存在，感官器官和神经系统在这一过程中负责接收来自外在世界的各种印象，但他却认为，只有在人类灵魂内部同时发生感知过程的情况下，身体变化才可能发生。因此，究其本质，智识灵魂是一种不受物质影响的精神实体，人们也就无需依赖身体器官可能影响智识灵魂的观点来解释感知现象了（Silva 和 Toivanen，2010：254—257）。

彼得·约翰·奥利维随后提出了一种相近的观点，认为智识灵魂的注意力在感知过程中扮演了关键角色。与基尔沃比的不同之处在于，奥利维进一步延展了灵魂主动性的范围，认为感知中的生理过程也不是被动的，这就彻底否定了通行的感官形式理论。奥利维的理论基于奥古斯丁提出的两个理念：其一，在本体论层面上，灵魂高于物质；其二，灵魂在感知中是主动作用者。他甚至以此为依据批判了奥古斯丁自己的感知论，该理论认为感知在某种程度上仍然是对某些外在刺激因素的被动接受。奥利维认为，包括感知形式在内的物质实体无法完成纯粹的、诉诸精神的、生动的感知行为，以对应被感知的对象；只有灵魂可以产生这样的行为。奥利维还质疑的是，倘若实体中介只不过是被感知对象的表征，它有何能力传输有关外在世界的可靠知识。从积极的一面来看，奥利维强调了注意力在进行感知行为过程中的必要性。倘若我们不要求灵魂保持专注，那么就可以认为连无生命对象都能完成诸如感知等认知行为，在奥利维探讨的语境中，这显然是难以置信的。古典时期的视觉外射论认为视觉中会射出实体性的光线，奥利维在进一步驳斥这一观点后表述了自己的立场。他最终支持的理论是以灵魂的主动性为基础的，他认为灵魂时时将注意力投向体内和外在世界中的各种对象。据奥利维称，灵魂必须能够在不受任何特定物理因果助推的情况下，仅以一己之力伸向它的对象。在奥利维对感知主动论的极端阐述中，感知的能力取决于灵魂的意向性或针对性（Silva 和 Toivanen，2010：261、267—269、274）。

在基尔沃比和奥利维呈现的思想脉络之外，还有另一场有关感知主动性的探讨。这场讨论的立场更偏向于亚里士多德的被动论，主要是围绕"主动感官"（sensus agens）这一概念展开的。在亚里士多德学派于西方哲学中兴起之前，阿威洛伊就提出了这样一个问题：是否有一股主动的力量，会把准物质的可感形式转化为非物质的感官能力的激发者。当时也存在这样的观点，认为物质存在会给感知过程带来更高层次的非物质上的影响，阿威洛伊也尝试探索能规避此类观点的方法。他将那个"激发者"称为"外在推动力"，并把它与"主动智识"（agent intellect）这一影响概念成型过程的类似实体相类比（Spruit，2008：214）。

尽管阿威洛伊提出的外在激发者的观点遭到不少西方亚里士多德学派人士的批评，但另有一些人对此进行了更深入的阐发。有一种观点认为，灵魂本身可以借助位于感官器官中的感官形式来激发自己的感官能力；让·德·詹顿便把阿威洛伊的说法和这种观点相结合，并把灵魂的此种能力称为"主动感知"（agent sense）。布里丹和奥勒斯梅表达了类似的观点，认为只要灵魂是自行激发其感官能力的，那么灵魂就应当被称为主动感知。奥勒斯梅描述这一过程的时候甚至沿用了传统的奥古斯丁哲学术语，称灵魂行为是注意力（attention）或意向（intention）。尽管有关感官官能的主动性的探讨在当时进行得如火如荼，但包括让·德·詹顿或奥勒斯梅在内的亚里士多德派仍然认为感知过程究其本质是被动的，是由可感知性质激发，由感官器官和神经系统中的生理过程传递的（Oresme，1985：109—114；Spruit，2008：214—215）。

约翰·邓斯·司各特认为，灵魂的意向行为和作为因果链中的中间传导者的"种相"均是感知体验过程中必要的环节。对司各特而言，灵魂的意向行为把被感知的事物转化为感知对象。他还把感知对象和认知官能的所有对象都构想成与事物的现实存在有别的另一种存在模式——他将之称为"客体性"或"意向性"存在。认知对象是以其客体性存在而非现实存在的形态呈现给认知官能的（Duns Scotus，1997：290）。

彼得·奥里奥尔（Peter Auriol，卒于1322年）把司各特的区分运用到对感知误判和错觉的解释中。他说，一根燃烧的木棒在空气中运动所形成的圆圈根本没有现实的存在，但这个圆圈也不存在于感知者的灵魂中。这个圆圈必须在空气中存在，但其存在模式却并非现实的：它只以"客体形态"存在。此外，奥里奥尔还认为，除了一些感知误判的例外情况，现实存在和客体性存在通常是重叠的（Peter Auriol，1956：696—697）。

基于对现实存在和客体性存在的讨论，奥特库特的尼古拉（Nicholas of Autrecourt，卒于1369年）提出了另一种理论，把事物现实主体形态的存在和作为感知对象的客体形态的存在截然区分开。尼古拉认为,两个人对同一物体的感知是不相同的,因为即便该物体本身的"白"是相同的,他们的感知不同,被感知的"白"的客体存在也就不同。尼古拉的观点带着某种怀疑论的寓意,不过他仍然坚持认为现实存在的统一性是被感知的客体存在的基础(Nicholas of Autrecourt, 1939:262)。

身体用触觉进行自我感知是感知主体的观念参与到感知过程中的一个特殊案例。中世纪的亚里士多德派自然哲学中对触觉的讨论主要旨在定义这种感官的统一性,界定其特定对象和感知器官。亚里士多德(De anima, Ⅱ.11)对专属触觉的感知对象的定义如下:干湿、冷暖、软硬。中世纪的亚里士多德学派人士在他们对《论灵魂》或其他自然哲学论著的评述中不会对触觉多加赘述。阿维森纳给亚里士多德的定义加上了光滑/粗糙这第四项,他还质疑触觉究竟是一种感知,还是共用同一个器官的四种单独感知的集合体(Avicenna, 1972:83—85)。

以上罗列的均是外在于感知者身体的属性特征。不过,中世纪的思想家也同样意识到,一个人可以用相同的方式感知自己身体的几种不同状态。到了中世纪晚期,奥利维把这些状态的例子追加到传统的触觉对象列表中,其中包括发烧体热、消化不良、饭后的饱足感等。通过把触觉对象延伸至人的身体状况,奥利维把触觉的一般对象定义为某种对个人身体不同状况的报告。既然亚里士多德传统意义上的触觉对象是通过身体器官感知的,这个器官本身也根据它所感知到的湿度、热度或硬度而变化,那么就可以将身体的自我感知囊括进这些传统的触觉对象(Yrjönsuuri, 2008:106—109)。

155

结　语

尽管有种种局限，但中世纪的学术生活还是充分沉浸于对自然奥义的追寻中，而为这一追寻提供导引的是理智和该时期所承袭的诸多思想传统。本章节试图呈现该时期有关感知体验的学术讨论，到了中世纪末，这些讨论已然在亚里士多德派心理学中占有显著的核心地位。亚里士多德学派的心理学相应成为自然哲学的主要组成部分，任何有志在大学中研读至硕士的人都必须在课程中研习这部分知识。我们很难评估这些学术讨论对中世纪文化的影响程度。有不计其数的神学家、医生、律师和其他经过学术训练的人士在求学期间花了极长时间来思忖这些问题。要说这些经历对他们后来的思考毫无助益几乎是不可能的。再者，目前被细致研究的只是中世纪心理学文献中的一小部分，因此，心理学和其他知识分支间的多重关联仍待研究者进一步阐明。就我们如今对这些文献的认识来说，上文中呈现的中世纪时期的理论探讨既向我们展示了这个时期思想之高妙，亦暴露了当时解答有关感知体验这一极为日常现象的问题时所面临的局限，毕竟彼时，繁复的现代科学工具都尚未问世。

第六章

医学与感官：诊脉、闻瘟疫与为救治而聆听
费斯·瓦利斯（Faith Wallis）

> 身体体质的变化迹象表现在四个方面：或是通过视觉，如黄疸、水疱、舌头发黑等；或是通过嗅觉，如口臭、[闻起来像龙虾或公羊等牲畜的]汗味；或是通过味觉，譬如咸味、苦味或酸涩味；或是通过触觉，譬如组织的软和硬。身体会以两种方式传达出来：有声的或无声的。声音包括口腔内打嗝、肠道蠕动声或肛门放屁。无声的在三个方面是不自然的：或是在量上，如不消化性腹泻；或是在质上，如黑尿病；或是量和质兼而有之，如带血痢疾。
>
> （Wallis，2010：154）

几乎任何一位在1100年后接受过正规医学教育的西欧人都会对以上这一段惊人的人体感官经验描述耳熟能详。这段文字摘录自乔安尼底乌斯（Joannitius，即侯奈因·伊本·易司哈格［Hunayn ibn Ishāq］，809—887）的《导论》（*Isagoge*），该书汇总了盖伦在

157

《论医术》（*Art of Medicine*）中提出的各项医学基本原理。中世纪医生称为医学"理论"的领域的概念架构包括解剖学、生理学和一般病理学，打嗝、口臭和舌头发黑就是这一架构内部出现的病征迹象；《导论》便是对这套医学理论的简明介绍。这部著作的拉丁语译者或为非洲人康斯坦丁（卒于约 1085—1099 年），拉丁译本问世后不久，就迅速地在一套名为《医术》*的教学文集中占据了首位，并因其文献重要性被后世所熟知。

在 12 世纪的欧洲，通过以理论为基础的正规学校来学习医学还是件新鲜事（Bylebyl, 1990）。中世纪早期的医疗人员的藏书往往基本上都是治疗术和药学领域的实用手册，他们以颇具创新性的精神开发了这类实用文献（MacKinney, 1937；Wallis, 1995）。但当时并没有医科学校指定一套系统性的权威典籍，民间医生的记录则难以追索。教士和僧侣认为向人们提供实用的医疗建议和护理是他们部分职责所在；但他们获取知识的渠道却是非专业的，激励他们研习医学理论的动因也几乎不存在。

到了 11 世纪末，医学理论的市场迅速扩张。新出现的译著拓宽了当时的医学基础知识，其中不仅包括古希腊文献，还有像《导论》这类对古希腊医学传统进行系统梳理和深度阐发的阿拉伯—伊斯兰著作。随着学校开始开设系统的、集体的医学教程，人们也有机会在全新的教学环境中研读这些新鲜出炉的译本了。即便在这些学校慢慢变为新兴的大学中的医学院之后，自诩为医生的

---

* 《医术》（*Articella*）是一套收录了多卷短篇医学典籍的合集，由 12 世纪和 13 世纪初的萨勒诺的作者编纂而成。其中包括了希波克拉底和盖伦医学的基本框架，成为当时医科教学的一个基础参考。

人士也并不都是大学毕业生。不管怎么说，西欧人越来越接受医学的治学理论：他们相信，人们需要通过研读文本和逻辑分析来汲取有关人体在健康和疾病状态下运转情况的科学知识，医疗人员将以这套知识为基础确定他所面临的医疗问题是什么，以及应该如何治疗。

全新的医学知识改变了感官作为符号的作用。中世纪早期的医生依循以感官为基础的经典诊断方法：诊脉，观察尿液，在病人的面部特征中寻找任何可能致死的病征。然而，传授这些诊断术的文本很少会解释某种色泽的尿液为何表明身体的寒或热，也不会为脉搏的节律提供定义或具体的说法（Wallis, 2000）。相比之下，新的学院医学却是一门关于如何自觉地把表征符号与病因联系起来思考的学科。这门学科把接受过培训的内科医生和其他医疗人员区分开来。外科医生处理的主要是外部造成的显而易见的骨折和外伤，而内科医生处理的则是寒热一类从体内引发的、无法看到的症状。人们通过把感官数据与科学学说协调对应来解读"体征变化的迹象"，如此一来，便收获了有关这一隐藏在体内的世界的知识。体征变化中最主要的是身体四种体液间的关系，抑或体液本身的基本特性的紊乱，这四种体液分别是血液（性热性湿）、黄胆汁（性热性干）、黏液（性寒性湿）和黑胆汁（性寒性干）。如空气之类的环境偶发因素或食物，或者如身体锻炼等行为因素，都有可能引发体征变化。生理上的不平衡会致使体液腐坏，随之散发出影响生理功能的臭气，阻碍生理内循环的通道，或者引发炎症。最终的病症包括发烧、疼痛或异常的肿胀。只有确定了潜在病因后，才有可能将之消除或对症下药。用对抗疗法配药或调整饮食习惯都可以使身体恢复平衡状态，譬如多给过热体质的人食用寒性食物便是一例。对更严重的病情，可以通过排毒性药物或放血等方式将腐坏的体液强制排出体外。

虽说医生的医理教育是基于公认的具有科学确定性的结论，但他的临床实践却是从最不可靠的一种知识开始的，也即用感官所做的推断。盖伦医学必须摸清感官本身的意义，对感官如何产生可靠的知识进行解释，任何健全的医疗实践都应以此为基础。因此，经院医学中有关感官的著述集中关注三大知识探究领域。其一是理论领域，讨论的议题不仅包括人体内感知体验的解剖学和生理学基础，还涉及感官在医学诊断过程中的认知论地位。另两个领域横跨理论和实践：医生是如何运用自己的感官来进行诊断和治疗的？病人的感官扮演着什么样的角色？

我们很难明确指出是否存在一种特定服务于医学的、与哲学理论有显著区别的医学感官论，因为包括盖伦和阿维森纳在内的医学权威都兼具哲学家和医生的身份，而且他们的许多读者也致力于在知识上兼顾这两个领域。盖伦有关感官的想法通过非洲人康斯坦丁对阿拉伯医学百科全书的翻译传入西方，其中尤以阿里·伊本·阿巴斯·马居斯（'Ali ibn 'al Abbas al Majūsi，即哈里·阿巴什）的《论诸医药术》为典型。《论诸医药术》的第一部分，也即"理论"部分讨论了感知器官的解剖学结构（第3卷，第14—17章）、感知经验的心理生理学（第4章第10—16节）和感知器官的突发病变与疾病（Constantine the African, 1515: 第6章第12—16节、第9章第15—18节）。医学理论西传的另一条重要途径是康斯坦丁翻译的两本伊萨克·尤第乌斯（即伊沙克·伊本·苏莱曼·阿依斯莱利

第六章 医学与感官：诊脉、闻瘟疫与为救治而聆听

［Ishā ibn Sulaymān al-Isrâ'ili］，活跃于 855—955 年）的著作——《普遍饮食》（*Universal Diets*）和《特殊饮食》（*Particular Diets*）。伊萨克对食物的分类和分析以针对味觉和香气的分析为基本架构，不少 12 世纪的论著都对这套架构展开了精心的研习和改良，其中便包括《滋味与气味大全》（*Summa de saporibus et odoribus*）和一部名为《萨勒诺学派疑难》（*Salternitan Questions*）的博物学疑难合集（Burnett, 1991、2002、2011; Lawn, 1979: 349—350）。

与此同时，萨勒诺学派的医生们开始宣传亚里士多德科学论著对医学的重要意义（Birkenmajer, ［1930］1970; Jacquart, 1988）。对感官非常有兴趣的医生纷纷把注意力投向亚里士多德的《论灵魂》和《感官与感知论》（*On Sense and Sensation*）以及他有关动物生理的著作和传为亚里士多德所作的《疑问集》（*Problems*）。这些著作成为新兴大学中哲学课程的核心内容，为学生在医学领域继续求学打下了基础。不过，新成立的医学院系则对课程进行了扩展，把阿维森纳的《医典》和盖伦著作的一系列晚近译本纳入其中,尤其是《论身体部位之功用》（*De invamentis membrorum*）（这是中世纪时期对该著作前九卷的改编版本）等探讨感官的著作（García Ballester, 1995、1998; Siegel, 1970）。医学视角和哲学视角下不同的感官理念也因此变得格外明显。这一过程中的一个关键人物是阿维森纳。《医典》一书不仅指出，亚里士多德和盖伦在感知经验的躯体位置（是在心脏还是头部）上存在分歧，还强调这种分歧实际标志着医学和哲学各异的认知对象。阿维森纳认为，亚里士多德的心脏中心论在技术层面上是正确的。但感官的终极位置究竟何在对实际的治疗手段无甚意义。鉴于医生处理的是特殊的、偶发的病

症,他们的学问也就成了一门以概率为基础的、满足于界定"充分命题而非必要命题"的学问(Avicenna, 1522: fols. 21v—22r)。这种观点中隐含着医学知识地位的降级,因此是不被经院派医生所接受的。此外,当论及感官时,医生则比哲学家略占上风,因为医学话语和哲学话语在感官议题上均依赖解剖学和生理学知识。以视觉为例,盖伦学派和亚里士多德学派在眼球结构、视神经、视觉感官中蕴含的生理学原理(也即"视觉精气"[visual spirit])的性质等问题上的理解趋同。两派都接受盖伦对视觉异常如何发生的解释。盖伦在"视觉精气"中辨识出两个变化轴——量的变化(充足或缺乏)和质的变化(清晰或浑浊)。正常的视觉要求视觉精气是充足而清晰的。倘若精气充足却混浊,那么,眼睛能清晰看见远处的对象,但看不清近处的对象,反之亦然。两方阵营的分歧在于,盖伦派支持外射论,认为视觉精气从眼球出发,最终接触到视觉对象,亚里士多德派支持内射论,认为精气接收到来自外部的可见种相。但包括蒙彼利埃大师比拉诺瓦的阿尔诺(Arnau of Vilanova,约1240—1311)在内的医生都认可阿维森纳的观点:这场讨论可以忽略不计,因为它对临床诊断没有意义(Salmón, 1997)。

但另一方面来看,感官知识的认识论地位却是无法回避的问题,因为对用感官探出身体迹象的医学实践而言,这一问题可谓切中要害(García Ballester, 1995: 93)。在哲学论述中,感官常常与理性并列;感官也因与"经验/实验"的联系而和理性形成对比。这些二分法在医学中历史悠久,可以一路追溯至希腊化时期"理性主义者"和"经验主义者"之间的认知论争辩。但盖伦却声称自己的立场超然于这些针锋相对的医学流派之上,并把感官经验是一项可靠的知识来源当作医学实践的公理（Giovacchini, 2011）。对盖伦理论的追随者而言，解剖实验和对医药效果的合理说明能最具说服力地证实感知经验的有效性。

经院派医生采纳了盖伦的观点，认为实体解剖是获取解剖学知识最可靠确凿的途径，并早在12世纪便开始致力于对动物的解剖演示。在13世纪末期的博洛尼亚（Bologna），人类尸体也成为这些演示的解剖对象。一系列文本应运而生，这些文字自称转录了一位教授在实际解剖的操作过程中的言语。这一类型的解剖学文献的语言充满了直接观察的即时感和感官性，但同时，它们也试图论证通过感官经验所获得的知识的确定性。《第二场萨勒诺演示》（*Second Salernitan Demonstration*）就是这样一部出版于12世纪的作品，其中叙述了一头猪的解剖过程。文字呈现的顺序取决于解剖过程中先后展现在观察者眼前的各个身体结构，从解剖者切开猪身时首先暴露在外的气管开始。每个器官都是通过其可见特征和联系来辨识的，但解剖者也可以通过操纵尸体来"观察"活体是如何反应的——譬如，对着气管吹气，肺部便会膨胀起来（Corner, 1927: 58）。运用仪器也可以扩展感知的范围："小心地把网膜（*zirbus*）从脾脏组织中分离出来，剩下的就只有较硬的经脉；又或者把一根羽茎纵向插入脾脏中央与网膜衔接的地方，你就会找到这些经脉。"（Corner, 1927: 62）不过，串联起这些直接可感的现象的却是对不可见的身体机能和身体组织的横向解读。譬如，为了连贯地从对眼球解剖的描述衔接至对视觉生理学的讨论，作者解释了视觉精气运行的通道："它［视觉精气］从葡萄膜和角膜中流出，与清新的空气混合起来，并把空气中的光线传送至体内，视觉经验便是如此发生的。"（Corner, 1927：66）简而言之，人们无法仅用感官来获取解剖学知识；鉴于可见的形式与不可见的生理机能总是紧密交织在一起的，因此，盖伦的生理学理论也就为学习解剖学提供了必不可少的思维图式。

《滋味与气味大全》的导言中宣扬了盖伦的观点，认为针对感官经验做出判断的是理性，但缺了经验，理性根本无法做出判断（Burnett, 2011：337）。理性和味觉经验之间的互证关系奠定了盖伦的医药学理念。

药物通常是单质或化合物，其主要药性会与服药者体内的机能不调相抗衡，通过这种对抗来让患者的体质重归平衡。盖伦在《论简单医学》（*De simplici medicina*）中详细阐述了这一学说，这本书后来由非洲人康斯坦丁翻译。康斯坦丁在《论诸医药术》探讨医学实践的第 2 卷中再次使用了这一学说，还结合了另一本名为《论药性级数》（*De gradibus*）或《药性级数之书》（*Liber graduum*）的书，该书改编自阿尔·加扎尔（al-Gazzār，卒于 979 年或 1004 年）撰写的《旅人备食与定居者的营养》（*Provisions for the Traveler and the Nourishment of the Settled*）。《论药性级数》对药物有以下解释：当一种物质的性质可以改变服用这一物质的身体的实质时，它便发挥了药物的效果。这些改变可通过感官察觉到，而药效的强度则涵盖了从几乎无法感知的到对身体具有极强破坏力的整个维度。医生实际上可以通过品尝药物来检验任何物质的药性和强度。倘若医生的味觉"凌驾于"药物的特性之上，那么药性便处于一级强度。倘若味觉和药物的强度势均力敌，两者都不能凌驾于另一者之上，那么药性的强度为二级。如果味觉被药物所改变，但仍能忍受这一改变，那么药性的强度为三级；但是如果味觉无法承受这一改变，那么药性强度则高达四级（Wallis, 2012）。

这一有关药性和级数的学说在医学院系内引发了一场激辩，因为健康人类的身体温度属于二级，因此，一味温度为一级的药物应当被认定为是"性寒"的（McVaugh, 1965、1966）。这场争论的繁琐细节与本书的感官主题并不直接相关，但争论本身的存在却不得不引起我们的注意。任何感官体验都能够改变身体的状况，中世纪思维中的这条公理与医学紧密相关；这是因为视身体状况改变的不同，感官体验既可能带来健康，也可能招致疾病。譬如，视觉生成的图像会被捕捉、存储入脑室，并可随时提取出来。这些图像的性质可能会改变大脑本身乃至人体全身的状况（Harvey, 1975）。所有感官器官都如同向外部环境敞开的"窗户"，仅仅这一点便足以给身体带来潜在的危险；瘟疫等流行性疾病便可以经视觉传染（Guy de Chauliac, 1997: 118.4—6）。所以，我们可以认为，所有感知体验都蕴含对感知对象的某种内化吸收过程，也因此是某种品尝，或者至少是触摸。因循盖伦观点的阿维森纳如此解释嗅觉：一种物质的小颗粒扩散开后，像烟一样飘进鼻腔内部，直到大脑中两个透过筛板向外延伸的乳头状凸起物触碰到这些颗粒，嗅觉便发生了（Avicenna, 1522: 131; Eastwood, 1981; Palmer, 1993: 62）。就连体内的器官都能触碰（Salmón, 2005）。

医生会运用感官从病患的体表或体外的体征中诊断出发生于身体内部的变化，《医术》的另一段核心文本，也即希波克拉底的《预后书》(*Prognosis*)中着重指出了感官的这一重要作用。《预后书》强调要关注包括病患的面容和眼神、体态和手势在内的视觉信息，气息等听觉信号和触觉相关的信息，例如肚皮的触感和四肢的温度。尿液、呕吐物、痰液、汗渍和其他排泄物的色泽、质地乃至气味都极其重要。最后，病患自身的感受，尤其是身体的疼痛感也需要考虑在内。

诊断的首要对象是体液组合本身，也即特定于每个人体的基本体征、四种体液和多种器官之间的结合。冷暖干湿究其根本是可触可感的，这兴许会赋予触觉这一测知体液组合的手段以特殊的重要性。盖伦在《论气质》（*On Temperaments*）的第 2 章第 1 节和第 2 节中提出，手是人体最温性的部位，也因此是医生用来诊断病患气质最得力的工具（Galen, 1490: 2.12r—13v）。《导论》却极力推崇用其他感知来辅助诊断。譬如，可用味觉来分辨各类黏液。黏液本无味，但当与黄胆汁混合会变"咸"，与温湿的血液结合会变"甜"，与干冷的黑胆汁相融会变"苦"。再者，五种不同的黄胆汁可以通过色泽来辨识。黄胆汁的"天然"色泽是红色，但与黏液相混后是类似柠檬色，与"凝结的黏液"混合则色如蛋黄，亦可呈现两种深浅的绿色（Wallis, 2010: 141）。

体液结合起来形成了人体各均质的部分（譬如肌肤），而这些均质的部分进而组成了器官。尽管医生只能通过间接迹象来感知内在器官，但感知器官本身却能将各自的气质直接呈现给检查体征的医生所调用的各种感官。《论诸医药术》第 1 章第 11 节解释了如何用触觉和视觉来确诊眼球中的体液组合。医生的视觉观察需注意眼球的色泽和其相对于头部的大小，而他的触觉也可以判断热度和湿度（Constantine the African, 1515: fol. 3ra）。

对哲学家而言，触觉的问题在于它不是通过某个单一的器官完成的，其对象也不是截然分明的。除了温度——身体的寒热——触觉还能测知干湿软硬以及质地的光滑或粗糙。但对医生来说，这种模糊性却并非缺陷，因为它反而延展了触觉的指涉范围。《医术》另收录了希波克拉底的《警句篇》(Aphorisms)，文中频频提醒医生，身体部位的软硬程度对诊断极为重要。尤其是第 5 章第 67 节谈到病理肿胀或脓肿的段落就收录了这样的建议——"软质是好的，硬质是不好的。"

在卢森堡的圣彼得（Saint Peter of Luxembourg）封圣事宜委员会面前作证时，蒙彼利埃的内科医生让·德·图尔内迈尔（Jean de Tournemire）讲述了他在 1387 年诊断出自己的女儿玛格丽特身患乳腺癌的过程。核心的体征便是乳块的硬度："一个像榛果一样触感坚硬的节结。"最终硬结扩散到乳房的大部分区域，但玛格丽特却因为圣彼得的圣物而奇迹般地治愈了。委员会成员审慎地对图尔内迈尔进行了盘问：他确定那是癌症吗？图尔内迈尔在回应中引证自己长期的医学经验和扎实的学院训练，称两条感官信息使他确信自己的判断：其一，肿块从一个"像榛果一样的小型硬结"发展而来；其二，只有在触碰肿块时才会有痛感。这是灼烧的黑胆汁所引起的脓肿（也即癌症）特有的两个症状，而血液、黏液或黄胆汁引起的肿胀则不会引发这样的症状（Wallis, 2010: 345、347）。榛果的类比似乎在当时已是家常便饭。王室医生纪尧姆·布歇（Guillaume Boucher, 卒于 1410 年）曾一度任巴黎大学医学系主任，他便是通过乳房的视觉特征（"绿色和黑色的静脉朝各个方向扩散开，如同一只螃蟹"）及肿块的手感（触感坚硬，"大小类似榛果"）来为一位巴黎的女士"确诊癌症"的。

显然，当医生触及肿块时，向他传达痛感的是玛格丽特本人，虽说对痛感的探测是图尔内迈尔刻意做出的触摸动作。疼痛作为最关键的诊断症状之一是只属于病患的感受，人们认为疼痛是通过触觉感受到的，但它只有在传达给医生，并得到医生的阐释之后才能成为症状（Cohen, 2020：第3章；Salmón, 2005［66—67］、2011），或许正是因为触觉站在医生的知识与病患的经验的交叉路口，所以才对前者的权威立场至关重要。在下文中，我们将从诊脉这一现象出发进一步探究这一问题。

直到13世纪末，气味才作为指涉症状的符号出现，提及嗅觉的文本主要是由外科医生而非内科医生撰写的。米兰的朗弗兰克（Lanfranc of Milan）在写于13世纪90年代的作品中提出，一处腐烂的溃疡或肿瘤与一般伤口的差别可以通过气味来辨别，前者"有自己的臭味，这种气味无法用文字形容，但任何熟悉癌症的人都能将其与其他臭味区别开来"（McVaugh, 2002：115）。13世纪下半叶的外科医学文献开始谈及口臭和腋下异味，认为它们是身体内部失调的迹象。据亨利·德·蒙德维尔（Henri de Mondeville，卒于1316年后）所言，腋下异味是体内组织腐烂导致的，可以用一味泻药治愈，这味药能"清除体内腐浊的体液，并以大量臭气熏天的尿液的形式排出体外"（McVaugh, 2002：123）。蒙德维尔的解释中存在一个前提假设，医生应注意尿液的气味：的确，阿维森纳认为尿液不同的气味——包括甜、酸等——可以暗示出在人体内主导的是何种特定体液（Avicenna, 1522: fol. 42v）。作为体内组织腐烂的显兆，体味可能引发感染：帕尔玛的罗兰（Roland of Parma）的著作《外科医学》（*Surgery*）中的"四大师注疏"（"Four

Masters' Gloss",写于 1230 年后)将狼疮(*lupus*)和隐匿癌症(*noli me tangere**)单独列为有恶臭的疾病,会对任何靠近病患的人构成危险(McVaugh, 2002: 115)。四大师还把口臭与麻风病联系起来,与此同时,伯纳德·德·戈登(Bernard de Gordon)也说,如果长期的腋下异味或体味没有其他显著的病因,就极可能是初期麻风病的征兆(McVaugh, 2002: 131)。

不过,总体而言,医生对嗅闻病患的身体或排泄物多少有种抗拒。15 世纪的意大利教授加布里埃勒·泽尔比(Gabriele Zerbi)在他所写的有关职业操守的手册中明确表示,他"拒绝闻病患的口气"(Palmer, 1993: 67)。对于有学识的医生来说,有两种感官主导着他的诊断——视觉和触觉。他训练有素的眼睛可以辨识尿液,敏锐细腻的触觉可以解读脉搏。食物会在体内造出血液,在造血过程中生成的废料,也即尿液是自然精气运作状况的一个指标;动脉把经生命精气"加工"而成的气息从心肺传输入身体其余的部分,脉搏便是其跳动的节律,也因此可以表明生命精气的状况。

中世纪的尿检法(uroscopy)是一门需要特殊技巧的观察术(Moulinier-Brogi, 2012)。在常规的图解中,医生往往把俗称为"约旦瓶"[†]的玻璃尿瓶对准光源,由此来更好地判别尿液的色泽、黏稠度以及浮悬于其中的颗粒及沉淀物。《医术》中便收录了拜占

---

* "*noli me tangere*",原文意为"勿碰我",是耶稣复活后在抹大拉的马利亚面前现身对她说的话。在中世纪医学中用来形容一种被称为"隐匿癌"(cancer absconditus)的疾病。之所以有此名称是因为与病症相关的肿块在治疗过程中常会变得更加严重,引发并发症,也因此不能"被触碰"。

† "约旦瓶"(jordan)是中古英语中对尿瓶的一种委婉说法,一种说法是当时把尿液比作约旦河的河水,另一种说法是来自法语"jour donne"(意为"日常赠礼")的变体。此处做音译处理。

庭作者提奥菲勒斯（Theophilus）撰写的尿检法手册，不过，该手册之后被伊萨克·尤第乌斯的专著与吉勒斯·德·科贝伊（Gilles de Corbeil，约 1140—1214）的韵文《论尿液》（De urinis）所取代了，但尿检法中的感官线索的整体框架基本维持不变。吉勒斯解释称，从珍珠白（alba）到黯黑色（nigra），尿液可以呈现出多达20种色泽，最淡色意味着消化不良，由此导致的是体热，最深色意味着体液过度灼烧或"干热"（adustion）（Vieillard, 1903: 273—289）。一些图形备忘录用图表或色轮的形式来呈现这些色泽（Jones, 1998: 54、图46）。色泽对判别体寒还是体热尤为关键，而尿液是稀是稠则能反映人体的相对干湿程度。吉勒斯认为，尿液里漂浮或沉淀下来的东西是重要的信号。这些物质包括"气泡、沙砾、混浊物、浮沫、脓水、油脂、食糜、血液、沙子、毛发、麸皮、块状物、鳞片、颗粒状物、精子、烟灰、沉淀物和升起的水汽"（Grant, 1974: 749）。简而言之，医生的双眼必须深谙一套有关形状、质地和色泽光谱的语汇。

伊萨克·尤第乌斯对这一视觉程序的规范做了简述（1966: 153）。医生必须选择一个光照充足的地方，背对自然光。他应在用右手执尿瓶的同时将左手衬在瓶子的后侧，以此来判定尿液的清澈与否。他需轻柔地晃动瓶子来辨别沉淀物的轻重及沉淀速率的快慢。那医生是否应该嗅闻甚至浅尝尿液？理论上，答案是肯定的，因为味觉这一感官可以最直接地让人感知物质的性质（Burnett, 2011: 337）。关于口尝尿液，伊萨克的讨论采取就事论事的口吻：苦味的尿液意味着红胆汁过剩，酸味尿液指向酸性痰液的存在，而咸味尿液则对应咸性痰液（Isaac Judaeus, 1966: 162）。然而，大多数尿检法的课本只将重点放在视觉上。一些中世纪医疗服务的消费者为了测试医生的能力，会呈给他一份用白葡萄酒或荨麻茶伪造的尿液样本。为了识破这些把戏，比拉诺瓦的阿尔诺建议医生偷偷用鼻子吸闻，抑或用指尖蘸上一点迅速地浅尝一口（Sigerist，1946：135—143）。这些小动作被视为把戏，也就强化了观看才是判断尿液的通行方法的观点。即便如此，学富五车的医生仍然会把鼻子凑到排泄物跟前，甚至把它放到自己的口中，由此就成了他人的笑柄。彼特拉克在他的《驳斥医生》（*Invective*）中痛斥教廷的医生远非健康惯习的楷模。的确，他们面色惨白、瘦骨嶙峋，因为他们"围着晃荡的夜壶左顾右盼"。马桶散发的晦暗、恶臭的气味渗透入他们的体内："我说你们的面色、气味和味道皆来自你们日常接触的东西——屎。"（Petrarch，2003：81）

　　视觉的威望抵消了其对象——尿液的低贱卑微。视觉是诸感官中最具精神性的，与光和火的元素联系在一起，后者在物理宇宙中占据着至高无上的位置。常与空气联系在一起的听觉紧随其后；嗅觉是通过某种蒸汽传导的，而味觉以及尤其是触觉则性属土壤。触觉是所有动物共有的感官，因此并非人类独有（Salmón，2005：64—65；Vinge，1975：47—58）。然而，盖伦不仅把手与理性这一人类至高的理性机能相联系起来，还认为它体现了触觉最精微也最能提供丰富信息的一面。诊脉的过程正是以敏锐细腻、极富辨识力的触觉为基础的。

　　尿检法类似于一项公开表演，观看表演的观众听着医生大声描述瓶中所见，而医生则向病患和旁观者展示他的学识和辨别能力。然而，医生也担心这一公开展示容易吸引江湖郎中竞相效仿

171

(Stolberg, 2007)。诊脉的优势在于只有行家才懂；参与诊脉过程的只有医生的感官而已，整个诊断过程也是在屏息凝神中完成的。

盖伦撰写的数册有关诊脉法的专著罗列了一系列复杂的触觉感受，每一项都暗含着隐密的医学信息（Harris, 1973：第 7 章）。撰写于 13 世纪的《脉象大全》（*Summa pulsuum*）是对盖伦脉象论的教学性摘要，书中用一个包含五条轴线的分析网格来介绍这些触觉感受，每根轴线分别对应动脉自身的运动、动脉的性状、动脉收缩和舒张的时长、脉搏增强或变弱的趋势以及脉动的规律程度。在这些大项中还细分出许多小项。譬如动脉的运动会根据质和量进一步分类。就定量而言，运动可以分成大中小三个幅度。医生可用手指在长度、宽度和深度三个维度上对之进行衡量。脉搏的长度可以传达人体相对的冷热程度，其宽度则指向人体的性干还是性湿。脉象究竟是显于表面还是隐于深处是心脏整体健壮程度的标志。此外，医生的手指还须估算脉搏的速率。这需要经过相当精微的辨别，因为医学中对"迅捷"的动脉舒张的定义是舒张过程结束的速率比开始时快，而"缓慢"的舒张过程则是结束时比开始时慢（Grant, 1973：746）。不幸的是，没有文献揭示见习医生究竟是如何习得这些差异在感知上的不同的。即便是在描绘"床边教学"的场景中，诊脉这一活动也从不是由学生和老师同时参与的。人们究竟是如何学会辨识特殊的脉搏律动的是另一个答案不明朗的问题，中世纪时期用来形容律动的语言充满了鉴赏意味，会生动地称之为"乱窜的蚂蚁"（*formicans*）或"腾跃的羚羊"（*gazellans*）。譬如，羚羊脉就是"在初段中是多样化的，先是较慢的，随后被打断，继而又变得迅疾起来"（Avicenna, 1522：fol. 38r—v）。我们是否可以将此称为一种"文学性"的感官经验，犹如诗歌中的格律、音乐中的和声在脉搏中被体察到了？不少对四艺进行过论述的作者都对用音乐作比脉象的想法兴致勃勃，比如波爱修斯和马提阿努斯·卡佩拉（Martianus Capella），他们认为脉象的音乐是真正的"人间音乐"（*musica humana*），它能将身体和灵魂联系在一起、将人与大宇宙中的"天体之音"（music of the spheres）结合起来。许多古典和中世纪时期的医生对此持怀疑态度。这种类比似乎难以证实，从诊断病情的角度来看，也缺乏实用价值（Barton, 2002: 12 和第 3 章; Siraisi, 1975）。除了区分性质和脾性外，诊断还可以区分疾病；需记得，让·德·图尔内迈尔确信自己的感官可以把癌症和其他肿块区分开来。麻风病的鉴别诊断对医生感官的辨识力提出了特殊的要求。

尽管西欧地区身患麻风病的人数在 12 世纪末之后开始显著下降，但在同一时间点上，公众对这一疾病的感受却开始从抗拒和怜悯逐步转为对感染的焦虑，这种焦虑尽管只是时而暴发，却也处于持续升级的态势。一个人是否患有麻风病开始产生更多的负面影响，市政及教会规定即便不强制要求隔离，但仍考虑了这种措施。在 14 世纪初叶的阿拉贡王国，先前由神职人员和麻风病人群体自己组成的委员会来判断病情的旧体系被由医生进行司法鉴定的体系所取代（McVaugh, 1993: 218—225）。医生必须确保对一种特定疾病进行高度确定的诊断（Demaitre, 2007: 第 7 章; Rawcliffe, 2006: 第 4 章）。

但问题仍不止于此，麻风病的症状存在极大变数。肤色和发质的变化、鼻腔和口腔黏膜的溃疡发作以及边缘神经的损坏都是可能的征兆。倘若这些症状单独出现，那有可能指向麻风病以外的其他

173

疾病，因此诊断取决于几个鲜明症状的同时出现。乔达努斯·德·图雷（Jordanus de Turre，活跃于1310—1335年间）建议负责检测的医生把身体征兆分为好的和坏的两大类，并按类写进两栏内，其最显著的优势自然是避免混淆，但同时也能便于评估坏的症状的数量是否足以帮助医生做出决定性的诊断。在论及麻风病人的尿液和脉象时，乔达努斯的说法并不明确。医生反而应该先听病患唱一段曲子，因为嘶哑的嗓音是麻风病可能的症状之一。医生也必须细致而有针对性地用两眼审视病患的身体。他必须凑近观察其体毛，因为麻风病人身上的体毛会超乎寻常得纤细、笔直；乔达努斯建议医生在强烈的阳光下做这种观察。鉴于鼻软骨受到侵蚀是重要的诊断依据，医生必须将敏锐的目光投向连病患自己都看不见的地方："削一根小木棒，让它像钳子一样一头叉开，把木棒伸进鼻孔并撑开鼻腔；然后用一支点燃的蜡烛检查鼻腔内部。如果你在其中看到溃疡，或者在鼻腔深处发现表皮脱落，那便是麻风病的迹象；这一迹象并非众人皆知，而是只有聪慧的医生才通晓。"医生还需要求病患脱去所有衣服，"观察他的皮肤是否出现黯沉，以及表皮在摸起来粗糙的同时是否仍保持一定程度的光滑"。不过，要想发现一个病患是否已经失去感知能力是异常困难的，因为麻风病人都会刻意掩饰这一众所周知的症状。为了巧妙地突破这层障碍，乔达努斯提出了绝妙的一招："让病患遮住自己的眼睛，确保他无法看见，然后对他说，'当心点，我要用针扎你了！'但同时却不做出扎他的动作。然后跟他说，'我扎了你的脚'；如果他点头应和，那就证明他患了麻风病"（Grant, 1974: 755; 参见 Demaitre, 1985）。

最后，我们也需要指出，医生对自身感官的运用受到社会和文化的限制。他通常不能把目光投向女性的生殖器，也不能用手去触摸，这对诊断和治疗都有影响。许多由男医生执笔并为男医生所写的文本在讨论妇科炎症的外用治疗法时多用被动语态，譬如"让她被敷上……"另一方面，《特罗特拉医书》中的一部分——《论女性疗法》(On Treatments for Women) 可能是由一位女性执笔，其中采用了第一和第二人称的主动语态（Green，2008：45—58）。各种形式的间接诊断法和疗法保证了医生和病患可以免于争议性的肢体接触。一位男医生可以请一位女助手来完成身体检查，这位女助手也许是助产士。她被要求向医生报告她的感知与所见，但只有男医生有资格断定这些感知经验背后的意义；简而言之，这位女助手实为医生的遥感装置（Lemay，1985）。意大利的外科医生古利埃莫·达·萨利切托（Guglielmo da Saliceto）在大约 1268—1275 年间曾就此写道，他认为只要外科医生是隔着一件工具检查病患私处，那便是可以接受的；他建议医生用一个玻璃拔罐来撑开阴道进行观察，相比阿维森纳用镜子来观察的解决方案，这已有显著改进（Green，2008：99）。

  学院派疗法有三个分支：饮食和生活方式之道；纠正体质瘟热或驱散腐坏体液的药物疗法；外科手术，要么是排清毒素（放血、拔罐），要么是修复创伤。令人惊讶的是，极少有文献从病患感官的角度谈论手术。当时已经有配方，可以制作出供口服或通过浸润的海绵吸闻入体内的一般麻醉药，但我们对这类药物的使用频次还不了解（McVaugh，2006：106—110；Voigts 和 Hudson，1992）。有关药物疗法的讨论对病患的感知经验更为关注。如今，学者多认为一段针对《尼克拉斯解药书》(Antidotarium Nicolai) 的评注是出自萨勒诺的普拉泰琉斯（Platearius of Salerno，活跃于12世纪下半叶）之手，该评注认为复方药物的一大优点在于，可以在药方中添加成分，使之更易下咽：比如，令人讨厌的芦荟味道就可以用蜂蜜和糖来调节（Grant，1974：787）。但药物不止口服一种方式，也会牵涉味觉以外的感官。纪尧姆·布歇建议，一位身患乳腺癌的市民阶层人士可以持续佩戴翡翠、蓝宝石和红宝石。尽管布歇没有阐明个中缘由，但其建议的逻辑在于，这些宝石的光泽、颜色和美透过两眼进入体内，可以抵消那些被视为癌症病因的晦暗且具破坏力的忧郁。例如，在《论事物特性》的第16章第87节，英格兰人巴塞洛缪宣称，佩戴蓝宝石对"任何忧郁引发的疾病"均有疗效（Bartholomew the Englishman，1601：759）。布歇还开过一味干药糖剂（electuary），其中有翡翠和蓝宝石的碎片，以及红锆石、象牙薄片和"拜占庭紫宝石"，还配上了"极甜美的香梨汁"（Wickersheimer，1909：89—91；由 Wallis 翻译，2010：349—351）。因此，珠宝的药效可以通过视觉、触觉、味觉发挥出来，并通过嗅觉得到强化。一种与之类似的视觉和触觉相协调的疗法治愈了英格兰国王幼子的天花。高德斯登的约翰（John of Gaddesden，约1280—1361）宣称，红色成了治疗天花的主要手段。他用红布把小王子全身包裹起来，为病房覆盖上红色的遮帘，最后说道："我消除了他身上所有天花的痕迹。"（John of Gaddesden，1492：fol. 51r；由 Wallis 翻译，2020：274）

鉴于嗅觉与味觉的近似度，香气疗法成为中世纪时期预防性和救治性医疗的常见手法也就不足为怪了。与现代时期的香气疗法不同，中世纪时期的手法会对宜人的和难闻的气味都加以使用。英格

第六章 医学与感官：诊脉、闻瘟疫与为救治而聆听

兰人巴塞洛缪建议用焚烧山羊角产生的臭气，唤醒昏睡的人（Bartholomew the Englishman, 1601: 284）。包括子宫在内的一些人体器官可以辨识出香气和臭味，并产生相应的生理反应。一种名为"子宫窒息"（suffocation of the uterus）的状况在古典时期的医学中有着悠久的历史。希波克拉底的文本中提出，干燥且过热的子宫会从体腔飞到肝脏处，并依附于此，随之产生心悸、窒息和眩晕等症状。当解剖实验证明子宫无法在体内如此游荡时，医学理论提出了其他成因，譬如子宫中腐烂的"种子"所产生的气体上升，导致其他位于人体更高处的器官窒息（King, 1998: 第 11 章）。不管怎么说，一些针对子宫窒息的疗法仍然暗中把被摒弃的希波克拉底病因理论当作基础。《特罗特拉医书》对此开出了一边鼻吸臭气，一边向阴道引入香气的治疗方案（Green, 2001: 85）。其中未被说明的治疗原理是，子宫可以一边被香甜的"胡萝卜"吸引到它原本应该所在的位置，一边被难闻的"大棒"赶跑。*

身体对气味的主动反应也在预防性医药学中发挥着关键作用，这在调控"非生理自然因素"†的方法中可见一斑。非生理自然因素包括：空气、饮食、运动与休憩、睡眠与清醒状态、储留与排泄，以及被称为"灵魂之偶性"的心理状态（Gil-Sotres, 1998; Nicoud, 2007; Rather, 1968）。空气是诸因素中最重要的一项，但也最难控制。人可以通过更换衣着、沐浴或避免沐浴、开关窗户来调节通风

---

* 此处的"胡萝卜"和"大棒"（carrot and stick）典出美国总统罗斯福提出的一种奖惩制度，指运用奖励和惩罚两种手段以诱发人们做出所要求的行为的手段。这来源于一则古老的故事——"要使驴子前进"就在它前面放一个胡萝卜或者用一根棒子在后面赶它。
† "非生理自然因素"（non-naturals）是古希腊医学中的一个概念，指不受人体自然运作规律控制，但能影响人身体的因素。

等办法以使空气的特性温和起来。人们尤其可以用眼鼻来判断空气是否新鲜，进而采取预防措施。在火盆或壁炉中经炙烤的香水不仅可以让病房的气味更怡人，还可以驱散那些实际上传播腐坏的恶臭（Palmer，1993：63、66）。但要想整顿一整座城镇或一整片区域的空气，却几乎是天方夜谭。而对瘟疫这类显然具有普遍性的疾病而言，就连迁居别处都不见得有用。

对黑死病的医学描述把瘟疫的无处不在归因于整体性的大气环境危机。据巴黎大学医学系于1348年撰写的报告，土星、木星和火星在1345年3月的恶性相合连同其他天体现象一起令天体以下的大气环境发生了致命的腐化。这些行星的聚合特性会把大地中的水汽抽取到空气里，而冬天温湿的气候会令水汽腐坏，强风又将变质的空气吹散到大地的各个角落（Horrox，1994：159—161）。"湿气是腐坏之母。"莱利达的雅克蒙·德格拉蒙特博士（Dr. Jacme d'Agramont of Lerida）如此说道。当空气异常潮湿时，就会升起雾气，雾气从两眼进入体内，笼罩住人体的精气，从而导致忧郁情绪和疾病。空气会显得浑浊，充满灰尘，失去平日的光泽。空气的腐化也可以通过嗅觉探知——事实上，空气污染本身就可能是下水道、腐烂中的动物尸体或皮革店中散发的臭气所致。水果和谷物沾染上渗透着病菌的空气，会迅速腐烂，并散发出怪异的气味；用这种污染过的谷类制成的面包"无论是味道还是香味上都大不如往年"（Duran-Reynals 和 Winslow，1949：73）。甚至在症状出现之前，人们就可以用视觉、嗅觉和味觉感知到瘟疫了。唯一的解决方法是消除致病的雾气，或可焚烧那些散发香气的木材（如松柏和薰衣草），或可把香樟丸抛掷到火盆里。贫民则可以洒醋和玫瑰水来驱散污浊空气的气味（Duran-Reynals 和 Winslow，1949：79—80）。

德格拉蒙特还推荐了另一种以感官为基础的预防性措施，其旨在调节人的情绪状态。在瘟疫时期控制想象力是极为关键的。他建议在瘟疫期间，教堂停止鸣钟，"因为病患在听到丧钟鸣响时，容易产生糟糕的想象"（Duran-Reynals 和 Winslow，1949：84）。德格拉蒙特只不过是把一个在管理个人疾病的语境中被提及的医疗原理普及到了更宽泛的层面而已。比拉诺瓦的阿尔诺探讨了一些治疗期间往往会超出医生的控制范围，但却会对治疗的最终结果产生决定性影响的突发状况，"钟声或孩子的叫嚷声、狗叫、马车的隆隆声，又或者一间房屋的起火与坍塌、暴雨导致的洪水、猛烈的阵风，甚至是有关丢失一件心爱的东西或失去一个心爱之人的流言……或诸如此类的事情……"（McVaugh 和 Garcia Ballester，1995：85）。这一罗列之所以令人感兴趣，是因为它提出，即便是那些在日常生活中看似无足轻重、毫无害处的响声——例如孩子的嬉闹声——对一位病患来说，都可能如一场真正的灾难那样令人痛苦。

那反之又如何呢？更确切而言，拥有某种特质的音乐是否能有助于治疗？这一古老的观点和用音乐类比脉搏的说法都具有一种连接起宇宙和灵魂的和弦的象征意义，中世纪医学作者似乎大都认可这种观点。但是，在实际操作中，使用音乐疗法是更务实的。即便没有传说中天籁和弦的神效，音乐也可以给病人带去平静和喜悦；而在非生理自然因素的框架内，这种情感愉悦和心理激活的体验是能提升治疗效果的（Horden，2007；Page，2000）。神职人员似乎更坚定地认同以下观点：音乐尤其可以用来治疗心理病症，在《圣经》中便有大卫在沮丧的扫罗王一世面前弹奏竖琴的段落（《撒母耳记上》19：9—10*），但他们却忘了大卫的治疗方法最终并未奏效。画家于果·凡·德·戈斯（Hugo van der Goes，卒于1482年）在成为布鲁塞尔城区附近的雷德修道院（Red Cloister）的庶务修士后，曾一度精神崩溃，好心的修道院院长托马斯为他制定了一套音乐疗法。尽管编年史家加斯帕·奥夫斯（Gaspar Ofhuys）在讲述这一故事时称这一治疗方案对抑郁和精神错乱而言是一种合理的治疗，但他对音乐实际上并没有帮助到戈斯这一点也没有表现出一丝讶异（Goes, 1958：10—15，由 Wallis 翻译，2010：351—356；参见 Jones, 2000）。

治疗方法的三大分支中的最后一个是外科手术，它把我们引回到从医人员感官的问题上，因为外科手术作为"手的工作"赋予了触觉前所未有的重要性。在没有麻醉药和消毒手段的年代，鲜有外科手术深入人体内部，但当手术刀切实潜入体内时，触觉也就代替目光成为医生感知身体的核心手段。在描述一场摘除膀胱结石的手术时，泰奥多利克·博尔格诺尼（Theodoric Borgognoni, 1205—1298）特别提及，病患应坐在桌面上，抬起双膝，让会阴显露在外。外科医生接着将他的手指伸入肛门，在膀胱内探寻结石的位置。一旦发现结石，他会用自己的手指把结石挪到一个合适的位置，以便从会阴打开切口进入膀胱，进行摘除工作。伸入肛门的手指施加压力，亦可让结石从切口处排出（Teodorico Borgognoni, 1960：

---

* 原文写作《撒母耳记上》20：9—10，似有误，应为 19：9—20。该节经文如下："从耶和华那里来的恶魔又降在扫罗身上（扫罗手里拿枪坐在屋里），大卫就用手弹琴，扫罗用枪想要刺透大卫，钉在墙上，他却躲开，扫罗的枪刺入墙内。当夜大卫逃走，躲避了。"——编者注

128—129）。

英国外科医生约翰·阿尔德恩（John Arderne，1307—1377年后）撰写了一部有关修复肛门瘘管（anal fistula）的论著，其中便描述了一种复杂微妙的手术方式，该方式把亲手触碰和透过仪器触摸结合了起来。从医人员必须首先确定瘘管是否深入直肠或肠道。他可以通过将一根探棒插入瘘管，并同时把手指送入肛门来确定这一点。接着，他必须"勤恳地检查"，用手指来触碰探棒的顶端；如果说他可以碰到探棒，那么证明瘘管已经深入肠道内部（Arderne，1910：22）。外科医生的触觉与作为触觉之延伸的工具密切相关，这在阿尔德恩为探棒所取的名字——"跟随我"（sequere me）——中也可见一斑。握着探棒的手要"跟着"自己的感官去往手指无法抵达的地方。

与现代医学相比，中世纪医学所涵盖的范围既可说更宽泛，亦可说更狭隘。在当时，检查人体状况、介入身体运作机制的机会较之现在是极度受限的，但中世纪医学所认可的该领域与病患心理和精神体验的关系，如今或是被现代医学排除在外了，或是让渡给其他学科了。感官在其中扮演的角色凸显了中世纪医学独特的面貌。不借助仪器的诊断便只有以直接的感官迹象为基础了：尿液的色泽、脉搏的律动、肿瘤的触感、腋下的气味、声音的声响。同样地，治疗方法也要求内科医生或外科医生调动自己的感官，在有仪器帮助的情况下也不例外；但治疗也同时通过草药的味道、投向翡翠宝石的目光、玫瑰水的芳香和美妙的乐声来调动病患的感官。男性医生和女性患者之间有感官障碍，但类似的障碍在对麻风病人的鼻孔进行侵略式的探查中却消失了。视觉是最高贵的感官，触觉是最低贱的，但它们却在医生经典的尿检法和诊脉手法中相遇了。医学中的感官反映着中世纪的世界，在正式的等级理念与惊人的亲密性的相互对立中，高雅与低俗亦颠倒了位置。

第七章

文学中的感官：感知的质地
文森特·吉勒斯皮（Vincent Gillespie）

文学首先是一种感官现象，其次才是智识的体验（Vinge，1975）。一切亚里士多德意义上的审美体验都诉诸感官，并通过感官来展开。"没有什么存在于智识中的事物不是先存在于感官中的"，这句常被认为语出约翰·洛克（John Locke）的哲学警句实际上早在中世纪时期便已经流传开（Cranefield, 1970）。根特的亨利（Henry of Ghent）和托马斯·阿奎那均引据过这句话，而在写作中对感官议题极为敏锐的但丁也在《天堂篇》第四诗章第40—42行对同一句话进行了复述（Boyde, 1993; Mazzotta, 1993）。这一警句描绘了人类理解和领悟事物的基本认知途径。文字发出的声响会被听觉捕捉到，它们在书页上的位置，以及它们在书中的附文修饰、插图和彩图及精心设计的版面会冲击视觉；承载文本的羊皮或纸张以及书籍的皮质装帧会刺激触觉；而在默读时代来临之前，进行文本表演时咬字的发音与节奏都会调动嘴巴，邀请它品鉴辅音、元音的口型与清晰度（Cruse, 2010）。

阅读行为既具表演性，又具想象力。即便在默读习惯逐步成型的年代，中世纪的读者仍聆听并诵读"书页之声"（*voces paginarum*），让自己全身心投入到不断展开的文本所呈现的感官世界中去（Leclercq, 1961；Saenger, 1997）。文字的"线路"（*cursus*）与论述的"取径"（*ductus*）影响着读者的反应（Carruthers, 1998）。在12世纪之前，《诗篇》中那句指涉多重感官的语句实际更常用于神圣经文的诵读，而非圣餐的用餐过程——"你们要尝尝主恩的滋味"（Carruthers, 2006；Fulton, 2006）。

在12世纪和13世纪之间，人们对认知过程的兴趣日益增加，与此同时，文学如何作用于人类的心灵与感官情境，也成为大家愈发关注的议题（Jütte, 2005；Nichols 等, 2008；Pasnau, 1997）。中世纪西方对亚里士多德哲学的接受为评述者们提供了一套用来思考和探讨这类议题的语汇（Gillespie, 2005）。他有两个关键的理念在当时流传甚广，但不是以连贯的分析的形式，而是作为几段零散的警句成为当时文化上的老生常谈。亚里士多德用这么一句断言为《形而上学》（*Metaphysics*）开篇："所有人生来便有对知识的渴望。这种渴望体现在感官给我们带来的愉悦上。"而《诗学》（*Poetics*）中有一个常被收录转引的论断——"人天生喜爱再现"——则因后世对该著作的接受程度不一和各异，而被视为是在进一步强化贺拉斯在《诗艺》中所写的一句评述——"比起耳朵听到的，我们用忠实的双眼看见，并由观者对自我讲述的，在激发思维上的效果要好许多。"（*Ars poetica*, 180）。这些观点在当时可谓脍炙人口，也影响了世人对文学作为一种感官艺术的认识（Dronke, 2002）。

虽然如达芬奇这样的画家强调绘画是直接诉诸视觉，因此高于诗歌，但诗人们自诩有能力用想象生成的幻象来"作画"。视力和视觉被作家们奉为至高的感官官能，不论是从实际大脑的生理结构，还是从形而上的层面来看（Biernoff，2002；Denery，2005；Marrone，2001；Nelson，2000；Newhauser，2010；Tachau，1988）。在富尔根蒂乌斯[*]式的艺格敷词[†]传统中，往往用文字邀请读者或听者，把一幅极其繁复的视觉图像想象成某个古典神祇或抽象概念的拟人形象的象征。这些文本常以"这是由诗人们绘制或描绘的"来开篇，但是，常规而言，当听众调动自己的想象力来演绎艺格敷词诗歌时，需要消弭演绎中的感官界限（Carruthers，1990；Carruthers 和 Ziolkowski，2002；Debiais，2013；Smalley，1960）。所有这类效果都是被希腊罗马作家及理论家们称为"实现力"（*enargeia*）的一种文学特殊效力的一部分（Zanker，1981）。在13世纪，博学多识的书籍爱好者理查·德·富尼瓦尔，在其用法语方言写成的《爱的动物图鉴》中，思考了文学如何作用于人的感官情境的问题。他借用世俗文学中最脍炙人口的段落举例，也即特洛伊城的故事。富尼瓦尔在序篇中以亚里士多德的警句"所有人生来便有对知识的渴望"开头，接着论述称，记忆作为上天赋予人类的存储库，有视觉与听觉这两扇感官之门，要抵达这两扇门，需要经过两条感官路径——描绘（诉诸目光）和描述（诉诸人耳）。作为相对更高级的智性官能，记忆守护着人的知识宝库，并

---

[*] 富尔根乌斯（Fulgentius，约467—532），鲁斯佩（Ruspe）的主教，被认为是继圣奥古斯丁之后最伟大的北非神学家。——编者注

[†] 艺格敷词（ekphrasis），是西方的一种修辞学术语，指通过丰富的辞藻描述作品的情节、人物心理及各种其他细节的修辞手法或写作手法。——编者注

"把过往如当下的现实般呈现出来"（Richard de Fournival, 1986）。当理查向不在身边的爱人倾诉时，他并用"描绘"和"描述"，令文本的感官性存在胜过了他不在爱人身边的现实。这本书试图以诉诸多种感官的方式以及有形的和听得见的存在，来替代不在场的制作者，并为其辩护。

亚里士多德的观点流传广泛，这让感官与想象力之间关系的议题在有关思维过程的讨论中脱颖而出。这在《论灵魂》和《形而上学》的讨论中尤为明显，亚里士多德在这两部著作中如此论述道："对人而言，科学与艺术源自经验……当单一的有关相似事物的普遍判断从诸多自经验中汲取的观念中脱胎而成时，艺术也就应运而生了。"（Schofield in Nussbaum 和 Rorty, 1992）这种对感官和想象力之关系的兴趣早已出现于上几个世纪的阿拉伯学者中（Harvey, 1975）。阿维森纳在对《诗学》的简短评述的开篇细致地区分了认同（修辞的目的）和想象（诗学的目的）："诗学的前提是以令想象行为而非认同感在灵魂中生发为目的的前提，无论灵魂对它的接受是什么时刻发生的。"（Black, 1989）贡迪萨林努斯（Gundisalinnus）和阿尔-法拉比（Al-Farabi）的评价也有启示意义："想象力在人类内心中的运作总是比知识或思想更为强大。"（Dahan, 1980; Domenicus Gundisalvus, 1903）在广泛流行的将感知和智识过程化约为简单结构的伪奥古斯丁尝试中也能找到类似的观点。比如，写于 12 世纪的文风明快、易于理解的《精神与灵魂之书》（Liber de spiritu et anima）便写道："当心灵想要从低层次的事物上升到高层次时，我们首先遇到的是感官，然后是想象力，接着是理性、智识与理解，而在顶端的是智慧。"（cap. XI, PL 40: 786）

这一流程在伦理学上的轨迹再清晰不过了："感官塑造并构成了想象力；想象力则同理作用于理性；理性则由此生成知识或审慎。"（PL 40：787）这一流程的重点是智慧（sapientia），人们通常将这个词的词源与味觉（sapor）联系起来，由此表明最高形态的知识与理解也暗含感官情境的痕迹。"品尝和观看"：在中古英语中，"智慧"常被定义为一种"咸味的科学"（Riehle，1981）。在所有以上谈及的模型中，想象力都是一座沟通感官与智识的桥梁；是一个关键环节，衔接起对感官数据的认知与通过逐步抽象、提炼和思维归纳所形成的理解；是从特定的观察和特定感知体验的经历到普遍化的知识的运动（Karnes，2011）。文学激发着想象力，挑战着人类评估与估测官能的能力，这意味着人们认可富于想象力的写作（抑或用中世纪时期更常见的说法就是"诗化"写作），并以一种新的严肃态度对之进行反思。

在 12 世纪和 13 世纪，人们越来越认识到诗歌构成了逻辑学的一个特殊分支。当时有这样的说法，认为诗性话语的运作方式是诉诸想象力，通过比拟的方式产生一种情感回应。诗歌生成图像，图像则通过影响听众的感官和情感，从评估官能中激发出直觉上的道德判断。作为道德准则的工具，这种情感回应比论述或演示的效果要强烈得多，因为它调动听众的心理，去模拟发生在现实生活中的选择和评估流程。这类文本的情感力量以强大且不可预估的方式作用于读者或听者的想象力。人们常常需要采取不同的分析和评判标准，因为与古典时期的庭辩修辞（forensic rhetoric）及中世纪时期与之对应的布道传统的最初公共性质相比，诗歌本质上是一种私人体验。

牛津方济各会教士中的第一位讲师罗伯特·格罗斯泰斯特

（卒于 1253 年）的古典主义和初露端倪的亚里士多德主义为我们探究文学与感官关系等议题提供了一个年代较早且有影响力的案例。格罗斯泰斯特最早是在牛津大学文科课程开始时主讲论情感作用力（affectivity）的（*De artibus liberalibus*：McEvoy, 1979、1982、1994、1995）。他对存在于理性、意志与感官间，存在于逻辑与情感，也即他所谓的智识（intellectus）或直观（aspectus）和情感（affectus）之间的心理关系进行过细致的思考，其讲课内容便提供了对这些思考的简要概述。格罗斯泰斯特的精简解释后经改写，被纳入 15 世纪中古英语文科导论中了（Grosseteste, 1912; Mooney, 1993）。据理查德·萨森恩（Richard Southern）所言，心灵洞见之所及无法超越心灵之爱之所及是格罗斯泰斯特有关情感体验之力量的思考的一项根本原则：情感的范围限制了心灵的直观。他在其《六日谈》（*Hexameron*）和对亚里士多德的《后分析篇》（*Posterior Analytics*）的评注中对这一观点加以阐述：

> 当心灵的直观或视阈仍被有形图像的混乱攻击所遮蔽时，它是无法对普遍概念进行论述的。只有当内心的感官纵欲得到净化，心灵致力于平静的思索，从而超越这一局限时，心灵的情感才能从感知印象的混沌状态中上升到这些感官印象所昭示的普遍法则的清晰状态……感官印象的攻击……让心灵从沉眠中苏醒，为它开启自身的发现之旅。
>
> （Southern, 1993）

格罗斯泰斯特用一句警句概括了以上观点——"直到理性被

感官唤醒前，它一直在沉睡。"情感在消化了感官数据后，或是渴望拥抱有吸引力的事物，或是逃离邪恶有害的事物。"三艺"*中的文法和逻辑均涉及心灵的直观凝视。但针对那些人们应逃离或适当追求的事物，修辞可以起到说服的作用。它能够激发和唤醒倦怠的困顿者，鼓舞胆战心惊者，也可以让残酷骄横者顺从。修辞是俄耳浦斯的七弦琴，其乐声使石头与树木分离，其甜美的琴音让狼与羊、狗与兔、牛与狮子归于和平。音乐的节奏以与宇宙的韵律相一致的方式感动着灵魂。音乐如此，诗歌的韵律与节奏亦是如此。正如神学的终极目的是化为智慧的知识，修辞的终极目的也可以被称为一种对情感的推动，引导人们对生命与艺术的道德议题产生参与式的和伦理上的警觉关注。

格罗斯泰斯特的文字将这些观点投入了实践中，尤其是《爱的城堡》（Chateau d'Amour，13 世纪 20—50 年代）。这是一个运用拟人手法的寓言，当中世纪时期的作者想要探究人类心理的各类范畴以及感官认知与理解的机制时，这种体裁几乎是不二选择（Akbari，2004；Grosseteste，1918；Sajavaara，1967）。格罗斯泰斯特的救赎史寓言提出，耶稣在被钉死于十字架上时所承受的痛苦和创伤，恰好体现了人类五感官各自所犯的罪恶并赎回了这五感官；这首诗在字里行间强调的是，怀疑者多马依赖的是不可靠的人类感官，而非对耶稣复活的信念，同时作者对地狱中煎熬的描

---

* "三艺"（trivium arts），即中世纪学校的文科教育重要内容"自由七艺"（Seven Liberal Arts）的前三种——"文法（grammar）、修辞（rhetoric）和逻辑（dialectic）。"自由七艺"的余下"四艺"（quadrivium arts）为算术（arithmetic）、几何（geometry）、天文（astronomy）和音乐（music）。——编者注

写也恰恰聚焦于五个外在感官。这些策略常见于中世纪的宗教写作中：盎格鲁-撒克逊地区的布道文和道德论述（Fera, 2011、2012）、《修女须知》（*Ancrene Wisse*）中的灵修沉思、盎格鲁-诺曼地区的道德化论述（Hunt 等，2010）、亨利·德·格罗斯蒙特（Henry de Grosmont）的《圣药之书》（*Livre de Seyntz Medicines*）的体系（Henry of Lancaster, 1940）、《雅各井》（*Jacob's Well*, caps. xxxix—xxxv; Brandeis, 1900），抑或沃尔特·希尔顿（Walter Hilton）在《灵程之阶》（*The Scale of Perfection*）中对新入会隐士的建议（该书中论及了最常规的概念类项，*Scale* 1. 10—11、55、78、81），以及同一位作者用拉丁语写就的《论罪的图像》（*De imagine peccati*）（Hilton, 1987）。这类论述的惯常逻辑是宣称五感官是堕落的水门，会让腐坏进入灵魂之深渊或灵魂之井，是诱惑与疾病潜入身心的窗口，只有利用忏悔的工具才能将灵魂再度解救出来（Bremmer, 1987）。

然而，感官享受富于想象的吸引力和渲染感官越界体验的文学作品所带来的愉悦却以极尽繁复的方式展现出来。但丁在《神曲》中巧妙地设置了报复刑（*contrapassi*）（例如，在《地狱篇》第五节和《炼狱篇》第一、十六及十七节中，他极富想象力地巧用感官元素）；而同时期还有描述冥间幻象和造访圣帕特里克的炼狱（St. Patriclc's Purgatory）的通俗文学题材兴起（格罗斯泰斯特也用盎格鲁-诺曼语创作过这类作品）。这些文学创作对遁入炼狱和受到诅咒者所承受的极端痛苦尤为关注，精准而有针对性地对这些体验进行细致入微的描写，刺激着读者的感受力与敏锐性（Classen, 2012）。的确，我们可以在极为多样的文学语境中找到对感官超负荷体验持续、完整的展现：从古英语文学中对荷罗孚尼（Holofernes）在谋杀朱蒂思（Judith）前摆设宴席的描写，到中古英语韵文《清洁》（*Clannesse*）中对伯沙撒（Belshazzar）与尼布甲尼撒（Nebuchadnezzar）的宴席的讲述，在这类故事中，感官体验的历程始终预示着道德的沦丧。正如《高文》诗人*在他的环环相扣的道德困境四重奏中或隐含或明确地探讨的那样，至福（beatitude）所认为的"清心的人有福了，因为他们必得见神"在中世纪感官理论中占有坚实的一席之地（Bloomfield，2011a、2011b；Whiteford，2004）。梅茨的约翰（John of Metz）那带有图解的《智慧之塔》（*Turris sapientiae*）正是用感官术语来定义何为"清心"的："行事要冷静，不可太引人注目；不可贪食酗酒；闭起你的两耳，控制你的视觉，遏制你的嗅觉，调和你的味觉，限制你的触觉。"（Carruthers 和 Ziolkowski，2002；Sandler，1983）

在第一代有机会接触到许多重要的哲学文本和译本的写作者中，罗杰·培根（约1220—约1292）是最早针对亚里士多德的某些物理学和形而上学著作发表演讲的学者之一。培根的研究以格罗斯泰斯特的情感心理学为基础，对文学文本的伦理影响和情感作用展开了持续的反思，这与同时期文学理论中兴起的潮流相一致。培根在《道德哲学》（*Moralis philosophia*）中如此形容智识：面对沉思上帝之荣耀的永恒真理所带来的和谐的愉悦，智识充耳不闻（这里他援引了阿维森纳对《形而上学》的评注）；面对真理的阳光时，智识如蝙蝠般视而不见（此处则直接语出亚里士多德）。他引

---

* 《高文》诗人（*Gawain-Poet*）指写下《高文爵士与绿衣骑士》（*Sir Gawain and the Green Knight*）一作的作者，具体姓名不详。

用阿维森纳为自己的观点做充分的论述，提出我们的情感应如一位向导或帮手一样，引领我们去追求那些在当前的堕落状态下心灵或灵魂无法品尝或感知的美味食物。情感必须保持一种参与性，又或者被吸引向这些愉悦的源头。亚里士多德在《伦理学》中宣称，道德科学仰仗修辞论述而非逻辑演示。实践性智识必须被激活、激发，方能转化为道德行动，这比激励心灵展开抽象思辨要难得多。因此，修辞劝诫在道德领域有三大功能：引人皈依信仰，促人乐施行善，助人对世事做出公正评判。要想达到这些效果，读者必须顺从、专注，有良好的本心。因此，读者必须从文本中获得感官愉悦。打动人心的艺术只需展现一次修辞手法，便可抵过一千次逻辑演示：修辞先打动灵魂，后打动实践性智识。培根援引阿尔-法拉比的教导，认为修辞劝诫是经由其情景呈现的美感而达成的。培根把这一观点运用到道德哲学的研究中去，其理论支撑源自奥古斯丁所著的《论基督教教义》（On Christian Doctrine）的第四卷，并借鉴了西塞罗所谓的演说家的职能——"教人、娱人、感人"。他还观察到，经文多处使用修辞装饰，而且这些修辞手法构成了其文本的道德效果的一部分。

在此，培根是以一位方济各会教士的身份进行论述，其目的在于把布道视为中世纪时期对修辞术的劝诫传统的承继。这种思路针对的是经文中富于诗意的篇章的道德和想象力影响，但它却愈发要求人们开始在修辞方法和诗歌方法之间进行程序上的区分。西塞罗/昆体良*传统下的观念强调演说家是一位演说技巧高超的善人，

---

* 昆体良（Quintilianus，约35—约100），古罗马时期的演说家、教育家。

而良善的存在为论述的道德提供了些许保障，这一观念构成了修辞术的基础。相比之下，诗歌文本却不遵循这一原理。不少理论家费尽心思地分析那些道德存疑、伦理立场游移不定的已故作家所写的诗歌作品，他们很快便发现，人们无法满怀信心地将如奥维德*之类的诗人称为"善人"。换言之，道德重心不得不落在读者的回应而非作者的意图上。诗学较之哲学既更富力量，也在道德上更具危险，要想论证其在道德哲学图谱中的位置，必须更为审慎。到了14世纪，在巴黎大学教授哲学的布里丹（约1292—约1358）把修辞学和诗歌从其他"道德逻辑"的分支中区分出来，因为，在这两个领域中，人们是通过操纵或投入激情来获得理解的。但布里丹又进一步基于这两者对隐喻式语言的不同用法区分了修辞与诗歌。修辞学渴望产出清晰的知识，并以语词本身的意义来加以运用。相比之下，隐喻式语言最典型的用途是对知识进行令人愉悦的掩饰，诗歌便是从这种掩饰手法及其他吸引读者情感、激发读者想象的手段延伸而来的。长久以来，虚构性和隐喻式语言一直被视为诗歌独有的特质，拉克坦提乌斯（Lactantius）在4世纪早期对诗人功用的定义如下：诗人以优雅的手段、迂回的喻体，扭转迁移那些实际发生在其他描绘中的事物。这一对诗人之用的普遍定义被许多百科全书编纂者一再重复，包括塞维利亚的依西多禄、博韦的樊尚（Vincent of Beauvais）及皮埃尔·伯苏尔（Pierre Bersuire）。对异教文本进行细致有效的读解始终要求读者对其中的文学策略保持绝对的敏感性，并理解这些文本是如何通过感官来诉诸想象力及其他内

---

* 奥维德（Ovid，公元前43—约公元17），古罗马诗人。

容，以构成与日常生活所需的感官体验和伦理辨析流程相呼应的认知途径的。

在培根生活的时代，贺拉斯的《诗艺》仍是诗歌理论的核心支柱。即便是在这类思考愈发受到亚里士多德理念与方法论影响之际，《诗艺》仍为思考诗歌的特殊作用提供了一套核心语汇。贺拉斯尤为关注诗歌如何影响、作用于听者和读者的回应，而中世纪对贺拉斯诸多解读的共通点便在于，人们越发明确地重视这一理论议题。在1250年以降的诗歌理论领域里，对贺拉斯的亚里士多德式解读和对亚里士多德的贺拉斯式解读互为补充或增补。培根亦身处这两种传统的交汇处。他在《道德哲学》的第五部分花了大量篇幅对修辞学的不同分支进行细致的剖析，其中，他论及了修辞学的一个特殊领域，并宣称，亚里士多德及其他哲学家认为其本质是"诗性"的，因为诗性真理被用来劝诫人们信服于美德的诚实。培根进一步评述称，好的诗人都希望能产出好的事物，通过打动灵魂来创造愉悦，而坏的诗人则在制造愉悦的同时没有生产出任何道德上的良善来。因此，包括奥维德及其他类似于他的作家并没有产出有利于道德忠实的作品。但他也隐晦地承认，诗歌所具有的诉诸感官及情感的作用力需要以道德目的为根基（Bacon，1953：263、255—256）。

中世纪诗艺理论的作用与职责是教导人们如何撰写诗性的论述，其对古典时期修辞学家观念的借鉴甚多。然而，相较于促进读者在感官和智性上参与到文本中去的策略，中世纪诗艺理论常常更关注另一个问题，即修饰手法和对文本效果的增进中所运用的行文技巧是否在更高层次上合乎得体原则。一般而言，上一辈理论家对文学的感官作用力——"实现力"——进行了更具颠覆性和创造力的思考（Schryvers, 1983）。譬如，昆体良在给演说家与修辞家的建议中便论述道："人们应当在驾驭情感的力量中寻觅演说术的生命与灵魂。"（*Institutio Oratoria*, 6.2.7）但他比仅仅在实用层面上用修辞伎俩来重述现有观点更进一步，把探讨的重心放在了语言吸引各种不同感官，激发想象力来令不在场的事物看起来就像在场一样——"有某些希腊人称之为'幻象'（φαντασια），而罗马人称之为灵视的经验，在这些经验中，不在场的事物在我们的想象中呈现出来，非常生动，仿佛它们确实就在我们眼前"（6.2.29）。他论述道，这些效果是文学的"实现力"的核心组成部分（6.2.32）。他在对文字修饰的探讨中评论道："倘若演说术仅仅诉诸听觉，倘若法官仅仅是觉得那些他要做出裁决所基于的事实正在向他陈述，而不是将其栩栩如生的真相展现在心眼面前，那么，演说术便没有充分发挥其效果，也没有彰显其应有的状态。"（8.3.62）他还从西塞罗等其他古典时期的作家处列举了许多鲜明案例，以证明语言能够让整个感官情境共同参与到对听众想象力的激发中去（8.3.67—9）。

一如西塞罗和昆体良，培根的旨趣也在诗歌的心理作用及听众对诗性刺激或间接或突兀的回应上。他认为，由于思辨逻辑抽象而艰涩，而人性的堕落也导致人类感知力的内在缺陷，所以，思辨逻辑对道德行为的影响力是有限的，基于这一理解，他发展出了一套对诗歌语言的感官作用的复杂且富有野心的分析（Rignani, 2006）。他针对循序渐进的感知体验和心理经验的复杂性提出了具有影响力的理论模型，并在他有关透视光学的著作中进行了概述。在这本书里，他提出，认知过程可与精神成长过程相类比，也因此与之紧密相连（Bacon, 1996; Newhauser, 2001、2010）：

> 因为［身体］视象分三种——也即仅基于感官的视象、基于知识的视象和基于三段论的视象——对人类而言，就有必要拥有三重［精神］视象。因为，仅仅通过感官，我们只能不充分地把握某些事物，比如光和色泽；而这种认知力是微弱的，只能解释这些事物是否存在，又为何物。但通过知识，我们可以理解事物的类别和它们具有的属性。通过三段论，我们可以依据12种共属可感物，来理解一切与光和色泽相关联的事物。因此，第一种认知微弱无力，第二种更趋完善，第三种则为至臻境界。精神视象亦是如此：如果人缺乏另两种认知方式，［其中一种是］在人从青年到老年的人生过程中，通过老师去认识事物——因为我们总能向那些比我们更富智慧的人学习——那么人仅用自身感官获悉的事物是非常有限的。而［如果认知仅通过感官］，我们也同样失去了第三种认知渠道，即神圣的启迪。
>
> (*Perspectiva*, 3.32; Bacon, 1996: 327—329)

就读者对修辞术和对诗学的回应而言，这两者间性质的一项显著差异便在于读者心灵的动容。培根强调，在读者从感官享受到智性评估最终形成道德判断和归类的过程中，意志与情感始终牵涉其中（Bacon, 1897—1900、1953; Massa, 1955）。崇高且得体的言辞有能力牵引灵魂去热爱良善、厌恶邪恶。

在培根的有生之年，亚里士多德所著《诗学》最具影响力的拉丁语译本是由日耳曼人赫尔曼（Herman the German）从阿威洛伊在12世纪用阿拉伯语写成的《中篇义疏》（"Middle Commentary"）转译而来的。培根从阿威洛伊对《诗学》的解读和转述中借鉴甚多（Dahan, 1980; Massa, 1953）。亚里士多德宣称，人生来便会从表征中获得愉悦，拉丁语版《诗学》中所谓的诗性"比照"（*assimilatio*）的过程便能够产生愉悦，"正因为心灵能从示例中获取愉悦，所以要想让心灵更透彻地接受教诲，就应当让教诲成为这种愉悦自然的结果"。这是因为技艺娴熟的诗人创造出"基于想象的比照"，它邀请读者去检验或判定这一比较，用自己的知识和真实经历去验证它。艺术必须效仿自然。赫尔曼的《诗学》译本融贯系统地把诗歌呈现为一种教导的工具，它巧用赫尔曼所谓的"导向想象性再现的三段论"（此处赫尔曼参照了培根颇为欣赏的阿维森纳和阿威洛伊），同时作用于读者在感性、想象力和心理三个层面上对文字的回应。赫尔曼/阿威洛伊探究的各种表征实为情感参与的不同策略。感官作为想象力的缔造者在其中扮演着关键的角色（Black, 1989、2000; Gillspie, 2005）。一如培根所理解的那样，一位对文本投注了想象力的读者更有可能从一种情感联系向格罗斯泰斯特所谓的"心灵情感"（*affectus mentis*）这一更高层次的理解移动。

培根对文学之力量的这套阐释是以诗性论述或想象性三段论的创造为核心的，这些由铿锵有力的语词组成的论述并非出自一位（像西塞罗那样的）演说家或演讲者之口，而是一类新的艺术家的杰作。培根称这类艺术家为"劝诫者"（*persuasor*）。这位所谓的劝诚者常常与理想化的方济各会布道者的形象神似，他援引范例、诗歌、想象性三段论和有力的词藻来博得听众内心的认同。的确，他的许多有关光学的观念都被利摩日的彼得用到了他的《道德之眼》（*Oculus moralis*）中，这是一本为布道者撰写的普及手册（Peter of Limoges, 2012）。但培根的"劝诫者"也预示了起码一个世纪之后出现的新趋势，墨萨多（Mussato）、但丁、彼特拉克、薄伽丘、萨卢塔蒂（Salutati）等人都将通过繁复的周旋把世俗诗人（*poeta*）重新打造成一位道德神学家。人文主义思潮对想象力和文学力量的探究对培根这一代经院神学家所提出的古典化理论借鉴甚多。但丁的许多观念和学识都源自巴黎经院派大师的晚期著作和他自己的导师布鲁内托·拉蒂尼（Brunetto Latini）的著作。众所周知，这位诗人在《神曲》这部目光独具的寓言长诗中探索了心理学和道德等议题，整部作品呈现出一种对感官情境与智性思维之间的想象性互动极为精微的理解和操弄。但丁极富创意地把来自学院、神学及道德领域有关人类心理学的新观点运用到诗歌中。他的创作在一点上体现了中世纪诗人的典型取向：其诗歌创作的轨迹更多地得益于经院哲学和神学的启迪，而非中世纪时期严格意义上的诗歌艺术；后者在探讨感官以及修辞术和诗学对感官的操纵上几无建树。

这些经院派观念很快便渗透到百科全书和主题性选集的编纂中。而当传道者和教区神职人员把他们的书本带入教区生活和为欧洲世俗宫廷与大臣官邸举办的礼拜仪式中时，这些观念旋即在学校和大学墙外流传开来。这之中最著名的当属多明我会修道士博韦的樊尚撰写的恢弘巨著《巨镜》（*Speculum*）。但譬如亚历山大·尼卡姆（Alexander Neckham）这样的人对"物性"（*de naturis rerum*）进行了更为朴素的反思，他们认为，四大元素组成了造化世界，而五感官是交错于这四大元素的一部分；此外，作为认知路径，感官也让造物的基本构成能够接触人类非物质的灵魂所具有的更高层次的感官和内在智慧（De naturis rerum, cap. clii, Neckham, 1863）。

相比之下，方济各会的英格兰人巴塞洛缪编纂于1230年前后，并由特雷维萨的约翰在1398年或1399年译为中古英语的著作《论事物特性》则更受欢迎，也更浅显易懂（Bartholomew the Englishman, 1975—1988）。这部兼收并蓄的著作收录了整本论著及知识分类法（譬如，书中一字不差地收录了格罗斯泰斯特有关色彩与光的短篇学术论著），并对躯体和灵异感官、心灵力量、脑细胞以及其他生理学、心理学、医学和道德理论展开偏狭且激烈的长篇大论（Woolgar, 2006）。巴塞洛缪在其著作的几个部分中都围绕感官展开了讨论，从生理、心理、道德和神学维度对之加以分析。在一段有关人类声音的长篇探讨中，其讨论的内容包括从言语的物理学原理（其中的分析令人想起乔叟的《声誉之堂》［House of Fame］，第211页）到俄耳浦斯传说。他的讨论涉及声音对观众的影响，在观念上已经十分接近同时期一些有关文学的情感和表演性作用的探讨，我们对此已有论述（第213页）。当论及音乐时，巴塞洛缪进一步延伸自己对声音的思考，融入了音乐的格律和节奏特征，这些特征显然也是韵文写作的内在部分（但丁在《论俗语》［De Vulgari Eloquentia］中称之为用诗歌体写就的修辞小说——第二卷；Mazzotta, 1993）。该书的最后一章借鉴了早期的圣经观点，认为数字、秩序与和谐是上帝设计宇宙所留下的典型痕迹，也因此这一章节极力强调音乐所代表的韵律上的和数字上的秩序感的重要性，盛赞音乐是感知上帝的超凡荣耀和赋予人们短暂的功绩以恰当秩序的基本工具（第1394页）。这些评述在文学领域引起共鸣，并顺理成章地延伸到了诗歌和韵文的领域中去，我们从几个案例中便可看见这些趋势。一方面，《诗篇》在当时被视为《圣经》中最具"诗性"的篇章，巴塞洛缪的评述与同时期对这些段落的情感作用的描写互为呼应；另一方面，理查·德·富尼瓦尔在其《爱的动物图鉴》中坦言自己的感官与精神为爱人的声线所迷醉，并在对蜜蜂的讨论中强调了声音与歌曲的多感官作用（Richard de Fournival, 1986）。

听觉与视觉令理查陷入对爱人美貌的惊叹中，这两种感官的力量在其他有关欲望与愉悦的寓言中也有反映，不过，其中一些作品带来了更具颠覆性也更令人震惊的影响。迪居勒维尔在对《人生的朝圣》的第二次修订中添加了一个场景，其中，朝圣者的对话人格拉斯·迪厄（Grace Dieu[*]）向他展示了圣餐，她的姓名暗示了，她给朝圣者带来的启示性知识与理解将超越做梦者寻常的感知力与智力："你的所有感官都无法教导你这不可知的奥秘之事。"（Lydgate, 1899—1904：6285—6286，约翰·利德盖特完成于15世纪初的韵文译本）她告诉朝圣者，神显与圣餐变体的奥义是如此超乎人的理解力，要想理解它，他必须将双眼换成双耳。朝圣者犹豫不决，格拉斯·迪厄为打消他的疑虑说道，只有相信听觉，他才有可能理解这一令他的其他感官都困惑不解的超越性奥秘（6297—6308）。在寻常的认知官能等级秩序中，视觉常常被视为生

---

[*] "Grace dieu" 直译为"上帝神恩"，此处从音译。

理与精神上最高级的感官；而要想正确地理解这一复杂的奥秘，只有让这一既定的秩序臣服于对上帝言辞和神圣教会的教义的忠实聆听与信仰。在这段文字中，迪居勒维尔几乎无疑是在复述托马斯·阿奎那的圣餐赞歌，在《我今虔诚朝拜》(Adoro te devote) 中，阿奎那如此鼓吹对寻常感官情境的全面颠覆：

> 你体内的视觉、触觉、味觉都被欺骗了，
> 只有听觉是不大可能出错的。
> 我相信上帝之子所说的全部；
> 这里不存在比真理之言更真切之物。

（原文为拉丁文，由 E. 卡思威尔 [E. Caswell] 翻译成英文）

迪居勒维尔的追寻之诗对《农夫皮尔斯》产生过重要影响，两部作品也有诸多相通之处。《农夫皮尔斯》中"学识夫人"(Dame Study) 对"意志"(Will) 所说的话中有一个段落被众人误解了。而夫人在其中嘲讽的或许正是阿奎那笔下这种耐心且毫不质疑的信仰所代表的乌托邦理念。和格拉斯·迪厄一样，"学识"也盛赞了对信仰的需要，并强调《未知之云》的作者 (Cloud-author) 所谓的"智慧的好奇"也需要有所限制。"学识"用一句"无需知晓超出必要以外的事物"作为引证文本，来反驳那些对人类臆测能力过于巧妙的运用（值得指出的是，这句引证本身包含的智慧意象也同样指向味觉）：

> 对所有欲以通晓全能上帝的缘由的人，

201

> 我愿他的眼睛长在屁股上，随后是他的手指。
>
> （Langland 2006：B. X. 126 - 128）

表面看来，"学识夫人"似乎是在效仿格拉斯·迪厄，建议对上帝的言辞保持一种单纯的信仰，而不带一丝探询的吹毛求疵，但很快她便拒绝聆听毫无意义的神学臆测，因为（听起来就是）"耳朵"*被手指堵住，而内心早就满足于遵从上帝的意志（B. X. 132—133）。这一段落的上下文与阿奎那和迪居勒维尔文本的意思非常接近，也与前文中拉丁语引证经文的意义非常接近。但通过一次低俗的越界反转，迪居勒维尔笔下的耳朵变成了兰格伦的臀部。这一反转表明，"学识夫人"虔敬的建议将难以满足乖张不定的"意志"和比他有过之而无不及的作者，也难被二人接受。当然，这首诗也同时在讥讽那些想要探听"上帝的私事"的人，建议他们应该做好自己的分内事。

这段话也同时是在回击野心勃勃的"意志"，后者几乎要把智识与学院思辨推崇到高于常识的地步。尽管平心静气的唯信仰论显然不被兰格伦所接受，但这首诗也在努力推进对内在感官和外在感官、感官与感性之间更为微妙的整合。或许颇具信服力的是，"学识"把这一部分诗篇论及的整个争辩作为铺垫，承接起下文中对想象作为感官与智识之间桥梁的反思。一旦"意志"受到"自然"（Kynde）的鼓舞，要通过用其感官体察大千世界来了解"自然理解力"（Kynde Witte）时（B. XI. 321—323；XII., 128—135），"想

---

* 上述引文的第二行"眼睛长在屁股上"的"屁股"一词的原文为"ers"，在发音上与"耳朵"（ear）相近。

象"（Ymaginatyf）便会在用感官获取的自然知识与用智识获得的知识之间做出区分，它还同时强调，这两种知识既取决于上帝的神恩，亦是其载体（B. XII. 64—68）。兰格伦揭示出"想象"是感官数据与智性认知之间、"自然理解力"与"教士"之间关键的神经连接点，这二者在诗人的介入下得以合作，而非处于竞争状态（B. XII. 94—96）。诚然，到了诗歌后段，格拉斯本人把感官视为与邪恶抗衡的武器，令感官获得了一定的正当性（B. XIX. 215—218）。

兰格伦的诗歌不断向完全的拟人化寓言靠拢，但这种动向又时时会在一段程式化的段落开始瓦解之际中断或撤回。诗人自身兼收并蓄、混杂不堪的想象力时常在尝试不同的寓言构思，但也时时无法满足于既有的套路，这在他用粪便的比喻来戏谑迪居勒维尔中便可见一斑。长期以来，自然哲学和道德哲学都存在复杂的等级体系，这两者又进一步隶属于神学，在对终极智慧的探索中各有其作用与意义；这些寓言式的分类法恰是诗人及其读者用来分类、分析并更细致地理解这一知识体系内部关联的有用手段。从马提阿努斯·卡佩拉（Martianus Capella）的作品到以富尔根蒂乌斯为代表的神话图景与建筑寓言传统，再到里尔的阿兰（Alain of Lille）写于 12 世纪的新柏拉图主义诗歌和中世纪评述者们对奥维德的《变形记》（Metamorphoses）绝妙的寓言化评析，这些文本都试图构建一套精心设计的系统来存储哲学和神学的基本要素，例如《玫瑰传奇》（Roman de la Rose）和乔叟的《声誉之堂》等诗歌以讽刺手法效仿之（Minnis, 2005; Spearing, 1993）。让·德·默恩（Jean de Meun）在《玫瑰传奇》中对"艺术"和"自然"之间冲突的叙述（16005—248），抑或他对梦境、灵视和想象的探讨，都是典型的亦庄严亦诙谐的文学风格（18274ff）（Badel, 1980; Huot, 1993、2010）。譬如，这些作者对"自由七艺"之一修辞的探讨，常常为反思文学在操纵感官、激发或控制听者和读者的想象与理解中扮演什么角色，提供自我反思的平台（修辞在当时是对各类文字艺术的简化通称，其中常包括诗歌、法庭诉状和公开演说）。

《智慧宫廷》(*The Court of Sapience*) 是一部大约写于爱德华四世执政时期的英语诗歌，它的出版，对后世的寓言体文学产生了影响 (Harvey, 1984)。该诗歌以高度修饰却不完整的结构呈现了一位懒散廷臣的寓言梦境之旅，这位廷臣因人生际遇的挫败获得灵感，开始在梦境中寻觅智慧。该诗歌的取材用典颇为驳杂，涵盖了字典和百科全书（尤其是依西多禄和英格兰人巴塞洛缪的著作），还有例如伯苏尔的《道德简略篇》(*Reductorium morale*) 一类的道德论著、祷告手册（包括传说出自波拿文图拉[Bonaventure]之手、颇受欢迎的耶稣生平冥思）和民间对"上帝四女"*之间的争端与最终和解的寓言式叙述。这些文字呈现的好似一间太过拥挤、装饰极尽奢华的珍宝室，而作者时时对文字描写何以作用于读者的感官与智慧保持着相当的敏锐。不论是描写"上帝四女"、基本美德，还是孔雀开屏之美，一系列威严的王韵体诗节（rime royal stanzas）都呈现出一派艺格敷词式的愉悦景象（诗节202）。但在这一华丽的博学展示和鲜明多彩的语言技巧之下，这首诗歌也有一套清晰的观念模型。其中，不同的认知与理解模式的相互关系通过智慧宫廷的精巧建筑结构体现了出来；梦中的

---

* "上帝四女"(the Four Daughters of God) 在中世纪基督教写作中是真理、正义、仁慈与和平的人格化身。

廷臣穿梭过储存着不断抽象化的知识与认知的逐步分层的围栏，里面住着一大群学者和作者。譬如，在第二座由"睿智夫人"（Dame Intelligence）负责的宫廷中，廷臣看到一幅绘制精美的、再现天堂景象的图像，天使们按照森严的等级端坐着，此外还描绘了路西法承受的地狱之苦和从光明坠入黑暗、喜悦坠入痛苦的天使。这一景象激发了一段沉思，当人们在寻求对超验真理的认识与理解时，感官与智慧或许需要让位：

> 当我们的五感官开始停止运转
> 一如每个不可见的生灵
> 那时睿智必须给我们建议——
> 我们用她来获得完善纯粹的知识；
> 当眼、鼻、耳、口和手也不再确定，
> 而它们不再能给予我们纯粹的学识
> 那我们必须奔向睿智。

（诗节 244）

文本中对语言实现视觉、听觉和味觉那难分彼此的多重感官性的能力展开了细致的探究：语言是令人愉快的，词语是令人心醉神迷的，言说会供给充分的营养，发声是明白易懂的且具有很强的启发性（诗节 271—272）。那些因"布局得当的格律"而得到褒奖的作者都是古典时期的诗人，此外还有里尔的阿兰和伯纳德·西尔维斯特里斯（Bernardus Silvestris）两位中世纪的神话家，他们笔下的艺格敷词式的寓言同样精心复杂。

《智慧宫廷》的框架颇为传统，在针对修辞和自由七艺中的其他几项的论说中，作者的观点无甚新意，这尤其是因为该作品不加甄别地借鉴其他更早问世的中世纪知识分类法。有一点或许会令人惊讶，整首诗歌对人文主义的修辞学和诗学理论没有透露出一丝兴趣。相比之下，在14世纪的意大利，这些理论则掀起了一股诗歌理论与实践的复兴浪潮。到了15世纪初，在诗歌观念上受彼特拉克与薄伽丘启发远多于乔叟的约翰·利德盖特也表现出对这些理论的兴趣。对于人文主义者而言，诗人即神学家，他们将自己称为先知般的灵视者（Greenfield, 1981; Trinkaus, 1979; Witt, 1977）。

人文主义者认为诗歌语言有其特殊力量的观点在当时受到了高度关注，而语言艺术蕴藏的多感官潜能也从英格兰寓言体文学的最后一部巨著中收获了画龙点睛的一笔。史蒂芬·霍斯（Stephen Hawes）写于16世纪初的《愉悦的消遣》（*The Pastyme of Pleasure*）将对认知模型的关注与12世纪和13世纪的作品中对诗歌调式特殊效果的兴趣结合了起来，我们便是以这些作品开篇的。此外，尤其是自彼特拉克于1341年获得桂冠头衔以来，意大利人文主义传统将诗人重新刻画为英雄和灵视者，这带来了对作者地位的神往与夸耀，在《愉悦的消遣》中亦可见一斑（Gillespie, 1997）。这种综合在霍斯对英国"三桂冠"（乔叟、高尔、利德盖特）的礼赞中臻至顶峰，这三位诗人是英语诗歌传统的保障，其地位堪比为在意大利确立了文化资本和超凡文学传统的但丁、彼特拉克和薄伽丘（Ebin, 1988）。在霍斯的寓言中，"至爱"（Graunde Amour）作为诗歌的主角向"教义之塔"（Tower of Doctrine）前行，在旅行途中，许多由珐琅彩或泥金彩绘制成的图景印入其眼帘、令其瞠目，他因此完成了一次情感教育。

　　这部作品中对"修辞"的描写非常细致（Copeland，1992）。她头戴标志着诗人不朽声名的桂冠，身处"教义之塔"里一间撒满花瓣、装饰着多面镜子的卧室（第660行），室内的熏香如此迷人，令人仿若坠入天际（第663—665行）。但这并非"修辞"本人妄自越界，因为这间蕴藏着多重感官享受的卧室里保存着一门可以到达最高形态知识的艺术。一如兼顾了诗人和神学家身份的人文主义者，霍斯的"修辞"也受到上天的启发（第669行），"至爱"则恳求品尝甘露，希望自己的舌尖可以被画上修辞之花，自己的心灵可以被灵感的束束金光照亮。霍斯在形容"修辞"时紧扣13世纪确立的认知讯息加工过程的标准模型：感官为通觉提供感知数据，想象随后对这些数据加以处理，将它们转化为幻象，并接着传递给大脑中的评估官能，最终存入记忆。但霍斯在此使用这一为人熟知的认知图式，并非把它当作对感知数据一般的加工过程和从可感物（*sensibilia*）向可知物（*intelligibilia*）的迁移过程的讨论框架。他实际上是在构想行文轨迹和预计的文学效果的同时，探究诗人本身极其专门化的思维过程。因此，对霍斯而言，一首结构完善的诗歌之所以能获得成功，并值得人们赞扬与记诵，恰恰是因为它行之有效地故意将自己与人类认知的通道对应起来；这也是为什么霍斯在这一段诗文的结尾转而为诗人及其作品辩护。这些作品不少都紧密地反映了彼特拉克及其同代人和人文主义后继者所提出的有关价值、意义与真理的主张，也同时令人回想起罗杰·培根有关诗学之力量的观点。霍斯笔下的诗人和彼特拉克、利德盖特一样是一位英雄（乔叟在此则构成反例），因为他运用自己的艺术与技巧的炼金术，刻意且经深思熟虑地提炼自己的想象，并进而将其积淀为有效（且具情感效果的）诗歌形式（第729—735行）。

在诗歌的后段，霍斯重新调转头来描述五种内在知觉，显然，他先前对修辞五部分的描述恰恰效仿了当时既定的人类认知模型：从五感官到通觉，然后循序渐进地通往想象、幻想、评估和最终的记忆（第2787—2793行）。换言之，诗歌能产生如此具有震撼力的效果是因为它精准地以人类身体的主要感知器官和认知功能为目标，并认识到这一系列认知流程对理解层层递进的影响。霍斯以一种提纲挈领的方式点明这两者间的相通性，但这些相通之处始终隐含在中世纪时期对大多数文学理论的思考里，也的确在文学领域诸多对感官情境的化用中留有痕迹。关键在于知道可以去何处寻觅其踪迹，在于有能力朝着正确的方向摸索、倾听，把那些线索嗅出来，随后才有可能享受理解正在发生的事物的智性滋味。从感官性到沉静的抽象思辨，从粗糙物质到不可言传的精神的迁移并不仅仅是神学采取的路径，诗歌中最严肃也最富野心者亦是如此。"病理学的字母表就铭刻在羊皮纸上。"（Serres，2008）

第八章

艺术与感官:中世纪时期的艺术与礼拜仪式
埃里克·帕拉佐(Eric Palazzo)

中世纪艺术史研究者最早介入感官学中是为了审视五感官在中世纪艺术中的图像志转译的不同形式。卡尔·诺登福克(Carl Nordenfalk, 1976)从多个方面探究了从中世纪早期到 15 世纪这一广泛时期的图像志中有关五感官的象征性表现,甚至还将研究拓展到了现代时期,其研究兴趣侧重于五感官图像志的寓言意义,譬如,对巴黎的克吕尼博物馆(Musée de Cluny)所藏的五件"淑女与独角兽"挂毯的研究。一些作者多以美德与罪恶的寓言为基础,勾勒中世纪艺术中感官图像志的不同面向(Lupant, 2010; Nordenfalk, 1976; Quiviger, 2010),而伊丽莎白·希尔斯(Elizabeth Sears, 1991)则检视了《诗篇》文本中的听觉维度的表达是如何为其在图像志中的转译提供基础的。最近,历史学家和艺术史学家开始对中世纪礼拜仪式中的器物及其物质性产生兴趣,尤其是开始思索进行仪式时器物是如何被激活的,这一激活过程又为神学实践带来了什么等问题。其中,赫尔伯特·凯斯勒(Herbert

Kessler, 2004）的著作为探究中世纪艺术的物质性，以及镜子的发展对视觉领域的意义（2011）等议题，开辟了崭新的路径。在拜占庭的艺术领域，比塞拉·彭切瓦（Bissera Pentcheva, 2010）开始重新评价圣像在礼拜仪式中的能动性。她的研究证明，正因为那些参与礼拜和敬拜仪式的器物具有在本质上与神圣相关联的物质性，它们才能在仪式中发挥有效的作用。与此同时，卡罗琳·拜纳姆（Carolyn Bynum, 2011）提出了一种适用于中世纪晚期膜拜对象的崭新的物质性观念（尤其以圣骨匣为代表），她强调，某些器物在礼拜仪式中的存在赋予了与仪式意义相关的神学概念一种切实的存在感。

对艺术与中世纪感官的研究也同样可以着重于探究五感官在基督教礼拜仪式中的核心位置及其神学意义（Palazzo, 2012a）。根据这一视角，仪式器物被视为仪式中的基本元素；它们的主要功能是在进行仪式时激活五感官，这样一来它们在神学意义上的各个方面都能有所实现了。这一研究方法摆脱了仪式中严格意义上的"功能主义"艺术观念，而同时不排斥仪式器物所承载的政治、社会和文化意义，尤其是通过器物所包含图像的图像志所表现出来的意义。此类物件中最具说明性的例子当属礼拜仪式中所用的书籍及其插图，譬如著名的《歌德士加福音书选集》（*Godescalc Evangelistary*，巴黎，BnF MS n. a. lat. 1203）和"秃头"查理（Charles the Bald）的礼拜仪式抄本（BnF MS lat. 1141），这些书的感官物质性在仪式进行中得到激活，仪式的使用令它们成为活生生的物（Palazzo 2010 a、b、c、d；2012a、b、c）。

歌德士加的手抄本的装饰结合了金色和紫色，这明确指向了手抄本自身感官激活过程中的意识形态和神学维度。手抄本末尾所写的诗歌的创作者歌德士加也有可能就是插图的绘制者,他解释称,手抄本纹样装饰中运用的这两种颜色指涉国王作为罗马皇帝继任者的尊贵地位。与此同时,他还称紫色就是耶稣血迹的红色,而金色则意指耶稣复活后在天堂中的荣耀,这便指出了圣餐仪式的核心神学和圣仪含义,而手抄本本身的感官维度正是通过圣餐仪式被激活的。礼拜仪式的不同阶段包括弥撒和礼拜戏剧等,这些都迫切地需要不同的器物来进行一种近乎永久的感官激发(这些器物包括书本、圣餐杯、祭碟乃至香炉),而另一些器物(譬如仪式用梳)则只在特定场合使用。尽管某些感官和仪式器物只会被间歇性激活,但这并不妨碍它们的神学意义借着礼拜仪式的某个恰当的契机,在仪式进行时的"恰当位置"上发挥其效用。这一过程与人们所认为的礼拜颂歌"捕捉声音"的方式十分接近。

我们正是从这一角度才能理解、分析仪式"戏剧"在中世纪某些基督教礼拜仪式中的出现。具体来说,那些与圣餐仪式相关的并非以礼拜仪式戏剧为形式的"剧目",它们所呈现的是一场以耶稣生平为参照的演出,其目的在于令这一生平场景"出现"在仪式中。从这一角度而言,与古典时期和中世纪时期的其他基督教仪式相比,弥撒仪式的进行是全然以参演人员精准的感官表演为基础的,这些演员在一个极其特殊的空间中运用器物、图像、手势和动态来传达这种精确的体验。尤其从加洛林时期起,包括梅茨的阿玛拉留斯(Amalarius of Metz,卒于 850 年前后)在内的神学家会在著作中对礼拜仪式进行经文释义,对教会的主要仪式展开阐释性读解；这些分析均以对感官的激发为观念基础，认为这能促成可见与不可见之间的过渡。除了阿玛拉留斯之外，中世纪礼拜仪式的评述者还有让·贝雷特（Jean Beleth，活跃于 1135—1182 年）、多伊茨的鲁珀特（Rupert of Deutz，约 1075—1129）、克雷莫纳的希嘉德（Sicard of Cremona，1155—1215）以及活跃于 13 世纪的威廉·杜兰德（William Durand）。对于这些评述者而言，仪式中的所有元素——演员、器物、场所、礼乐、着装——都承载着象征含义。这些含义与弥撒中的经文诵读及其神学意义密切相关，而所有的演出元素都是通过感官被激活的。对礼拜仪式的释义者来说，关键在于将弥撒仪式嵌入旧约所记载的仪式的"历史"连续性中去，这样便能为旧约与新约之间的协同联动添砖加瓦。因此，我们必须谨记，释义者们在弥撒仪式中尤为强调要围绕礼拜仪式展开神学建构，尤其是当占据主导地位的象征阐释强调礼拜仪式就是对圣仪现实的"二度呈现"（re-presentation）时。

在具有纪念碑性的艺术领域，有许多例证可以表明，绘制或雕刻而成的图像或多或少都是直接通过礼拜仪式的表演来激发感官的。不论是绘画还是雕塑，激活视觉与激活听觉同等重要。这主要是因为在教堂这一最为重要的礼拜仪式的舞台上，极大的图像占据的位置具有永久的特性。人们也可以参照另一个事实，即雕塑通过其物质性吸引着感官，巨幅绘画虽在物质性上稍显逊色，却也同理（Jung, 2010）。这两种艺术形式之所以能有如此效果，尤其是因为雕塑注重形式，而巨幅绘画注重色彩。对后者而言，有一个相当贴切的案例能体现巨幅绘画是如何用视觉和一定程度而言的触觉来激发感官的。位于赖兴瑙（Reichenau）的修道院中有一幅创作于 10 世纪的图像，如今已经遗失，但传世文献却留下了一段相关叙述。在献给修道院院长韦提格沃（abbot Witigowo）的《韦提格沃事迹》（Gesta Witigonis）中，一位名为普尔查特（Purchart）的僧侣诗人称，"伴着祷告声，僧侣们用自己的眼睛，享受描绘着圣母与圣子的壁画"（Sansterre, 1995）。这段文字带有强烈的文学和诗歌色彩，通过一种经由僧侣双眼完成的祷告同时描写了视觉和触觉，巨幅图像也由此在敬拜仪式中被象征性地激活了。

敬拜仪式行为中激发感官的最佳案例之一当属用情感强烈的祷告来激活十字受难雕塑和圣母圣子像的做法。这在特鲁瓦的普鲁登修斯（Prudentius of Troyes）写于 9 世纪的特鲁瓦圣徒莫赫（Saint-Maure of Troyes）传中有记载，不过有些学者对这份文献的真实性表示怀疑（Castes, 1990）。据普鲁登修斯描述，在圣莫赫连续数小时的密集祷告后，一尊十字受难像和圣子圣母像突然焕发生命，连带着产生了各种感官效果，例如十字架上耶稣的哭声，抑或上帝向圣徒交出自己的手杖时的触觉。另一个同样通过雕塑引发感官体验的案例，可以在多伊茨的鲁珀特讲述的灵视体验中找到（Boespflug, 1997），故事中鲁珀特情感丰沛的敬拜行为使得十字架上的耶稣奇迹般地低下了头。鲁珀特称，耶稣那熠熠发光的双眼表明，他接受了鲁珀特献上的亲吻，灵视体验同时激活了触觉和味觉。之后，作者讲述道，耶稣的味道留存在他口中，使他想起《诗篇》34∶8[*]的经文，文中强调，上帝的味道是甘甜的（Carruthers, 2006; Fulton, 2006）。

---

[*] 原文写作《诗篇》33∶9，似有误，应为 34∶8。

这些故事都印证了雕塑作为激活感官的触发点的重要性。在中世纪的后半段，雕塑的创作愈发以触觉为指向，在礼拜仪式剧中尤为突出。譬如，位于孔克（Conques）的著名的圣富瓦（Sainte-foy）雕像，其坚定不移的神色对前来参拜的朝圣者产生了非常强烈的影响。彼得·K. 克莱恩（Peter K. Klein, 1990）认为，罗马式的巨型雕塑有可能对观者产生过真实的影响，通过视觉激发了他们的内在情感。位于西洛斯（Silos）教堂入口处的著名的罗马式雕塑显然便是如此，这尊雕塑呈现了耶稣在复活之后触摸以马乌斯（Emmaüs）的朝圣者和多马的场景（Valdez del Alamo, 2007; Werckmeister, 1990），位于穆瓦萨克的裸体人像也是同理（Dale, 2011）。

接下来，我想陈述两个案例研究，并为一座加洛林时期著名的象牙雕塑和一份制作于12世纪末的特许状上的两幅绘画提出新的图像志解读。所有这些案例都会同时涉及"可见"和"不可见"的元素。对这些图像和文物的全新解读会探讨其物质性与感官的特殊关系，并由此对图像中所绘图像志和器物展开基本的神学阐释。在仪式表演的过程中，这些图像与器物必须经由感官得到激活，这类仪式中的一切事物都似乎是基于对不同形式的道成肉身的表达，正是圣餐仪式的圣仪性质令道成肉身得以发生。

有一件现藏于法兰克福的加洛林时期的象牙雕塑，就图像志而言，它同时反映了大格里高利作为格里高利圣事书（Gregorian sacramentary）作者的仪式权威和弥撒的仪式时刻。这件象牙雕塑展示了弥撒仪式的感官维度及其图像志表达。诚然，我们可以在雕刻的下面部分清晰地看见参加仪式的人群张着他们的嘴。一般来说，在中世纪的图像志中，尤其是在特定的仪式场景中，张着嘴的形象都不常见，也不一定表示人物在唱歌。不过，这一场景的仪式背景仍表明，那些前景中参与主持仪式的人正在唱诵《圣哉经》（Sanctus）。尽管我们听不见歌者的演唱，但我们仍可以说，因为唱诗班成员张着嘴巴，所以，在观看中，其声音的维度被激活了。也就是说，歌唱《圣哉经》所产生的听觉感知是通过视觉这另一种感官激活的。显然，仪式中的精神维度——也即圣餐仪式的神学理念——的生成得益于主持仪式人员的感官视角的激发。这并不足为奇，因为不少神学家提出，在弥撒仪式中，基督的身体具有"真实"的人类存在感，圣典礼仪中的转变便是围绕这种存在感进行的，而对这种转变的感知主要是通过视觉的力量推动的；这里的视觉既包含视觉感官，也包括人类将之转化为精神性的灵视体验的能力。基于各种原因，神学家们把眼睛和视觉看作一种特殊的器官和感官。首先，其他感官经视觉被激活；其次，在仪式中，视觉也具有令不可见变得可见的力量。换言之，人们可以"看见"圣事神学及其征兆的核心。因此，在进行仪式期间，这件象牙雕刻"不可见"的图像志及其多重的神学含义，将被主持仪式者的目光激活，从而让本质上不可见的圣餐仪式的神学理念彰显出来。象牙图像"不可见"的图像志是以可见元素本身为基础的，而这些可见元素的图像志组合暗示了这些主题的不可见性，及其交织的神学内含。

在弥撒仪式进行的过程中，唱诗团的《圣哉经》表演是在弥撒正典前的祝文之后，而圣体和酒是在随后的正式仪式中献上的。在圣餐仪式中歌声响起之时，司铎用仪典文本激发的两个"图像"或神学主题分别是庄严耶稣（Maiestas Domini）和十字受难，它们在仪典庆祝的"场所"中"真正地"存在。十字架上的耶稣之死的确是弥撒仪式中的关键主题之一，11世纪的圣事书和弥撒书中含有这一主题的插图就证明了这一点。这类插图再现的十字受难场景常与"故此，汝"（Te igitur）的祷文*配套出现，这一图文组合很快就在主持仪式者所用的仪式抄本的图像志程序中变得不可或缺了。在加洛林时期的神学家针对耶稣复活和更宽泛意义上的末世论准备的经文释义中，耶稣十字受难的主题占据着核心位置。许多中世纪神学家运用弥撒正典的文本以及尤其是"故此，汝"的开篇祷文为例证，提出将受难的耶稣固定在字母T上的再现方式实质上正是耶稣受难的"真实"图像。而当司铎用画有这类祷文图像的手抄本进行仪式时，这些图像可以让司铎用他们的心灵之眼在现实中目睹和思考十字受难的场景。

象牙雕像并没有呈现十字受难，但其存在却通过图像志表现了出来。首先，我们必须牢记，对神学家而言，"故此，汝"的祷文文本指向的便是十字受难，而我们在祭坛上那本打开的圣事书中也可读到祷文的开篇。而且，祭坛本身也暗指十字受难，因为据梅茨的阿玛拉留斯所言（1950），祭坛呈现的就是十字架。其次，通常位于祭坛上方的华盖上有两个天使，它们也被视为与十字受难主题相关。的确，这些天使与制作于公元1000年前后的梅茨的象牙雕像非常相似，这些雕像再现的正是十字受难的场景（Palazzo，2012c）。梅茨的阿玛拉留斯（1950）在其《仪典之书》（*Liber officialis*）中强调圣仪本身的不可见性，对耶稣十字受难的纪念正是

---

* 这句祷文的全文为"Te igitur, clementissime Pater, per Iesum Christum, Filium tuum, Dominum nostrum, supplices rogamus"（"故此，汝，至仁慈的圣父，我们因你的圣子，我们的主耶稣基督，恳求"）。

在圣餐仪式的瞬间完成的，参与其中的人必须用内心把这种不可见性激活。阿玛拉留斯化用奥古斯丁的《上帝之城》中的内容来支撑自己的论证，当然，法兰克福的这件象牙雕像并不能被看作对奥古斯丁思想的简单转译。

除了十字架和十字架受难之外，这件象牙雕像的图像志还暗含对"庄严耶稣"的隐形呈现。圣仪和庄严耶稣主题之间的联系之所以合理，是因为在以"这着实理所应当"（Vere Dignum）开篇的祝词的第二部分中，明确提及上帝的威严尊荣，这段祝词的内容是从以赛亚的灵视体验改编而来的（6：1—6）。我们先前已经看到，在法兰克福的象牙雕像中，歌者可能是在颂唱《圣哉经》，这首颂歌为祝词作结，标志着向弥撒正典祷告的转折。除了祝词中提及庄严耶稣主题这一明显的联系外，赫伯特·凯斯勒（Herbert Kessler，2004）还精准地指出，在一些圣事手抄本中，庄严耶稣这一主题的出现和与"故此，汝"祷文配套出现的十字受难场景，都在仪式祝圣的时刻为耶稣人性和神性的双重性提供了视觉明证。

就天使在祝圣环节扮演的角色而言，我们需要记住，在弥撒正典的一篇祷词里，上帝让天使将供奉物呈上祭坛。这篇祷词点明了天使的仪式角色，天使在这件象牙雕像中的出现也就更显得合情合理了。这些天使还参与到司铎主持的圣餐仪式的祭祀供奉中来，在这个仪式中，司铎的形象最终指向耶稣。华盖上的天使暗示出庄严耶稣的理念，这主要是因为弥撒正典的祝词文本中对之有所提及。但在这里，威严的耶稣虽不可见，却以其他形式"存在"，譬如司铎的形象和对祭坛的象征；根据中世纪释经学的解释，祭坛与耶稣有关。但最重要的是，代表耶稣的圣餐物什被放在祭坛上，静待司铎的祝圣。为支持这一假设，我们还可以把这个象牙雕像的场景与11世纪中期圣丹尼斯的圣事书中的插图联系起来（Paris, BnF MS lat. 9436, fol. 15v），这幅手抄本插图在主题上呼应弥撒正典，描绘了被天使和炽天使（seraphim）环绕着的威严的上帝，而该图的下半部分则呈现了一座礼拜堂，堂中有一座立有十字架的祭坛。圣丹尼斯的圣事书中的插图印证了庄严耶稣图像和祭坛图像在弥撒正典语境中可能有关联。法兰克福的象牙雕像所呈现的图像志也对这一紧密联系有相同的理念。

法兰克福的象牙雕像发展出来的图像志中包含的某些元素更为强烈地表明了这一联系。举例而言，参加仪式的人群围成一圈的阵势，与不少呈现加洛林时期君主登基时被神职人员和士兵环绕的图像相当接近。即便这圈表演《圣哉经》的歌者或可被视为对弥撒仪典规程描述的视觉转译，但我在这一细节中还发现了设计者的另一层意愿，那便是暗示不可见的庄严耶稣，并借由崇拜加洛林君主和膜拜耶稣的相通之处，把整个场景表现为一次神显（theophany）。倘若人们接受这样的观点，认为象牙雕像的图像志除了再现礼拜仪式之外，也可能曲折迂回地暗示了十字受难和庄严耶稣的主题，那么司铎面向人群这一与仪式表演要求他"背对信众"（*versus ad populum*）相冲突的姿态也就可以解释了。的确，庄严耶稣的象征令观者得以静观荣耀中的上帝的面容。法兰克福象牙雕像中主持仪式的司铎采取的正是这一姿态，这使得主持仪式的司铎和庄严耶稣之间的相似变得切实可感，也令神显在弥撒仪式的祝圣环节中变得真实可见。

因此，这一象牙雕像绝不仅仅只是象征大格里高利的仪式权威,并以此来支持加洛林时期的仪式改革,它的意义远远超出这一历史讯息。它惊人地印证着当时有关仪式和神学的视觉话语究竟有多丰富。在法兰克福的象牙雕像上,以圣餐为核心的神学话语呈现出极为复杂的形态。在这一超乎寻常的图像中,耶稣以多种方式被呈现出来,但其最重要的形态则是司铎正在祝圣的圣餐物什,以及在某种程度上在许多早期中世纪神学家看来即代表耶稣的圣事手抄本。我们还会注意到,圣餐杯和圣饼盘被放在一本打开的书(也即圣事书)和一本闭合的书之间(我们无法将后者解释为福音书的抄本)。这两本书之间的视觉互动勾勒出了圣餐物什——也即耶稣,这表明艺术家对"展示"启示这一理念的兴趣。换言之,我认为,祭坛上闭合的书本必须与启示这一主题联系起来理解,因为圣餐和被祝圣的物什都指向启示,同时,那本翻开到"故此,汝"祝词页的圣事书用文字令神显的启示真切可感,而位于一旁的那本闭合的书则对之进行了补充。

法兰克福的象牙雕像展示了启示是如何经圣餐仪式变得"可见",并因主持仪式者的感官激发而变得"真实存在"的。在这个案例中,主持仪式者在仪式进行时对视觉感官的激发也刺激着其他感官来共同完成整个礼拜仪式,其中包括歌者演唱仪典颂歌所暗示出的声音维度。这幅图像本身便是一次持续不断的神显,正是仪式表演激活了感官界,才使之成为可能。因此,这件作品成了某种对弥撒仪式中的启示时刻的永久期待与生动写照。

加泰罗尼亚地区的卡尼古山的圣马丁(Saint-Martin-du-Canigou)本笃会修道院有一个长 49 厘米、宽 20 厘米的单张羊皮纸档案簿,现藏于巴黎美术学院图书馆内的让·马松收藏系列(Jean Masson collection），抄本编号为 MS 38。这份档案簿究竟原本就是单张记录，还是一份完整簿册的卷首页，如今不得而知。在羊皮纸顶端是一幅由两部分组成的彩图；图下方的特许状是关于一个为纪念尼古山修道院的主保圣人圣马丁而建立的虔敬兄弟会的内容，其建会日是 1195 年的复活节。帕特丽莎·史蒂纳曼（Patricia Stirnemann, 1993）认为该文件的时间在 1200 年前后。特许状中提及的兄弟会成员包括僧侣和平信徒，他们自掏腰包，小心翼翼地维持祭坛前的一盏油灯日夜长明。在圣马丁节上，兄弟会成员会捐出两便士，用于教堂中的照明。特许状中罗列的其他职责指明，掌管礼拜堂的司铎需要每周主持一场弥撒，让逝去会员的灵魂安息，为仍活着的会员祈福（我们将看到，在对"礼拜堂"［*capella*］的具体指认方面问题重重）。这场弥撒将在教堂（文中的用词是"*ecclesia*"）的祭坛上举行，而这里的"教堂"和前文提及的"礼拜堂"可能不是同一个建筑空间。特许状中还有文字声明，兄弟会成员可以要求葬在修道院的墓地里，而会中其他成员将出席葬礼。

在一份性质上与仪式不相关的抄本中表现仪式图像志的感官维度，这之中的复杂性和丰富性都由这张配图特许状展现出来了。档案簿上的彩图被分为两个部分：上半部分的"庄严耶稣"图像呈现为端坐在宝座上的耶稣，他右手呈祈福状，左手拿着一本书。他置身于一个圆形光环中，光环的背景为蓝色，且缀有星形图案。整个构图分为四个或红色或棕色的部分，分别呈现了四福音圣徒的对应象征符号，而光环在构图的中心位置。在耶稣尊容的两边，我们能看到圣母和圣马丁威严高大的形象。两人的手势相同，各自用一只手指向彩图下半部分中的一个场景，用另一只手为我们指明耶稣的

第八章　艺术与感官：中世纪时期的艺术与礼拜仪式

形象。该图下半部分描绘的仪式也映衬在一片彩色横条组成的背景里，这让人得以在两个图像之间建立起形式和装饰上的联系——上半部分展示了一次神显，而在耶稣的脚边正在进行一场仪式庆典。史蒂纳曼在描写这一场景时提示道，我们眼前所见的是对教堂中弥撒仪式的再现，面对着一座靠墙而立的祭坛的司铎正在使用熏香的瞬间被定格了下来。祭坛前的墙面顶端有一个穹顶一样的结构，穹顶后方或许就是卡尼古山的圣马丁修道院的钟楼。或如勒霍凯（Leroquais）所言，这一场景的具体方位是卡尼古山的圣马丁修道院的礼拜堂，或是这座加泰罗尼亚修道院里建于11世纪初期的下层教堂。然而，该档案簿的这一考古学意义上的图像并非完全精确，因此，我们也不必认为这幅图像表现的是发生于这一特定建筑空间的礼拜仪式场景，尤其是因为特许状文字中同时提及了一间礼拜堂和一座教堂，其对建筑空间的指涉是悬而未决的。据勒霍凯和史蒂纳曼所言，司铎正在用香熏祭坛上的祭品，我们可以在祭坛上看见一只圣餐杯、一块圣饼（抑或有艺术效果的祭碟?）和一个十字架。司铎身后的空间类似于教堂中殿，殿中有男女共计七人。他们的目光都一齐投向祭坛旁正在发生的事情，其中有几人的手势也指向同一方向。位于这组人物之首的是一位手捧垂纱的女士，她整体呈跪拜的姿势。一根立柱将唱诗席和中殿区分开来，在跪地的女人和立柱之间，有两根垂在链条上的蜡烛。在位于最右侧的人的头顶有两只铃铛。垂挂在祭坛上和中殿里的帘布也为表现这一仪式增添了特定的细节。穹顶上的帘布可能已被拉开。

在对这些绘画图像的分析中，史蒂纳曼强调一些与特许状直接相关的细节的重要性，尤其是吊灯和铃铛。铃铛可能与纪念已故兄

221

弟会成员的礼拜仪式有关，而中殿中的平信徒则可与所提及的要让教堂中灯盏长明的职责联系起来。史蒂纳曼恰如其分地指出，这组人物中女性占据重要位置，尽管特许状的文本并未提及兄弟会中的女性。她推测道，她们可能是被赐予神圣属性的女性——也即修女——她们负责为圣餐庆典制作圣饼。倘若可以认为这个场景描绘的是为祭品和祭坛熏香的瞬间，那么我们也可以认为那个女人手捧垂纱的姿态是一个提示，提醒我们正在发生的是圣餐祝圣环节前的供奉仪式。从某种角度而言，这是对的，但一如我在别处论证的那样，人们描绘此类场景，并不仅仅是为了展示某些仪式中的特定瞬间。史蒂纳曼的研究充分地强调了实物在这一图像志中的重要性，这不仅是因为特许状中提及了蜡烛在兄弟会成立之初的角色，还因为有关档案簿上半部分的图像志可能很重要，其作为装饰的一部分也许曾经用在卡尼古山的圣马丁的教堂唱诗席上。

现在让我们一起来探究在图像下半部分的场景布局中是如何激发感官，从而开启仪式的感官维度的；这一过程又如何实现在上半部分的神显场景中呈现出的那种真正的神学意图？如上文所言，这幅图像不一定是对一场"真实发生"的弥撒或其中一个特定瞬间的呈现，尽管图像对礼拜仪式中的具体元素都有所体现这一点非常重要。五感官中的听觉、嗅觉和视觉在多个细节中得到凸显。就这一点而言，我想指出，这个场景综合了弥撒庆典的多个瞬间或面向。要想理解这幅图像如何诉诸观者的五感官中的三个，我们首先要提及的是，熏香的姿态指向嗅觉。这部分图像志与特许状并无直接联系，后者主要强调光与声音。视觉的激发还得益于多样的母题和图像志细节，例如教堂中人物的眼神，或是华盖上和贯穿中殿的帘幕，这些帘幕或许在让人"观看"仪式和营造灵视场景被揭开的圣仪效果上发挥了不小的作用。艺术家显然想强调仪式的感官维度，也强调了为达到圣仪效果需激活感官。我们还要注意到，该图像对仪式多重感官的呈现平衡了听觉、嗅觉和视觉。画家在构建整幅作品的图像志时寻求对多重感官效果的表现，也正是因为画面具有这种感官多重性，要想确定画面呈现的是仪式的哪个确切瞬间，反而变得徒劳无益。熏香的姿态积极主动地营造出一种圣仪效果，其他感官（即听觉和视觉）也被相应地激活，并在互动中制造出礼拜仪式的多重感官效果。创作这幅画的艺术家更感兴趣的似乎正是凸显这一姿态及其感官维度。

我们无法确凿断言，祭坛前的司铎究竟是否是在完成祝圣前为供奉品熏香的环节。但手捧垂纱的跪地女子或许就是对献敬仪式的视觉指涉和暗示。在罗马教廷的弥撒仪式中，为祭坛熏香的环节是在供奉之后进行的，由司铎完成，助祭会继续同一个动作，并用香熏司铎。这进一步证实，图像中的仪式场景并非对仪式特定时刻的忠实复刻。在这幅图像中，香和香炉是由司铎而非助祭掌握，这表明该场景与圣餐仪的神学理论，以及弥撒中熏香及其功用的释经学阐释密切相关。在中世纪早期的仪式图像中，当画家选择让司铎面向祭坛时，图像一般表现的是祝圣的瞬间。然而，我们在此探究的图像却并非如此，事实上，熏香的动作常常是由庄严耶稣母题中的天使完成的。

在中世纪礼拜仪式中的经文阐释里，香炉始终是耶稣的象征喻体，从梅茨的阿玛拉留斯写于9世纪的《仪典之书》（1950）到威廉·杜兰德写于13世纪的《圣仪论》（*Rationale divinorum officiorum*）

都是如此。我把图像下半部分中司铎用香熏祭坛和祭品的图像志视为对仪式中那些"被掩饰"却即将"揭开面纱"之物的呈现：换言之，这与《启示录》8：3在开启第七封印时所描述的摇香炉的天使异曲同工。在释经学文献中，《启示录》8：3和6：9—11之间的相似性很易察觉。由此可推论，《启示录》8中摇香炉的天使除了可以读解为耶稣令自己的香气扬升至上帝那里之外，还可以与《启示录》6中耶稣用香熏承载殉道者灵魂的情节联系起来。尽管严格而言，这幅来自卡尼古山的圣马丁的图像并没有再现天启的场面，但我仍建议把司铎用香熏祭坛的形象看作对《启示录》6和8的压缩暗示。因为在祭坛前熏香的司铎首先是对耶稣的喻指，从"耶稣"手执的香炉中散溢的甜美熏香仿佛是一路在特许状上攀升，直至位于图像上半部分的"庄严耶稣"那里。要进一步证实这一论述，我们还可以援引12世纪以降的释经学文献，当时对《启示录》8：3中的天使的阐释常会联系弥撒正典所用祷文《我们谦卑地恳求您》(Supplices te rogamus)中提及的祭祀天使，这段祷文把摇香炉的天使的主题放在施行圣餐礼拜仪式的情境中，和特许状上的图像逻辑一致。我还要以《诗篇》141：2[*]的重要性作为佐证，这句话在礼拜仪式中的用途是众所周知的——"愿我的祷告如香陈列在你面前；愿我举手祈求，如献晚祭。"以上提及的所有经文阐释的元素都清晰地指出，在司铎做出熏香姿态、嗅觉得到激活的瞬间，气味甜美的香气有能力创造出庄严耶稣的灵视体验，并指向神显的意义。

---

[*] 原文写作《诗篇》140：2，似有误，应为141：2。

第八章　艺术与感官：中世纪时期的艺术与礼拜仪式

在诸多《诗篇》的插图中，我们可以拿卡尼古山的圣马丁的档案簿图像与法国国家图书馆抄本编号为 MS lat. 2508 的手抄本第 2 页背面的图像相比较；后者制作于 12 世纪的意大利，并收录了阿斯蒂的奥多（Odo of Asti）对《诗篇》的评述。在这幅卷首插图中，我们可以看到庄严耶稣的形象，以及位于下半部分的大卫的形象，但就本文而言，更值得注意的是正在用香熏祭坛的亚伦（或摩西）和麦基洗德（Melchizedek）。

显然，这两幅图像的图像志程序非常相近。构图的下半部分都出现了用香熏祭坛的动作，加泰罗尼亚档案簿中的执行者是对应耶稣的司铎，而在《诗篇》评述本中负责熏香的则是旧约中的两位大司铎。此外，这一熏香场景也靠近图像上半部分的庄严耶稣形象，仿佛正是在用视觉手段暗示《诗篇》141∶2[*]的含义。描绘这一图像志程序的画家明显想要强调熏香的神学功用所产生的效果，以及其在圣餐仪式中对感官的激发。换言之，两幅图像都强调熏香是导致神显真正的灵视体验——也即庄严耶稣的形象——的一个因素。

要想进一步推进这番假设，可以参考大格里高利《对话录》（*Dialogues*）中的一段文字。在文中，祭坛上的香气直接与神显的视觉体验联系在了一起。在这里，大格里高利描写了奎里纳莱山（Quirinal）上一座教堂的献堂典礼上发生的事件。当信众以上帝之名进行礼拜仪式时，教堂因为一只猪的出现和它身上的恶臭遭到亵渎。但上帝通过展示神显本身的甜美香气净化了这一圣地。如大格里高利所解释的那样：

---

[*]　此处原文也写作《诗篇》140∶2，似有误，应为 141∶2。

225

> 几天之后，天清气朗，一团云从天而降，落到这座教堂的祭坛上，如一块薄纱一般笼罩祭坛，整座教堂充满了一种极为恐惧的气氛，一股甜美无比的香气缭绕其间，即便大门敞开，也没人敢走进殿中，司铎和守卫，以及前来参与弥撒仪式的人们，都看到了这一切，但不敢上前来，他们共同呼吸着这甜美的神奇芳香。
>
> （《对话录》，第 3 章第 30 节）

即便这段文字并未直接提及神显本身，但在我看来，那团从天而降、笼罩祭坛的云无疑代表了上帝的显灵，同时其香甜的气味净化了教堂。由此推想，我们现在可以将庄严耶稣图像与那股既来自神圣又与弥撒仪式中的熏香紧密相连的气味联系起来。倘若我们考虑到耶稣和熏香，以及耶稣和司铎的关联，那么包括司铎用香熏祭坛等动作在内的弥撒仪式所揭示的庄严耶稣的神显体验，便可被理解为一种对祝圣环节的希冀和预期，因为在祝圣环节里，耶稣是以两种圣餐食物的形态真实存在的。圣马丁档案簿的这幅彩绘图的双重构图不仅暗示出这样的观念，更清晰地将其展示了出来。

最后，让我们来描述这幅绘画图像志研究中的最后一个内容：在图像上半部分的神显场景中，圣马丁与耶稣一同出现，而这可能与下半部分图像志中所反映的礼拜—神学主题有关，尤其是如果我们考虑到熏香对感官的激活作用，及其与听觉和视觉等其他感官的多重关系。图像中呈现的圣马丁位于圆形光环的左侧。这座加泰罗尼亚修道院即敬献于他的，而特许状中也提及为这位圣徒举办的弥撒庆典，在庆典上，修会成员会在教堂中点长明灯，这些证据都令这一构图安排变得合情合理。但或许，在圣马丁和仪式中晃动香炉制造出的、激发嗅觉的香气之间，还有更进一步的联系。众所周知，基督教圣徒因其美德的香气能产生一种"圣人体香"。圣马丁也不例外。不论是苏比西乌斯·塞维鲁（Sulpicius Severus）撰写的圣马丁生平，还是图尔的格里高利描述朝圣者前往图尔大教堂一睹圣徒墓棺的段落，都提及这位圣徒在身前和死后所散发的体香。在我看来，其中最富创意的故事讲述的是圣马丁用一只香炉所完成的神迹。据图尔的格里高利（1974）所述，在546—552年间任图尔主教的保蒂努斯（Baudinus）为免遭海难而下跪祈愿，恳请圣马丁相救。接着，一阵香甜的气味突然笼罩船只，仿佛某个人正在晃动香炉，人们甚至可以闻到熏香的气味。这一神迹故事清晰展示了圣徒的出现与香甜气味之间的联系，也体现了这种气味凌驾于自然力量之上的神力。但同时，如果联系故事中占主导地位的熏香的姿态，我们也可以提出另一种可能，神迹故事中的圣马丁实际上在"效仿"一种仪式行为。我们不能确定图尔的格里高利的这则故事是否为修道院中的修士及特许状中提及的兄弟会会员所熟知。但是，一方面圣马丁出现在耶稣身旁，靠近庄严耶稣图像，而图像下半部分中的司铎（他同时也喻指耶稣）晃动香炉、产生香气，进而激活嗅觉的过程令这一神显异象成为可能；另一方面，这则故事讲述的是圣徒的神迹和他用香炉产生的"香甜气味"。图像与故事间的关系引人深思。

鉴于圣马丁可以用香炉制造出香甜的气味，我们是否可以相应地把礼拜仪式（这之中也包括用启示中的天使暗喻耶稣的情况）和这位圣徒联系起来呢？要想支持这一联系，我们需记住，特许状中指出，兄弟会每周都要为逝去的成员举办超度灵魂的弥撒仪式，每周的仪式都必须持续点灯；此外，每一位成员去世后都埋葬于修道院的墓地中，教会同样需要进行特殊的墓葬时辰仪式（第三十日颂祷［trentals］)，并在仪式上点灯。特许状对墓葬情况的强调暗示出，档案簿上的图像可能指向祭坛前提着香炉的天使，以及祭坛下方殉道者的灵魂等主题（《启示录》6 和 8），以此在殉道者和圣马丁修会已故成员之间建立起联系。一如格里高利《对话录》中的故事所讲述的，此处显圣时刻的芳香是与光芒相互补充的。在格里高利的叙述中，云团降临祭坛的神迹过后，教堂里的灯盏反复"被上帝送来的光芒"点亮，这也就意味着，"这个场所已然从黑暗转向光明"(《对话录》，第 3 章第 30 节）。不论是卡尼古山的圣马丁的档案簿图像，还是建堂特许状，都在进行仪式时摇晃香炉所制造的具有显圣效应的香气和兄弟会成员准备的长明灯之间建立了类似的联系。从某种角度而言，档案簿下半部分中殿场景里悬挂的蜡烛，不仅可以通过特许状中提及蜡烛这一点得到解释，还可以通过其指向的光及其与熏香气味之间的联系得到印证。最后，我们还可以认为，兄弟会成员在庆典空间中出现，实际代表了《哥林多后书》2∶15 中提及的那些透着基督馨香之气的人[*]。这段文字可被视为启发有关这幅图像的图像志的核心文献之一。

总之，我认为，除了这幅图像所呈现的场景与"特许状"之间的联系外，我们看到的这幅图像还借助于仪式上激发感官的效果（可以想到画中的帘幕），揭示了圣仪神学中的某些核心要素。这

---

[*]《哥多林后书》2∶15:"因为我们在神面前，无论在得救的人身上，或灭亡的人身上，都有基督馨香之气。"

一揭示神圣存在的过程在本质上涵盖多个感官，并以嗅觉为主要的聚焦点，同时让声音（铃铛）和视觉（神显的异象）与之互动。整个过程不仅以圣餐祝圣的环节为始，还受到香炉的使用和《诗篇》141[*]中提及的攀升至上帝那里的熏香气味所驱动。教堂中的弟兄（和姐妹）注视着进行圣仪的场所，可见其视觉也被激活了。他们是"基督馨香之气"的化身（《哥林多后书》2∶15），也是上帝甜美气味的切实体现。可以说，礼拜仪式的进行导致了感官的激活，在这一过程中，感官的互动产生了牵涉多个感官的复杂效应，神显的灵视体验由此而生。最后，我想指出，这幅图像并不是收录在一本仪式用的手抄本中的，这一类抄本通常在举行仪式过程中使用。就卡尼古山的档案簿而言，画家选择展示的是，仪式器具是如何在仪式中被激活，以产生一种感官维度和神学效果的。正是因此，档案簿图像中司铎使用熏香的动作，才能让耶稣本人在教堂进行仪式的时刻现身。

---

[*] 原文写作《诗篇》140，似有误，应为141。

第九章

感官媒介：从声音到寂静、从视觉到洞见
希尔德嘉德·伊丽莎白·凯勒（Hildegard Elisabeth Keller）

纵观中世纪时期，尤其是中世纪早期，不仅存在先于印刷术的文学，还存在先于书面文字的文学。在欧洲历史相当长的一段时间内，中世纪标志着口头文化和书面文化之间漫长交替期中的一个阶段。口头文学有一个显著特征，以文本为载体的文化完全是通过身体表达出来的，尤其是由中世纪时期被视为"嘴巴的感官"之一——人类的嗓音——表达的（Woolgar, 2006：84 ff.）。

这种诚然是颇为简化的观点不仅把人体、手势和说话的声音视为交流的首要媒介，更认为这是与书面文字媒介相对立的独一无二的媒介。如下文所述，识字的文化群体运用书本这一效力非凡的物件（这些书本常常是闭合的！）来面对近乎或彻底不识字的听众，感官史为我们提供了许多此类的生动案例。在这些情境中，对文本的构想无法脱离赋予它们生命的演唱者和表演者，现代意义上的文学在当时更是如此（Reichl, 2011）。事实上，具体化的叙事声音常常会在手抄本中得到视觉呈现，从西班牙制作的献给圣母的圣歌集

(Prado-Vilar, 2011) 到德国的叙事体、说教体抄本, 再到法律文献 (Starkey 和 Wenzel, 2005), 体裁相当驳杂。

鉴于中世纪时期互相冲突的不同文化采取的立场, 如何强调对我们所谓的"文学"的具身体验都不为过, 所有的感官也都牵涉其中。在口头文化和书面文化碰撞的过程中, 可以列举两个为人称道的历史片段作为生动的实例, 它们分别出现在中世纪初期的 6 世纪和末期的 16 世纪。第一个片段是在英格兰西南部, 那是盎格鲁-撒克逊人的故乡; 第二个片段是在图皮南巴（Tupinambá）部落生活的巴西沿海一带。解释这两个事件都可以以口头演绎与书写（或印刷）文本这两极为参照, 而中世纪时期也为这两极之间数不尽的交叉与组合提供了生动的案例。在当时发生的诸多变化中有一种最富意味: 原初的感官情境被转化为其他媒介, 这些媒介中包含了对身体和声音复杂且具自我意识的呈现。

在赛尼特（Thanet）的奥古斯丁

比德在其《英吉利教会史》(*Historia ecclesiastica gentis Anglorum*, Bede, 1969: 第 1 卷) 中叙述道, 基督教在 597 年从赛尼特海滩再度传入英国, 这得益于坎特伯雷的奥古斯丁和其他 40 来人, 其中包括"遵从教皇圣格里高利指令前来的法兰克翻译"（I. 23）, 这似乎与一种文化的巫术传统有关, 这种文化对作为观众的盎格鲁-撒克逊人来说是陌生的。在比德的讲述中, 奥古斯丁首先需要有人说服他相信这次传教的意义:"鉴于一行人可能会被英吉利人接纳, 奥古斯丁被预先委任为神圣主教, 他谦卑地恳请圣格里高利, 不让他们这一行人展开如此危险、辛劳且充满不确定性的旅程。"

（I. 23）在被教皇说服后，奥古斯丁和他的同行队伍是如此执行他们的计划的：

> 数日之后，国王来到岛上，坐在户外，命令把奥古斯丁和他的同伴带到他面前。他先前已经做好预防措施，不让这一行人在屋内接近他，因为根据一种古老的迷信观念，倘若他们施以巫术，国王会受到他们的牵制，而无法脱身。但这一行人是带着神圣的而非巫术的力量前来的，他们手持银十字架作为旗帜，同时举着一张画在纸板上的我们的救世主耶稣的圣像；此外，他们边念诵祷文，边向我主祈祷，祈求自己和他们为之前来的人们能得到永恒的救赎。当他们应国王的要求坐下，并向他和在场的随从传授生命之道时，国王如此回答道："你们的言辞与承诺都颇为动人，但鉴于这对我们来说还很陌生且充满了不确定性，我无法认可，乃至摒弃我和整个英吉利国家长期以来所遵从的事物。但看在你们远道而来，而且就我看来，你们是迫切地想要传授给我们那些你们自认为是真理且极富益处的东西，所以，我们不会骚扰你们，而是会为你们提供悉心的招待，并努力供应生活所需；我们亦不会禁止你们布道，或不允许你们为自己的宗教争取尽可能的支持。"
>
> 相应地，国王允许他们居住在坎特伯雷这一他统治下的大都会里，同时，为兑现承诺，除却生活所需，他也没有剥夺他们布道的自由。据称，当他们以自己的方式一路向城市进发，手举神圣的十字架和我们至高无上的君王与主人——耶稣——的圣像时，他们齐声念诵了这样一段祷文："噢，主呵，我们恳

求您，用全部的慈悲，让这座城市、这间神圣的屋宇，可以远离您的愤懑与暴怒，因为我们皆为罪人。哈利路亚。"

(I. 25)

比德把盎格鲁-撒克逊人与基督徒之间的交锋描述为文化间的碰撞：一边是扎根于地中海，隶属拉丁语文化，且有文字基础的都市社会；另一边是一个仍有部分未定居且有大量不识字人口的区域，以书籍和圣像为代表的拟人形象对后者而言可谓是天外来物。比德的描述捕捉到的不仅是一个新的宗教体系进入大不列颠群岛的情况，还有对该文化而言相当陌生的新媒介的进入情况，这种媒介借助一系列感官渠道传达上帝的存在，同时将场景化为露天教堂。奥古斯丁一行人所进行的仪式包含丰富的视觉和嗅觉体验，譬如游行队伍的行动、瑰丽的织物和熏香，也包括念诵祷文的听觉感受，这一仪式在加洛林时期的修道院和教堂中相当重要，可以让人达到与上帝合一的境界。中世纪早期的声乐表演并不是现代意义上的作曲，而是一种与宇宙论相呼应的实践。歌唱让僧侣得以与天使的歌声交相辉映，由此他们便能加入天使对上帝永恒的赞颂中去。与这一信念相通的是另一个观念，修道院中唱诵的祷文曲调事实上是由天使传授于人的（Burnett, 2004; Walter, 1991）。

因此，感官经验的某些方面被赋予了超越躯体局限、将灵魂带入感官知觉外更宽广世界的力量。感官为之提供了垫脚石，却并非其最终目的。尽管这对我们来说或许难以想象，但奥古斯丁随身携带的书，尤其是配有华丽封套的福音书，能够在尚未打开的情况下铿锵有力地向听众"诉说"（Rainer, 2011; Steenbock, 1965）。贯穿整个中世纪乃至之后的历史时期的是这样一种观点，文本和书籍是具有法力的物件，触摸它们便可医治疾病（Waston，2008）。大部分中世纪艺术面对的都是不识字的观众，对他们来说，一个异质物件所引发的惊奇与敬畏的体验，即在邀请和敦促他们去理解。难怪奥古斯丁完成了让不列颠人皈依基督教这一家喻户晓的壮举。

图皮南巴人中的汉斯·斯塔登（Hans Staden）

作为一名面对盎格鲁-撒克逊人的传教士，奥古斯丁对待传教工作的态度颇为勉强。身为德国火枪兵的汉斯·斯塔登（1525—1576）则与之不同，他来自黑森（Hessen），并无意将基督教传到巴西海岸的图皮南巴部落中去。但与奥古斯丁主教一样，他的旅途让他与一种完全陌生的文化面对面。在1548—1555年间，他多次参与西班牙和葡萄牙组织的南美海岸线勘查活动，并因此成为巴西的图皮南巴人的阶下囚，相传，这是个食人部落。斯塔登讲述道，他从1554年1—10月被囚禁在圣维森特（São Vicente）和后来建立起里约热内卢的海湾之间的海岸上。斯塔登曾目睹其他几位欧洲人最终葬身烤火架的情形，相比之下，他能够存活下来完全是靠运气和一系列诡计。他拥有治愈者和天气预言家的技能和权威，因此得以逃脱被烤和被囚禁的命运。几位同行的欧洲人以与他有共同的宗亲纽带为托词将他解救了出来（Staden，2007：I—LXVI、2008：XV—CIV；Duffy 和 Metcalf，2011）。

斯塔登逃脱食人族的囚禁，一路逃回欧洲的故事自然是惊心动魄，他描述的图皮南巴的食人仪式的仪式秩序同样令人震惊。他对该族文化和自然生活环境的观察充满了视觉、听觉和触觉感知的细节，足以写成一个惊人乃至轰动的故事。毫无疑问，斯塔登多年来一直靠这广为流传的惊险奇遇为生，几乎可以确定的是，在回归家乡马尔堡（Marburg）的漫长旅途中的不同地方，他都是以此为生的。不过，只有在故事被印刷定格为白纸黑字之后，其影响力才真正被确立起来，甚至可以说是获得了质的飞跃。在安德雷亚·科尔贝（Andreas Kolbe）于1557年出版斯塔登的冒险经历之后，他的故事传遍了世界各地。这位归乡的探险家是幸运的，他不仅得以用手写日记的形式传播自己的经历（同时期的其他探险家也是如此），还能借助当时相对新兴的印刷媒介，后者提供的传递信息的全新可能可以说是极具颠覆性的。这个印刷版本收录了权威性的附文文本，包括斯塔登致黑森的伯爵领主（Landgrave of Hesse）腓力一世的献词（写于1556年6月20日的沃尔夫哈根［Wolfthayen］），以及被斯塔登称为其父亲友人的医生约翰内斯·德吕安德尔（Johannes Dryander）撰写的序言（写于1556年12月21日的马尔堡）。此外，1557年出版的版本还印有一系列根据斯塔登本人的指示所完成的木刻版画插图，这令整个故事更加有声有色。

这里的关键不仅在于斯塔登讲述了什么（譬如，图文再现的食人行为），还在于这个故事是如何借由大众传媒史上最为有力的媒介之一得到传播的。对斯塔登的读者而言，他的经历曾经引发的各种问题，不论在文化和地理意义上，还是从故事传播所仰赖的媒介来看，都属于临界性问题。欧洲人与囚禁他们的人之间的交流在当时因深刻的语言障碍极不顺畅。双方都被迫调动起自己运用和理解非语言的信息传递手段的能力。斯塔登的写作发生在一个时代的终端，也触及当时人类知识的边界，他描写了一系列偶然令他侥幸获救的感官印象与经历。在发表之后，他将这种异质性传达给许多从未见识过家乡外的世界的同代人。因此，斯塔登的故事可以让我们更好地切入现代阐释者面对中世纪时的研究立场，毕竟我们距离中世纪并不比他与早期殖民时期的巴西之间更近。

一支令喧嚣的世界沉寂下来的歌：《圣特鲁德佩特雅歌集》 (*St. Trudperter Hohelied*)

从许多层面而言，中世纪的神秘主义思想也代表了一个临界地带，它呈现的领域丰富多变却令人感到陌生，从中我们可以研究感官，以及它们在同为感官媒介的文本中的再现。尽管这些文本探讨的是明显具有超越性的主题，但尤其是在与神秘婚礼有关的神秘主义传统中，文字往往采用夸饰的情欲意象来描写那些同样涉及繁复身体仪式的体验，这些仪式包括自我鞭挞、复杂的祷告手势、不同的舞蹈形式，甚至以基督为中心的哑剧表演。凡此种种，均在斯帕尔贝克的伊丽莎白（Elizabeth of Spalbeek）的生平中有所记载（Brown，2008）。

不论是对这些仪式的践行者还是文本的读者而言，所有人体感官的协调都是为了实现或描述超乎经验以外的事物。《雅歌》既提及也唤起视觉、听觉、触觉、嗅觉和味觉的感受。它着实是《圣经》中与感官最紧密相连，也最富感官享受的文本。从早期基督教教父时期起，基督教释经学就通过对经文精神内涵的神学阐释，把《雅歌》转化为了精神上的《大宪章》（Magna Carta），一段同时围绕微观宇宙和宏观宇宙展开的情爱叙事，这些将在中世纪修院传统的语境中达到巅峰。

12世纪的僧侣开始借助于异性情爱的视觉、听觉、嗅觉、味觉、触觉等来描述灵魂与其天堂中的新郎（即耶稣）的关系及其难以言明的发展，其中当属克莱尔沃的伯纳德最为有条理。灵魂还可以被想象为一只蜘蛛，"待在蜘蛛网的中央，感受着网内与网外的所有动态"（Woolgar，2006：29）。同时期的布道文和论著常常包括专家为那些同是专家的听众所整理的各种选段，这些文本从《雅歌》的字面含义中挖掘出一整套寓意，用来解释创世者和他的"诸位新娘"在宇宙中不断变化的互动关系。然而，这种解读使文本的字面含义丧失了；事实上，当时的僧侣（以及稍后期的修女）都对这类阐释提出过警告。亲吻与酥胸、一对情侣的拥抱与情感都可能被视为充满诱惑，甚至危险重重。这些都令后来的评述者气愤不已。比如约翰·戈特弗里德·赫尔德（Johann Gottfried Herder）就颇为不屑地宣称："旧约中没有一个篇章比所谓所罗门的《雅歌》更遭人扭曲误解的了"（Keller，1993：175—210；Köpf，1985；Ohly，1958；Richard of St. Victor，1969、2011）。

从至少12世纪末起，《雅歌》已经发展成为读者必须以一种实验性的（也即基于经验的）方式进行冥思的文本了。鉴于伯纳德把《雅歌》称为"经验之书"，它被认为对其读者有特殊的吸引力（Mulder-Bakker和McAvoy，2009）。《圣特鲁德佩特雅歌集》是最早的全篇用德语写作的雅歌评述，是一位匿名作者在1160年前后为一群修女撰写的。整首诗极有可能是在圣母升天日（8月15日）的弥撒仪式上被高声朗诵的，在修道院禁食日的便餐（*collatio*）时也许有类似的朗诵。换言之，这篇文本同时兼具礼拜功能和正式的礼拜仪式外的功能（Ohly, 1998: 317—381）。这部作品可以放在镜鉴文学（specula）的传统中来考察，此类文学将文本打造成一面"镜子"，供读者在阅读中寻找自己的影子（Bradley, 1954; Grabes, 1973）。上帝的新娘理应面朝"满载着对上帝充满爱意的知识的镜子"，在沉思中获得清晰的洞察力和自我认识，甚至使其身体与感官存在得到脱胎换骨的转变。

《圣特鲁德佩特雅歌集》是一部极富诗意的作品。句法上的节奏感和与读者情感的呼应都极大地增进了文本特殊的声音和腔调。该诗温暖的美感意在打动女性听者，使其走进与自身和与上帝的对话之中。演绎该文本对读者提出了诸多要求，因为一如大家都熟知的那样，直到现代后期，书面文本的声音和身体演绎一直是文本功能的重要组成部分。抑扬顿挫的念诵是一个由社群共同经历的美学事件，对之的演绎需要尽可能多的感官一齐介入。在这一语境中，"美学"应取其根源含义，也即它牵涉了透过感官所完成的知觉体验。在修道院语境中对言语和论述的认识里，这一美学维度处于中心位置，从唱诗席上合唱的时辰颂祷到食堂内大声朗读的予人启迪的文本，乃至在回廊中念读祷词时对智慧（sapere ["知晓"]、sapor ["滋味"]、sapientia ["智慧"]）的细细"咀嚼"（ruminatio）与"品味"。

该诗歌的序言部分以一种独特的方式呼吁神圣之爱，向同时作为精神个体和雅歌之主保人的圣灵唱诵赞歌。这部分文字最惊人的特征之一在于释经者的如下论断：婚礼歌曲以声音表现自身，一如光芒以其表象彰显自身。序言中诗行的声学特征以一种庄严的姿态邀请听者脱离凡尘的喧嚣，并让《雅歌》开启他们的感官，引领他们进入宇宙式的爱之对话：

> 大声些，欢欣的嗓音，这样不安者才能听见你。向前去，甜美的音调，这样听者才会赞美你。让自己升起吧，娱人的声音，这样你便能让那不圣洁世界的喧闹归于寂静。

从中世纪对《雅歌》的释经传统来看，有一个问题似乎非常值得思考：是什么让《雅歌》如此适用于传授精神教义？或许，雅歌文本所唤起的强烈的感官体验和肉身性为通向超乎感官的领域提供了理想的基础。一个悖论也应运而生，因为所有感官都被要求用来传达上帝的存在（McGinn, 2011）。此外，这一悖论在礼拜仪式和圣仪实施过程中也普遍有所体现，这些仪式皆是神恩可见的显现，同时吸引着人类的五大感官（Palazzo, 2010）。许多为特定教会仪式所制作的礼拜用具和器物都为这些节庆场合增添了感官维度的享受。每年的游行仪式上都由教士或主教高举圣骨盒和圣体匣，这些器物不仅出现在教堂中，还伴着歌声在华盖的庇护下出现在街道上、田野间。每到棕枝主日（Palm Sunday），就会将接近真人大小的耶稣骑驴像一路抬过教堂内殿，而在耶稣升天日，会牵引一具耶稣的雕像穿过教堂穹顶的圆孔。在这些节庆表演时刻，视觉与听觉相互交融。若是把体验的尺度拉近到更私密的领域，我们也可以列举随着圣婴摇篮床晃动而作响的铃铛，这样的声响或许指向教堂的钟声，尤其是在完成弥撒仪式之际的撞钟声。熏香的气味弥漫在整个教堂的室内空间。嗅觉之上还有味觉：在用"甜味"定义的物质性的或非物质性的救赎体验中，圣餐不过只是其中一种罢了（Ohly，1989）。

感官在中世纪盛期得以"沉冤得雪"，应归功于维克托神学理论（Victorine theology）发展出来的"思辨"概念，后者也同时是这一历史趋势的鲜明写照。思辨的概念根植于中世纪众人皆知的一个观点，即一切造物都反映了神圣的领域。思辨强调普遍意义上的感官经验的重要性，而不仅仅聚焦于视觉，感官经验被视为认知"未见过的事物"的基础，以此类推，还可以包括未听闻、未嗅得、未触碰过的事物。思辨的神学以基督教自然哲学中的一个关键文本为出发点，保罗在《罗马书》1：20 中谈到"上帝那些不可见的事物"（*invisibilia Dei*）："自从造天地以来，神的永能和神性是明明可知的，虽是眼不能见，但藉着所造之物就可以晓得，叫人无可推诿。"保罗实质上是为造物的意图提供了另一种解释：异教徒拒认唯一真实的上帝（鉴于"不可见的事物"是复数，上帝被间接认定为是三位一体的），但他们并没有借口，因为即便没有启示的直接证据，用感官察觉的造物的证据也足以让他们明白个中道理。感官是进入更高层次的冥想经验的必由之路，但最终冥想会超越感官。这个证据构成了保罗反对偶像崇拜论点的一部分（Hamburger，2000）。到了 13 世纪末期，在例如西多会神秘主义者赫尔夫塔的格特鲁德（Gertrude of Helfta）的作品中，这样的论证被完全颠倒了过来，以至于她可以引用这一论据来认可自己的灵视体验，许多这类体验都以图像为契机：

不过，因为不可见的和精神性的事物除非以可见、有形的图像为载体，不然无法被人类的智性所理解，所以，就有必要为之披上人体的形态。这便是于格大师在其《内在的人》(The Inner Man) 的第 16 章所证明的："为了指向那些为尘世所熟知的事物，并降到卑微人性的层次上，神圣经文以可见的形式为手段来描述事物，并因此用那些激发我们欲望的美丽图像在我们的想象中烙上精神观念的印记。"

（赫尔夫塔的格特鲁德，1993：54—55）

这类文字把感官语言当作精神欲望的外衣，也同时为之提供理论基础。这样的文本与《神圣之爱的激发》(Stimulus divini amoris) 这类近乎纵欲式的作品其实只有一步之遥，人们如今已不再认为波拿文图拉是后一部著作的作者，而是认为最有可能是米兰的詹姆斯（James of Milan）所作。精神感官的论说以奥利金[*]的著作为肇始，思辨理论与之形成呼应，两者都代表了同一种借用感官经验的领域来谈论精神议题的尝试。

认为神学影响了敬拜仪式，并因此影响了对感官的运用的观点已不再新颖。不过，随着时间的推移，围绕思辨概念展开的神学及其传达的各种情感呼应对宗教艺术产生了显著的影响，甚至在更普遍的层面上，影响了哥特艺术本身的诞生历程。再一次的，赫尔特塔的格特鲁德的相关作品成为这一历史趋势的鲜明见证（1968：III. IV；参见 Hamburger, 2012：289-290）。两眼惺忪的格特鲁德凝视着悬挂在床头的十字受难雕像。受难的耶稣告诉这位西多会的修

---

[*] 奥利金（Origen, 184/185—253/254），早期基督教神学家。

女，他的爱让她得以更靠近他，这个说法源自《雅歌》1∶4*："愿你吸引我"。对《雅歌》文本的指涉语境令人想起圣餐仪式，这是因为歌中耶稣的新娘被带往的地方恰是《圣经》中提及的酒窖。格特鲁德把另一个更小的十字受难雕像放在胸间（参见《雅歌》1∶13†："我以我的良人为一袋没药，常在我怀中"）。视觉（她在梦境或异象中所见的第一个十字雕像）、味觉（酒窖）、触觉（怀中的第二个雕塑）和再明显不过的听觉（尤其是整个情节被同时呈现为聆听和观看的启示）成体系地被依次唤起，随后，文本开始转向嗅觉。格特鲁德将铁钉从十字架上拔除，并替代以丁香（即中古德语中的"negelkîn"，意为"香料钉"），随后，她反复亲吻耶稣的身体。当格特鲁德直接问耶稣，他是否从这种更诉诸感官而非精神的敬拜行为中获得愉悦，耶稣告诉她，一如高利贷者接受任何币种，他也接受任何爱意的信物。格特鲁德告诉她的爱人，倘若他能从中获得欢欣，那他将会因她创作的有关受难的诗篇而愈加高兴。耶稣答道，他对诗篇的享受将会像一位领着恋人前往美妙花园的爱人一般，园中开满香甜的花朵，充满了和美旋律的诱人的音色和最丰硕的果实的味道。这一整段文字以耶稣受难时的甜蜜痛苦为主题，实际是在为直接诉诸感官的敬拜行为进行公开辩护，同时，这类敬拜行为本身也将成为哥特雕塑和15世纪绘画中天堂意象的灵感来源（Falkenburg，1994、1997）。

要让感官在构想与敬拜中神圣化有多种途径，这与除享有最高

---

* 原文写作《雅歌》1∶3，似有误，应为《雅歌》1∶4。
† 原文写作《雅歌》1∶12，似有误，应为《雅歌》1∶13。

特权的阶层外的所有人在日常生活中所面临的感官冲击形成了最剧烈的反差。人们用香丸（Pomanders）来应对与外界相通的下水道和腐烂的垃圾等隐患，并认为它能帮助祛避疾病（Touw, 1982）。在修道院内外，能为感官带去愉悦的事物和效果本身便被视为是对灵魂的攻击。感知和制造令人愉快的色彩便是一个非常鲜明的例子。道德论者认为，颜料制造者——尤其是染色工人——应对普罗大众所面临的罪恶的视觉刺激物负有责任。在当时诸多直接给都市生活带来不良影响的职业中，染色工人赫然在列。这不仅仅是因为要完成工作，他们必须用到自己的尿液，也因此在制造产品的过程中令难闻的气味污染了大气，还因为这些产品本身——蓝、红、绿色的衣裳——会令人深陷诱惑。在中世纪晚期受难题材的绘画中，惩罚耶稣的行刑者往往身披色彩艳丽、风格浮夸的衣装，这绝非巧合（Mellinkoff, 1993）。在康士坦茨公会议（Council of Constance, 1414—1418）期间或公会议结束不久面世的一部说教型道德讽喻著作，就把染色工人放在了地狱的最深处（Barack, 1863: 12907—13154）。

关于日常生活中的物件、艺术品和文学娱乐究竟在多大程度上试图诉诸多种感官，这个问题尤其可以通过贵族、特权阶层和后来的中产阶级所提供的证据来重构。那些以提供大众娱乐为目的的作品，但凡其文本采用了鲜明的视觉展示策略，都是在试图让公众沉浸于一种视听环境中。有些时候，两种媒介可以相互结合，文本结合图像的案例只不过是其中最明显的一种现象罢了。此外，例如在史诗《伊万因》（*Iwein*）中，文本还与壁画互动，而壁画所在的环境中或许还包括演员、叙事者和音乐家等角色（Lutz 和 Rigaux, 2007）。

隐形人伊万因

宫廷史诗《伊万因》（1984、2004）是由奥厄的哈特曼（Hartmann of Aue）改编自克雷蒂安·德·特鲁瓦（Chrétien de Troyes）的《狮骑士》（*Le chevalier au lion*，1985、1994），诞生自同一叙事传统的壁画装饰着罗登戈城堡（Castle Rodenegg，蒂罗尔[Tyrol]）的一个大堂，这组壁画令观众置身于在一位可见的格斗者和另一位隐形的格斗者之间展开的对峙中。这两个文学示例分别出现在德语文学和法语文学中，为12世纪的宫廷史诗如何以自我意识来操控文本内外的可见性提供了生动鲜明的写照。故事第一部分里那位隐形的谋杀犯并未被抓获，因为他利用一枚魔法戒指作为工具，这在中世纪英雄史诗中颇为常见，和哈利·波特迷们熟悉的隐身衣异曲同工（Keller, 2008）。

根据相关情节，一群人在五旬节的聚会上轮流讲故事，伊万因听另一位骑士讲述了一个无功而返的冒险故事。他受到这一信息的鼓动，悄然离开宫廷，并很快与他的第一个对手阿斯卡隆（Askalon）展开决斗，陷入了可能危及自己生命的行动中。伊万因严重伤及对手，并一路穷追，随阿斯卡隆疾驰入城堡内。当他亮出最后的致命一击时，城堡入口处致命的吊闸（portcullis）落了下来，好在并未伤及其脊背，因而他保住了性命（他的马和阿斯卡隆却都因此丧命了）。不过，他现在被困在了这个封闭的入口处，生死难料。

露内特（Lunete）是劳丁（Laudine）的女侍从，而劳丁是城堡里刚刚丧夫的女主人。露内特在故事的这部分情节里扮演了至关重要的骗子角色。她在此刻登上舞台，秘密地探望受困的伊万因，并宣布他必定会死。他决心打赢这场明显无望的战斗，这也促使狡猾地伸手去拿魔法戒指的露内特想要更有效地帮助他。倘若佩戴得当——露内特正是这样指导伊万因佩戴指环的——这只指环可以让佩戴者"像树皮下的木头一样"隐遁无形。这一魔法工具带来了生理感知上的错觉，帮助哈特曼理解了后续的情节，并让伊万因最终躺到了吊闸的两个格栅间的一张床上。

劳丁的追随者们大声逼近，想要为他们被杀害的主人复仇，却两次都惨败。他们手持更强大的武器，相比床上那个孤军奋战的隐蔽起来的无助者，在人数上也明显占优势，但却因为心中的狂怒以出乎意料的方式败给了感知的谬误。魔法的骗术蒙蔽了他们的双眼，令他们感到绝望。这些复仇者疯狂的势态与中世纪美学附加在宫廷身体上的秩序感形成了鲜明的对比，更接近于中世纪图像志中描绘的舞者或愤怒、疯狂、着魔的人（Eco, 2002; Garnier, 1982—1989）。在这里，动作与姿势都明显超出了打斗的范畴，倘若不是全知全能的叙述者给出解释，当时的人们或许会将其读解为疯狂和即将丧失自我的标志。一段较长的段落从哀悼的身体语言里汲取灵感，用许多热门的母题鲜明地呈现了劳丁极富表现力的哀悼行为（Lauwers, 1997）。劳丁拼命抓挠、撕扯她迥异而美丽的面容，其姿态使之成为关注的焦点。克雷蒂安很明显地把劳丁的身体语言与疯癫者联系了起来。

尽管敌方来袭，伊万因却自如地隐身行事。凡人一般无权享受这种状态，伊万因对此很清楚。克雷蒂安在此处愈发强调露内特的轻佻举止。这位女侍从明显把整个场景打造成了一场视觉奇观，但这仅仅是针对那些无需畏惧任何事物的人而言。从客观层面来说，这只适用于从文本外观察的读者。因为这种在感知上根本不对称的关系，在盲目中摸索着的、行径怪异的复仇者和他们怒火中烧的心情在读者眼中是尤为有趣的。当女侍从向隐身的英雄主角表达自己的"喜悦与娱兴"（soulas et delis）时，她也是在将这些情绪传达给听者与读者。我们需要从认知论前提和感官前提的角度去探究这种愉悦。这类文学叙述以一种复杂精妙的方式来处理文本与读者和听者间的感官和想象互动，因为读者拥有文本内部的人物角色所没有的特权，可以看到文本中的每个人，并观察文本中任何人都不被允许看见的事物。听众感官的参与也引发了认知论层面的问题。有人或许会问：观看（壁画、表演者，以及表演者极有可能做出的姿势，例如用手指明壁画中描绘的特定场景）和聆听（那些朗诵者的声线，以及或许还有歌者的嗓音）是如何被运用到《伊万因》的文本呈现中的？而城堡的场景对文本的表演和接受又有何种影响？

我们已经看到因为一位隐身的战斗者，视觉感知中的盲点在伊万因史诗叙事的题旨中发挥了重要的作用。对隐形的呈现和感知的挑战在视觉媒介中却相当不同，我们可以以罗登戈城堡内的壁画为例。人们或许会认为如此特定的情节是无法被视觉呈现出来的。但这也提供了一种可能性。画家可以参照作者的做法，让隐身的主角以他自己的方式出现在他的观众眼前，如此一来，壁画和史诗的创作者都可以赋予其观众以特权，体会那种独享他人所没有的感官和认知优势的感受。然而，即便只是匆匆一提，在详细探讨罗登戈城堡的壁画前，我们也必须首先认识到，用图画来描绘不可见的事物

第九章 感官媒介:从声音到寂静、从视觉到洞见

对中世纪的艺术家来说并非超乎常规的挑战（Curschmann，1993）。围绕"神的形象"（imago Dei）这一概念展开的神学理论影响了当时以人形呈现神祇的做法，也推动了同时期发展出一套图像理论，在确保这些图像不会陷于偶像崇拜的危险的前提下，证明视觉化的合理性（Hamburger 和 Bouché，2005；Kessler，2000）。一如道成肉身的教义所规定的那样，再现耶稣可见的人身，从某种意义而言，也是在指向再现之外其不可见的神圣属性。自基督教发端以来，如何令不可见的事物变得可见始终是个核心议题，同时，不论是字面上的治疗神迹，还是通过精神层面的宗教启迪，如何让盲人恢复视力也贯穿着基督教的整个历史脉络。

地处蒂罗尔南部的罗登戈城堡内的这组壁画，在创作时间上只比哈特曼撰写的传奇故事晚了一些。那间有壁画的房间只能通过长长的木桥和几道大门方能抵达，其中有一道门上装了吊闸，即便是在中世纪晚期，这种防护机关在蒂罗尔地区的城堡建筑中也极少见，甚至起初在该地区的南部都找不到一例（Schupp 和 Szklenar，1996：39—40 及注释 125）。任何念诵这则故事的人都有可能巧妙地借用罗登戈城堡和劳丁的城堡——这个文本内叙事行动的场所——之间的建筑共通性，来完成一场牵涉两种媒介的表演。他可以把听众切身的空间体验当作表演的基础，并明确标示出城堡内那道罕见的吊闸，正是这个机关把城堡变成了伊万因的囚笼。目前并没有证据表明罗登戈城堡中进行过对伊万因故事的多媒体演绎，但鉴于其他出自蒂罗尔南部地区城堡的证据，我们完全可能想象这样一种可能性。比如，在朗克斯腾（Runkelstein）这座蒂罗尔南部最著名的城堡里，有充分的证据表明，城堡内曾有某种戏剧表演的惯

例。据史料载，尼克劳斯·温特勒（Niklaus Vintler）曾在城堡中雇佣一位演说家和其他演艺人员，尤其是音乐家（1401年向音乐家支付的费用可以在施朗德斯伯格［Schlandersberg］的账簿中找到）。总体而言，这类表演艺人有可能就是在绘有文学母题壁画的房间中进行他们的表演（Lutz和Rigaux, 2007; Wetzel, 2000: 303）。

有一个问题对我们的探讨至关重要：如何描绘一个隐身的人？在现代主义思潮中，尝试用眼睛来表达不可见性的图像往往会导致对展示行为的自我指涉式展示，又或者，更确切而言是无法表现的展示。伊万因主题壁画的第十号场景用一种手法解决了这个有关呈现的问题，画家重新启用了叙事逻辑内部建立起来的视角，也即那群已经被纳入叙事逻辑内部的观察者的视角。不过，是否能重构插图本身的设计仍然不得而知，因为这部分绘画有所损坏。尽管如此，现存的残片中依旧能辨别出一只手和一个人的前额，极有可能是伊万因本人的形象，他在画中躺在一张饰有纹样的被单上。倘若这个假设成立，那么隐身的伊万因就是以可见的形象出现在壁画中的。如此一来，图像的构想并没有呈现被骗者的感知视角，他们在房中四处挥舞着兵器，用手指指着自己和他人的眼睛。相反，壁画试图将这个传奇故事全知全能的读者视角经另一种媒介转译呈现出来。它试图在壁画中制造出某种"尽收眼底"的完全视觉性（omnivisuality），并让这种视觉氛围笼罩整个房间。

在一个由视觉构筑起来的内在思考空间中，所有形象都通过叙事出现在读者内眼所见的场景中。而当这位既隐身又可见的主人公的体验向这样一种空间敞开时，必然会同时仰赖于文字和壁画这两种媒介。相比壁画组中的所有其他场景，这个描绘了可见又不可见的伊万因的段落之所以能发挥效果，是因为它强烈地依赖于一种发生在表演性情境中的对立媒介——由效仿行为组成的口头呈现和一位可能很专业的朗诵者的姿态。若不是如此，若不是因为他们可以轻易地从记忆中回想起故事情节，观者又何以"看清"在图画中可见的伊万因实际上在行为层面是不可见的？若非如此，观众又如何能认识到，正是这些情节解释了复仇者挥舞兵器、手指双眼的举动？两种媒介一齐为它们的观众生成了一个视觉事件。叙事情节借助宫廷史诗介入到壁画的观看中来，其自身便传达出主观视角的复杂性。只有叙事文字才能区分知情者和被欺骗者。

如今，我们不再能一睹罗登戈城堡壁画在最初的观众眼中所见的面貌。第十号场景逐渐风化，导致了某种表演失效的状态。除却其残缺的状态，原本可见又不可见的伊万因也从粉笔的彩色层消失了，取而代之的是一块经修复的白色区域。这一替换行为使观者意识到了壁画媒介及其描绘的母题（不可见性），这对于这幅壁画呈现的场景而言实在是再适合不过了，即便它不过是时间碰巧施展的一次媒介美学的把戏。如今，正是媒介本身的实体性明显地补足了壁画再现的贫乏。

手势创造现实：《撒克逊镜像》(*Sachsenspiegel*)

同时涉及触感和声音的手势在许多领域扮演了关键角色，像僧侣以脏话风格的手语动作来告诫人们保持安静的这类标志语言五花八门，而当这样的手势具有暴力的特性时，它还会引发痛感（Barakat, 1975; Bruce, 2007; Ziokowski, 1998）。在宗教语境中，手势提供的只不过是最显而易见的案例（Schmitt, 1990; Trexler,

1987）。闪闪发光的手形圣骨盒（盒中并不是都存有取自人手部位的圣骨）将凡间的手势转译成礼拜仪式表演中光彩夺目、优雅精致的参与者（Hahn, 1997）。手势的修辞也在政治领域扮演了重要角色。事实上，中世纪曾被学者称为"手势的时代"（Le Goff, 1964: 440; Schmitt, 1990; 德语学界的研究，参见 Wenzel, 1995; 英语和意大利语学界的研究，参见 Burrow, 2002）。手势不仅是一种主要的非语言交流手段，同时牵动着视觉、听觉和触觉，而且在文字阅读能力愈发普及的年代，它们还保存了某种制造属于自身的现实的力量。譬如，封建社会中的双手交握礼（*immixtio manuum*），究其本质，是一种牵涉身体接触的礼仪，在致敬和效忠的仪式中，它代表了最重要的一种政治权力表达方式。当封臣（vassal）把他的双手像祷告时那样置于领主的双手之间时，二人的身体接触就确立了他们之间的关系。从那一刻起，封臣的存在便成了其领主生活中的一小部分。封臣制的相互义务在不少文字记载中都有反映，不仅包括档案文献，还包括以克雷蒂安·德·特鲁瓦创作的《囚车骑士兰斯洛特》（*Le Chevalier de la Charrete*）为代表的叙事诗（3224—3226; Burrow, 2002: 12—13）。

在这里，我们可以看到从用身体表演来传达信息到基于读写能力的书面文献的转型；这一转变在法律领域的体现比任何其他领域都更为明显。表演性是日耳曼地区法律观念的一个重要标志："从某种角度而言，参与到法律流程中的人的身体就如同是对抽象概念、对法律本身的某种切实体现。"（Ott, 1992: 226—227）一个具有这类表演性的法律仪式是一场与不可见的对手的对决，这位对手不可见纯粹是因为他无法出席决斗。参与双方中的一方缺席凸显出

第九章 感官媒介：从声音到寂静、从视觉到洞见

这种象征性对决是仪式化的，并因此呈现出被精心操控的特征。这里所谈的战斗是一种宫廷中的特殊决斗形式，它取代庭审，成为一种裁决的工具。中世纪时期有关统治权的冲突的处理常采取这种策略，而当代法庭中仍通行的相对平和的口头表达流程正是脱胎于此。在这类一方缺席的特殊情境中，只有单个斗士的决斗是根据严格且仪式化的行动规则在大庭广众面前上演的。

这一中世纪晚期的庭审流程有具体的规则，包括所设器械和人员在内的各种细枝末节都在雷普高（Repgow）撰写于1209—1233年间的《撒克逊镜像》（1991、1999）中有文字描述，这是用德语写就的法律著作中最古老也最富影响力的一部。在书中《普通法》（*Landrecht*）的第一卷第63条的五个段落中包括对"战斗审判"（*iudicium pugnae*）的详尽描述，现存世的四部手抄本中有三部都配有彩绘插图。他所描述的规则详尽地记录了长久以来建立起的法庭战斗的传统，这些规则也适用于被告没有现身的情况，通常这位缺席的被告会被假想为在场的一员，并以之为目标进行全面的编排。"倘若被告在被邀请三次之后仍不出现，原告就可以起身开始战斗，向空中挥两拳再刺一剑。"（Ldr., I 63 §5, 由 Ebel 编：68）如前文所提到的，对手不在场的决斗在三部现存手抄本中都有视觉配图（在现藏于海德堡的手抄本中，它被省略了）；规程中的最后一步，即向空中挥剑的动作，在图像呈现中有一只头颅（参见 Wolfenbüttel, Herzog-August-Bibliothek, Cod. Guelf. 3.1. Aug. 2，从上往下第三格图像）。

战斗审判中演绎的一连串受到严格监督的动作，最终都为支持实际在场一方的裁决提供了判断依据："鉴于此，被告被判犯有他

251

被指控的所有罪行，因此有人向他提出决斗。而法官随后对之做出的裁决是在假设他在决斗中落败的基础上进行的。"（Ldr., 63 §5, 由 Schott 编: 88）

表演性惩罚

把视觉当作武器的观念出现在欧洲政治宣传图画史上的每个阶段。中世纪晚期，视觉武器除了诸多其他功能外，还是管制冲突、调节各种有关权益的私人和公共斗争的手段。其攻击的对象是个体和市政府或机构代表的个人荣誉。在阿尔卑斯山以北和以南，结合文本和图像的历史文献被投入或私人或公共的用途中。所谓的"诽谤图"（*pitture infamanti*）可见诸 14—15 世纪的多个意大利城市（Edgerton, 1985）。这些超过人身尺寸的图画常被展示在公共房屋的外墙上，画面描绘的罪犯、泄密者和债务人不是有着令他们丢尽颜面的身体姿态，就是佩戴着特征物件，以示法庭在他们缺席的状况下判处的惩戒。

虽然这些图像在阿尔卑斯山以南被用作政治宣传的工具，但在 14 世纪末期到 16 世纪之间的欧洲北部，它们也起到了和"诽谤书信"（*Schmähbriefe*）类似的作用，为了在许多涉及金融纠纷的私人冲突中施加舆论压力，人们会传抄并在公共场所展示这些信件（Lentz, 2004）。许多这类"信件"有叙事成分，包括类似于漫画的一系列图像。到了宗教改革之后，下流的内容，甚至色情元素也开始出现。这些图像最明显的目的是永久地损害被攻击者的声誉。在默认的情况下，一位债务人可以被描绘为半裸状，像犹大一样倒挂在绞刑架上，头戴颈手枷，又或者他也可能正被地狱之口吞食殆尽。这些恶意攻击常常运用自我表征的标准象征符号（譬如印章、纹章和旗帜），但如今这些标识周围的装饰都是牛屁股、猪屁股或粪便。

并不是所有法律纠纷都需要用如此下三滥的手段才能解决。中世纪晚期的法律规章和习俗规定的制裁手段也仰仗于多种感官活动，其中常常涉及听觉和视觉，或是用来展示某些事物，或是让人们可以亲眼看见、亲耳聆听（这时便需要街头公告员登场了）。这些制裁手段往往伴随着各种富于喜剧特征的表演性行为。卢塞恩（Lucerne）这座城市现存的出自13世纪末到14世纪初以及1412年的文献记载见证了男性和女性经受的各种惩罚奇观。惩罚的严厉程度从匿名警告到教区的神父在讲台上对个人做点名批评，乃至当众展示某个特定惩戒过程等，不一而足。譬如，有一回，两男两女被逮捕并关押，挤在一驾马车上，穿行过城市的公共广场和最重要的街道，随行的官方街头公告员一路向城民宣告他们的罪行（Greco-Kaufmann, 2009; van Dülmen, 1995）。

无处不在的钟声

与街头公告员的奔走相告交叠在一起的是定时鸣响的钟声。钟楼和鸣钟的声响可算作最早的欧洲大众媒介之一。纵观整个中世纪，钟声伴随着人一生中从洗礼到葬礼的方方面面。钟的恰当使用是由"鸣钟规则"决定的：在没有时钟的年代，晨间、午间和晚间的钟声会召集人们参与私人或集体祷告。钟声标志着工作日和教会庆典的开始与结束、开市的时间，以及旅店老板可以向客人供应酒水的时间。钟声宣告着弥撒仪式中圣餐变体的瞬间，也标志着某个特定人物怅然离世的时刻。除此之外，钟声还提醒人们纪念性礼拜仪式中关键时刻的到来，譬如复活节中耶稣复活的瞬间，抑或受难日下午三点左右，也即耶稣死去的时辰。钟本身需经过祝圣、洗礼等环节，并常常刻有以第一人称写成的铭文，钟就是透过这些文字向我们"说话"的。当时的人认为，钟声可以缓解风暴、雷电、冰霜等恶劣天气。钟被认为是"圣器"（vasa sacra），它们和神职人员一样，都要在特殊的典礼上完成祝圣仪式，而包括蜡烛在内的其他教会用具或建筑装饰只需要简单的祝词即可。简而言之，以上这些示例表明，钟的功能从象征意指到驱邪避魔不一而足（Hense，1998）。

中世纪城市中的鸣钟不仅是在大教堂和修道院教堂中，也在市镇环境里，其多义性很难被现代观者（或听者）所理解。鸣钟代表了某种对权力的操控，乐声是其表达的媒介。钟也因此有着丰厚的象征含义。任何城市所藏钟的总量，以及城市钟楼里钟的种类，构成了衡量城市权力的标准。当教会官员与市政官员之间出现冲突时，钟楼常被摧毁，这清晰地印证了钟与权力的关系。

结　语

中世纪文献和文物唤起和制造着多样的感官体验。尽管其中不乏矛盾难解之处，但这些文献和文物宣告着（也利用着）身体及其感官机制作为任何认知过程之前提的种种潜能，不论这种认知的对象是世界、自我还是上帝。它们是表达与沟通的载体，一次蜕变的起点——生活由此得以从一种以物质为导向，也因此更为简化的存在状态，转化为另一种向外在与内在感官敞开的、更具包容性的存在。

参考文献

缩写

BL 大英图书馆，伦敦

EETS 早期英语文献学会（Early English Text Society），伦敦：牛津大学出版社

LMA 伦敦城市档案馆（London Metropolitan Archives），伦敦

PL 拉丁教父全集（Patrologiae Cursus Completus. Series Latina.），由雅克-保罗·密涅（Jacques-Paul Migne）编辑，221卷，巴黎：加尼埃（Garnier）。

手抄本与未刊文献

第一章

Rome, Biblioteca Apostolica Vaticana, MS Vat. Lat. 4015: depositions before the commissioners enquiring into the sanctity of Thomas Cantilupe, Bishop of Hereford.

第三章

BL, Harley MS 45: *A myrour to lewde men and wymmen in which they may see god*, *c.* 1400. A prose redaction of the Middle English *Speculum vitae*. For a printed edition, see Venetia Nelson (ed.), *A Myrour to Lewde Men and Wymmen*,

Middle English Texts, 14 (Heidelberg: Carl Winter, 1981).

BL, Royal MS 8 C i, ff. 122v – 143v: An early to mid fifteenth-century Middle English reworking, for a general audience, of the treatise on the five senses in the *Ancrene Wisse* (1215 or 1221 – 50). A torn entry in the contemporary table of contents (f. 1v) calls it *optimus tractus de v sensibus secundum Lichef*... William Lichfield (d. 1448), the evident author, was rector of the London church of All Hallows the Great. For a printed edition, see A. C. Baugh (ed.), *The English Text of the Ancrene Riwle*, EETS os 232 (London: Oxford University Press, 1956).

LMA, CLA /007 /FN /01 /018. MS Translation of Bridgemasters' Accounts, Rolls 1 – 8 (1381 – 9), by T. A. M. Bishop (1935).

Truro, Cornwall County Record Office, AR 37/41/1 (1382), AR 37/44 (1383): Travel accounts of John de Dinham.

第八章

Paris. Bibliothèque nationale de France. MS lat. 1141: Liturgical libellus of Charles the Bald.

Paris. Bibliothèque nationale de France. MS lat. 2508: Odo of Asti. Commentary on the Psalms.

Paris, Bibliothèque nationale de France. MS lat. 9436: Sacramentary of Saint-Denis.

Paris. Bibliothèque nationale de France. MS n. a. lat. 1203: Godescalc. Evangelistary.

Paris. Ecole des Beaux-Arts. Collection Jean Masson MS 38: Cartulary of Saint-Martin-du-Canigou.

出版文献

Adams, N. and Donahue, C., Jr. (eds), 1981, *Select Cases from the Ecclesiastical Courts of the Province of Canterbury c. 1200 – 1301*, publications of the Selden

Society 95, London: Selden Society.

Adler, M. N. (ed. and trans.), 1907, *The Itinerary of Benjamin of Tudela*, Oxford: Oxford University Press.

Adnès, P., 1967, "Garde des sens," in *Dictionnaire de spiritualité* 6, Paris: Beauchesne et fils.

Ælfric of Eynsham, 1979, *Ælfric's Catholic Homilies, The Second Series*, ed. Malcolm Godden, EETS ss 5, London: Oxford University Press.

Aertsen, J. A. et al. (eds), 2001, *Nach der Verurteilung von 1277. Philosophie und Theologie an der Universität von Paris im letzten Viertel des 13. Jahrhunderts. Studien und Texte / After the Condemnations of 1277. Philosophy and Theology at the University of Paris in the Last Quarter of the Thirteenth Century. Studies and Texts*, Berlin and New York: De Gruyter.

Akbari, S. C., 2004, *Seeing Through the Veil: optical theory and medieval allegory*, Toronto: University of Toronto Press.

Albert the Great, 1896, *Summae de creaturis secunda pars, quae est de homine*, ed. A. Borgnet, Paris: Vivès.

Alhacen, 2001, *De aspectibus*, ed. A. M. Smith, in *Alhacen's Theory of Visual Perception: a critical edition, with English translation and commentary, of the first three books of Alhacen's "De aspectibus,"* Volume I, Philadelphia, PA: American Philosophical Society.

Amalarius of Metz, 1950, *Liber officialis*, ed. I. -M. Hanssens, in *Opera liturgica omnia*, 2. Studi e testi, 139, Vatican City: Biblioteca Apostolica Vaticana.

Angenendt, A. et al., 2001, "Counting piety in the Early and High Middle Ages," in B. Jussen (ed.) and P. Selwyn (trans.), *Ordering Medieval Society. Perspectives on intellectual and practical modes of shaping social relations*, Philadelphia, PA: University of Pennsylvania Press.

Anonimo Genovese, 2000, "Genoa in the late thirteenth century," in T. Dean (trans.), *The Towns of Italy in the Later Middle Ages*, Manchester and New York: Manchester University Press.

Anselm of Canterbury, 1969, *Liber de humanis moribus*, in R. W. Southern and F. S. Schmitt (eds), *Memorials of St. Anselm*, London: Oxford University Press.

Appleby, D., 1998, "The priority of sight according to Peter the Venerable," *Mediaeval Studies*, 60, 123 – 57.

Arderne, J., 1910, *Treatises of Fistula in Ano, Haemorrhoids, and Clysters*, ed. D. Power, EETS os 139, London: K. Paul, Trench, Trübner & Co. Ltd.

Aristotle, 1961, *De anima*, ed. W. D. Ross, Oxford: Clarendon.

Arnold, J. H. and Goodson, C., 2012, "Resounding community: the history and meaning of medieval church bells," *Viator*, 43, 99 – 130.

Augustine of Hippo, 1845, *Sermones*, PL 38.

Augustine of Hippo, 1991, *Confessions*, trans. H. Chadwick, Oxford: Oxford University Press.

Augustine of Hippo, 1993, *Confessions, books I -XIII*, trans. F. J. Sheed, Indianapolis, IN: Hackett.

Averroës, 1949, *Compendia librorum Aristotelis qui Parva naturalia vocantur*, ed. A. L. Shields, Cambridge, MA: The Mediaeval Academy of America.

Avicenna, 1522, *Liber canonis*, Lyon: Jacobus Myt.

Avicenna, 1952, *Avicenna's Psychology: an English translation of Kitabal-najat, book II, chapter IV with historico-philosophical notes and textual improvements on the Cairo edition*, trans. F. Rahman, London: Oxford University Press.

Avicenna, 1972, *Liber de anima seu Sextus de naturalibus*, Books I - III, ed. S. van Riet, Louvain: Peeters/Leiden: Brill.

Bacon, R., 1897 – 1900, *The Opus Maius of Roger Bacon*, ed. J. H. Bridges, 3 vols, Oxford: Clarendon.

Bacon, R., 1953, *Moralis philosophlia*, ed. E. Massa, Zurich: Thesaurus Mundi.

Bacon, R., 1988, *Compendium of the Study of Theology* [1292], ed. and trans. T. S. Maloney, Studien und Texte zur Geistesgeschichte des Mittelalters, 20, Leiden: E. J. Brill.

Bacon, R., 1996, *Roger Bacon and the Origins of Perspectiva in the Middle Ages. A critical edition and English translation of Bacon's Perspectiva with introduction and notes*, ed. and trans D. C. Lindberg, New York: Oxford University Press.

Badel, P. Y., 1980, *Le Roman de la Rose au XIVe siècle: étude de la reception de l'œuvre*, Geneva: Droz.

Balducci Pegolotti, F. di, 1936, *La Pratica della Mercatura*, ed. A. Evans, Cambridge, MA: The Mediaeval Academy of America.

Baldwin, J. W., 1986, *The Government of Philip Augustus: foundations of French royal power in the Middle Ages*, Berkeley, CA: University of California Press.

Baldwin, J. W., 2010, *Paris, 1200*, Stanford, CA: Stanford University Press.

Barack, K. A. (ed.), 1863, *Des Teufels Netz*, Stuttgart: Litterarischer Verein.

Barakat, R. A., 1975, *The Cistercian Sign Language: a study in non-verbal communication*, Kalamazoo, MI: Cistercian Publications.

Barnhouse, R., 2006, *The Book of the Knight of the Tower: manners for young medieval women*, New York: Palgrave Macmillan.

Barratt, A., 1987, "The five wits and their structural significance in Part II of Ancrene Wisse," *Medium Aevum*, 56 (1), 12-24.

Barratt, A. (ed.), 2001, *The Knowing of Woman's Kind in Childing: a Middle English version of material derived from the Trotula and other sources*, Medieval Women: Texts and Contexts 4, Turnhout: Brepols.

Bartholomew the Englishman, 1601, *De genuinis rerum coelestium, terrestrium et infer [n] arum proprietatibus*, Frankfurt: Wolfgang Richter.

Bartholomew the Englishman, 1975 - 88, *On the Properties of Things. John Trevisa's translation of Bartholomaeus Anglicus, De proprietatibus rerum*, ed. M. C. Seymour et al., 3 vols, Oxford: Oxford University Press.

Barton, T., 2002, *Power and Knowledge: astrology, physiognomics and medicine under the Roman Empire*, Ann Arbor, MI: University of Michigan Press.

Baumstark, A., 2011, *On the Historical Development of the Liturgy*, trans. F. West, Collegeville, PA: Liturgical Press.

Bede, 1955, *A History of the English Church and People* [731], trans. and with introduction by L. Shirley-Price, revised by R. E. Latham, Harmondsworth: Penguin.

Bede, 1969, *Bede's Ecclesiastical History of the English People*, ed. and trans. B. Colgrave and R. A. B. Mynors, Oxford: Clarendon.

Bell, R. M., 1985, *Holy Anorexia*, Chicago: University of Chicago Press.

Belting, H., 1994, *Likeness and Presence. A history of the image before the era of art*, trans. E. Jephcott, Chicago: University of Chicago Press.

Bergson, H., 1988, *Matter and Memory*, trans. N. M. Paul and W. S. Palmer, New York: Zone Books.

Bériou, N., Caseau, B., and Rigaux, D. (eds), 2009, *Pratiques de l'eucharistie dans les Églises d'Orient et d'Occident (Antiquité et Moyen Âge)*, Paris: Institut d'Études Augustiniennes.

Bernard of Clairvaux, 1957 – 77, *Sancti Bernardi opera*, ed. J. Leclercq, C. H. Talbot, and H. M. Rochais, 8 vols, Rome: Editiones Cistercienses.

Bernard of Clairvaux, 1971 – 80, *On the Song of Songs*, trans. K. Walsh, 4 vols, Spencer, MA: Cistercian Publications.

Berthelé, J., 1895 – 9, *Grand Chartrier*, in *Archives de la ville de Montpellier antérieures à 1790. Inventaires et documents*, vol. I, Montpellier: Imprimerie Serre et Roumégous.

Biernoff, S., 2002, *Sight and Embodiment in the Middle Ages*, Basingstoke: Palgrave.

Birkenmajer, A., [1930] 1970, "Le rôle joué par les médecins et les naturalistes dans la réception d'Aristote au XIIe et XIIIe siècles," in *Études d'histoire des sciences et de la philosophie du moyen âge*, Wrocław, Warsaw, and Krakow: Zakład Narodowy Im. Ossolin'skich Wydawn. Polskiej Akademii Nauk.

Black, D. L., 1989, "The 'imaginative syllogism' in Arabic philosophy: a medieval contribution to the philosophical study of metaphor," *Mediaeval Studies*, 51, 242 – 67.

Black, D. L., 2000, "Imagination and estimation: Arabic paradigms and Western transformations," *Topoi*, 19, 59 – 75.

Bloomfield, J., 2011a, "Aristotelian luminescence, Thomistic charity: vision, reflection, and self-love in *Pearl*," *Studies in Philology*, 108, 165 – 88.

Bloomfield, J., 2011b, "Stumbling towards God's light: the *Pearl* dreamer and the impediments of hierarchy," *Chaucer Review*, 45, 390 – 410.

Boccaccio, G., 1972, *The Decameron*, trans. G. H. McWilliam, London: Penguin Books.

Boespflug, F., 1997, "La vision-en-rêve de la Trinité de Rupert de Deutz (v. 1100): liturgie, spiritualité et histoire de l'art," *Revue des sciences religieuses*, 71 (2), 205 – 29.

Boethius, 1967, "Boethius' *The Principles of Music*, an introduction, translation, and commentary," trans. C. M. Bower, Ph. D. dissertation, George Peabody College for Teachers.

Bonaventure, 1953, *The Mind's Road to God*, trans. G. Boas, Indianapolis, IN: Bobbs-Merrill.

Bonvesin da la Riva, 2000, *De magnalibus Mediolani* [1288; extracts], in T. Dean (trans.), *The Towns of Italy in the Later Middle Ages*, Manchester and New York: Manchester University Press.

Boulnois, O., 2008, *Au-delà de l'image: une archéologie du visuel au Moyen Âge, Ve-XVIe siècle*, Paris: Editions du Seuil.

Bourdieu, P., 1984, *Distinction: a social critique of the judgement of taste*, trans. R. Nice, London: Routledge.

Boyde, P., 1993, *Perception and Passion in Dante's "Comedy"*, Cambridge: Cambridge University Press.

Boynton, S. and Rice, E. (eds), 2008, *Young Choristers, 650 – 1700*, Woodbridge: Boydell Press.

Bradley, R., 1954, "Backgrounds of the title *Speculum* in mediaeval literature," *Speculum*, 68, 100 – 15.

Brancone, V. (ed.), 2009, *Il tesoro dei cardinali del Duecento. Inventari di libri e beni mobili*, Micrologus' Library 31, Florence: SISMEL-Edizione del Galluzzo.

Brandeis, A. (ed.), 1900, *Jacob's Well. An English treatise on the cleansing of man's conscience*, EETS os 115, London: K. Paul, Trench, Trübner & Co., Ltd.

Bremmer, R. H. (ed.), 1987, *The Fyve Wyttes: a late Middle English devotional treatise edited from BL MS Harley 2398*, Amsterdam: Rodopi.

Britnell, R., 2006, "Markets, shops, inns, taverns and private houses in medieval English trade," in B. Blondé, P. Stabel, J. Stobart, and I. Van Damme (eds), *Buyers & Sellers: retail circuits and practices in medieval and early modern Europe*, Studies in European Urban History (1100 – 1800), 9, Turnhout: Brepols.

Brown, J. N. (ed. and trans.), 2008, *Three Women of Liège: a critical edition of and commentary on the Middle English lives of Elizabeth of Spalbeek, Christina Mirabilis and Marie d'Oignies*, Turnhout: Brepols.

Brown, M. P., 2006, *The World of the Luttrell Psalter*, London: British Library.

Brubaker, L. and Haldon, J., 2011, *Byzantium in the Iconoclast Era, c. 680 – 850. A history*, Cambridge: Cambridge University Press.

Bruce, S. G., 2007, *Silence and Sign Language in Medieval Monasticism: the Cluniac tradition c. 900 – 1200*, Cambridge: Cambridge University Press.

Buridan, J., 1984, *Quaestiones in Aristotelis De anima liber secundus*, in P. G. Sobol, "John Buridan on the soul and sensation," Ph. D. dissertation, Indiana University.

Burnett, C., 1991, "The superiority of taste," *Journal of the Warburg and Courtauld Institutes*, 54, 230 – 8.

Burnett, C., 2002, "*Sapores sunt octo:* the medieval Latin terminology for the eight flavours," *Micrologus*, 10: *I cinque sensi. The Five Senses*, 99 – 112.

Burnett, C., 2004, "Perceiving sound in the Middle Ages," in M. M. Smith (ed.), *Hearing History: a reader*, Athens, GA: University of Georgia Press.

Burnett, C., 2011, "*Experimentum* and *ratio* in the Salernitan *Summa de saporibus et odoribus,*" in T. Bénatouïl and I. Draelants (eds), *Expertus sum. L'expérience par les sens dans la philosophie naturelle médiévale*, Florence: SISMEL-Edizioni del Galluzzo.

Burrow, J. A., 2002, *Gestures and Looks in Medieval Narrative*, Cambridge and New York: Cambridge University Press.

Bylebyl, J., 1990, "The medical meaning of physica," *Osiris*, 2d ser., 6, 16–41.

Bynum, C. W., 1987, *Holy Feast and Holy Fast. The religious significance of food to medieval women*, Berkeley, CA and London: University of California Press.

Bynum, C. W., 2011, *Christian Materiality. An essay on religion in late medieval Europe*, New York: Zone Books/Cambridge, MA: MIT Press.

Byrhtferth of Ramsey, 2008, *The Lives of St. Oswald and St. Ecgwine*, ed. and trans. M. Lapidge, Oxford Medieval Texts, Oxford: Oxford University Press.

[*Cal Hust Wills*], 1889–90, *Calendar of Wills Proved and Enrolled in the Court of Husting, London, A. D. 1258–A. D. 1688*, ed. R. R. Sharpe, 2 vols, London: Corporation of London.

[*Cal Letter-Books*], 1899–1912, *Calendar of Letter-Books … of the City of London, A-L*, ed. R. R. Sharpe, 11 vols, London: Corporation of London.

[*Cal Plea and Mem Rolls*], 1926–61, *Calendar of Plea and Memoranda Rolls Preserved … at the Guildhall*, vols. 1–4 (1323–1437), ed. A. H. Thomas, vols. 5–6 (1437–82), ed. P. E. Jones (vol. 3 has title *Calendar of Select Pleas and Memoranda … Preserved … at the Guildhall*), 6 vols, Cambridge: Cambridge University Press.

Camille, M., 2000, "Signs of the city: place, power, and public fantasy in medieval Paris," in B. A. Hanawalt and M. Kobialka (eds), *Medieval Practices of Space*, Minneapolis, MN: University of Minnesota Press.

Campbell, N., 1996, "Aquinas' reasons for the aesthetic irrelevance of tastes and smells," *The British Journal of Aesthetics*, 36, 166–76.

Canévet, M. et al., 1993, *Les sens spirituels*, Paris: Beauchesne.

Canons of the Council in Trullo, 1995, in G. Nedungatt and M. Featherstone (eds), *The Council in Trullo Revisited*, Rome: Pontificio Istituto Orientale.

Carlin, M., 1996, *Medieval Southwark*, London: Hambledon Press.

Carlin, M., 1998, "Fast food and urban living standards in medieval England," in M. Carlin and J. T. Rosenthal (eds), *Food and Eating in Medieval Europe*, London: Hambledon Press.

Carlin, M., 2007, "Shops and shopping in the early thirteenth century: three texts," in L. Armstrong, I. Elbl, and M. M. Elbl (eds), *Money, Markets and Trade in Late Medieval Europe: essays in honour of John H. A. Munro*, Leiden and Boston: Brill.

Carlin, M., 2008, "Putting dinner on the table in medieval London," in M. Davies and A. Prescott (eds), *London and the Kingdom: essays in honour of Caroline M. Barron*, proceedings of the 2004 Harlaxton Symposium, Harlaxton Medieval Studies, 16, Donington, Lincolnshire: Shaun Tyas.

Carruthers, M., 1990, *The Book of Memory: a study of memory in medieval culture*, Cambridge: Cambridge University Press.

Carruthers, M., 1998, *The Craft of Thought: meditation, rhetoric, and the making of images, 400 – 1200*, Cambridge: Cambridge University Press.

Carruthers, M., 2006, "Sweetness," *Speculum*, 81, 999 – 1013.

Carruthers, M. and Ziolkowski, J. M. (eds), 2002, *The Medieval Craft of Memory: an anthology of texts and pictures*, Philadelphia, PA: University of Pennsylvania Press.

Casagrande, C., 2002, "Sistema dei sensi e classificazione dei peccati (secoli XII-XIII)," *Micrologus*, 10: *I cinque sensi. The Five Senses*, 33 – 54.

Casagrande, C. and Vecchio, S., 2000, *I sette vizi capitali. Storia dei peccati nel Medioevo*, Turin: Einaudi.

Cassidy-Welch, M., 2001, *Monastic Spaces and Their Meanings: thirteenth-century English Cistercian monasteries*, Turnhout: Brepols.

Castes, A., 1990, "La dévotion privée et l'art à l'époque carolingienne: le cas de

Sainte-Maure de Troyes," *Cahiers de civilisation médiévale*, 33, 3 – 18.

Chaucer, G., 1987, *The Riverside Chaucer*, ed. L. D. Benson, 3rd edn, Boston, MA: Houghton Mifflin.

Chidester, D., 1984, "Symbolism and the senses in Saint Augustine," *Religion*, 14, 31 – 51.

Chrétien de Troyes, 1985, *The Knight with Lion, or Yvain (Le Chevalier au lion)*, ed. and trans. W. W. Kibler, New York and London: Garland.

Chrétien de Troyes, 1990, *The Complete Romances of Chrétien de Troyes* [c. 1180s], trans. and with introduction by D. Staines, Bloomington, IN: Indiana University Press.

Chrétien de Troyes, 1994, *Le Chevalier au Lion*, ed. M. Zink, in *Romans; suivis des Chansons, avec, en appendice, Philomena*, Paris: Livre de poche.

Clara, J., 2008, "Les dones publiques de la Girona medieval," *Revista de Girona*, 107, 142 – 8.

Clark, D., 2000, "The shop within? An analysis of the architectural evidence for medieval shops," *Architectural History*, 43, 58 – 87.

Clark, J. W. (ed.), 1897, *The Observances in Use at the Augustinian Priory of S. Giles and S. Andrew at Barnwell, Cambridgeshire*, Cambridge: Macmillan & Bowes.

Classen, C., 1997, "Foundations for an anthropology of the senses," *International Social Science Journal*, 49 (153), 401 – 20.

Classen, C., 2012, *The Deepest Sense: a cultural history of touch*, Urbana, IL: University of Illinois Press.

Classen, C., Howes, D., and Synnott, A., 2007, "Artificial flavours," in C. Korsmeyer (ed.), *The Taste Culture Reader*, Oxford: Berg.

Cohen, E., 2010, *The Modulated Scream: pain in late medieval culture*, Chicago: University of Chicago Press.

Cohn, S. K. Jr., 2006, *Lust for Liberty: the politics of social revolt in medieval Europe, 1200 – 1425*, Cambridge, MA: Harvard University Press.

Combes, J., 1972, "Finances municipales et oppositions sociales à Montpellier au commencement du XIVe siècle," in *Vivarais et Languedoc*, Fédération Historique du Languedoc méditerranéen et du Roussillon, XLIVe Congrès, Privas, Mai 1971, Montpellier: Université Paul Valéry.

Constable, O. R., 2010, "Regulating religious noise: the Council of Vienne, the mosque call and muslim pilgrimage in the late medieval Mediterranean world," *Medieval Encounters*, 16, 64 – 95.

Constantine the African, 1515, *Pantegni*, in *Omnia opera Ysaac*, vol. 2, Lyon: Barthélemi Trot.

Coolman, B. T., 2004, *Knowing God by Experience. The spiritual senses in the theology of William of Auxerre*, Washington, DC: The Catholic University of America Press.

Copeland, R., 1992, "Lydgate, Hawes, and the science of rhetoric in the late Middle Ages," *Modern Languages Quarterly*, 53, 57 – 82.

Corbin, A., [1991] 2005, "Charting the cultural history of the senses," in D. Howes (ed.), *Empire of the Senses*, Oxford and New York: Berg.

Corner, G. W., 1927, *Anatomical Texts of the Earlier Middle Ages*, Washington: Carnegie Institute.

Cosman, M. P., 1976, *Fabulous Feasts. Medieval cookery and ceremony*, New York: George Braziller.

Cramp, R., 2004, "Ælla (d. in or after 597?)," *Oxford Dictionary of National Biography*, Oxford: Oxford University Press, www.oxforddnb.com/ view/article/199, accessed July 25, 2012.

Cranefield, P. F., 1970, "On the origin of the phrase NIHIL EST IN INTELLECTU QUOD NON PRIUS FUERIT IN SENSU," *Journal of the History of Medicine and Allied Sciences*, 25, 77 – 80.

Cross, S. H. and Shobowitz-Wetzor, O. P. (ed. and trans.), 1953, *The Russian Primary Chronicle: Laurentian text*, Cambridge, MA: Medieval Academy of America.

Cruse, M., 2010, "Matter and meaning in medieval books: the romance manuscript as sensory experience," *The Senses and Society*, 5, 45 – 56.

Curschmann, M., 1993, "*Der aventiure bilde nemen*: the intellectual and social environment of the Iwein Murals at Rodenegg Castle," in M. H. Jones and R. Wisbey (eds), *Chrétien de Troyes and the German Middle Ages: papers from an international symposium*, Woodbridge, UK and Rochester, NY: D. S. Brewer.

Dagens, C., 1968, "Grégoire le Grand et la culture: de la 'sapientia huius mundi' à la 'docta ignorantia,'" *Revue des Études Augustiniennes*, 14, 17 – 26.

Dahan, G., 1980, "Notes et textes sur la poétique au Moyen Age," *Archives d'Histoire Doctrinale et Littéraire du Moyen Age*, 47, 171 – 239.

Dale, T., 2011, "The nude at Moissac: vision, phantasia and the experience of Romanesque sculpture," in K. Ambrose and R. A. Maxwell (eds), *Current Directions in Eleventh-and Twelfth-Century Sculpture Studies*, Turnhout: Brepols.

Davis, J., 2012, *Medieval Market Morality: life, law and ethics in the English marketplace, 1200 – 1500*, Cambridge: Cambridge University Press.

Davis, R. (trans.), 1989, *The Book of Pontiffs (Liber Pontificalis). The ancient biographies of the first ninety Roman bishops to AD 715*, Liverpool: Liverpool University Press.

Davis, R. H. C., 2006, *A History of Medieval Europe. From Constantine to Saint Louis*, 3rd edn, ed. R. I. Moore, Harlow and New York: Pearson/ Longman.

Dean, J. M. (ed.), 1996, *London Lickpenny* [BL, Harley MS 542, ff. 102r – 4r], in J. M. Dean (ed.), *Medieval English Political Writings*, Kalamazoo, MI: Medieval Institute Publications, for TEAMS; http://www.lib.rochester.edu/camelot/lick.htm, accessed July 24, 2012.

Debiais, V., 2013, "The poem of Baudri for Countess Adèle: a starting point for a reading of medieval Latin ekphrasis," *Viator*, 44, 95 – 106.

Demaitre, L., 1985, "The description and diagnosis of leprosy by fourteenth-century physicians," *Bulletin of the History of Medicine*, 59, 327 – 44.

Demaitre, L., 2007, *Leprosy in Premodern Medicine: a malady of the whole body*, Baltimore, MD: Johns Hopkins University Press.

Denery, D. G. II, 2005, *Seeing and Being Seen in the Later Medieval World: optics, theology and religious life*, Cambridge: Cambridge University Press.

Deschamps, E., 1894, "Le miroir de mariage," in Œuvres Complètes, ed. G. Raynaud, Société des anciens textes français, vol. 9, Paris: Librairie de Firmin Didot.

Dillon, E., 2012, *The Sense of Sound: musical meaning in France, 1260 – 1330*, New York: Oxford University Press.

Dion, R., 1959, *Histoire de la vigne et du vin en France: des origines au XIXe siècle*, Paris: Clavreuil.

Domenicus Gundisalvus, 1903, *De devisione philosophiae*, ed. L. Baur, Münster: Aschendorff.

Dominguez, V., 2007, *La scène et la croix: le jeu de l'acteur dans les passions dramatiques françaises (XIVe – XVIe)*, Turnhout: Brepols.

Drescher, J., 1946, *Apa Mena. A selection of Coptic texts relating to St Menas*, Cairo: Société d'archéologie copte.

Dronke, P., 2002, "Les cinq sens chez Bernard Silvestre et Alain de Lille," *Micrologus*, 10: *I cinque sensi. The Five Senses*, 1 – 14.

Duby, G., 1976, *Saint Bernard. L'art cistercien*, Paris: Arts et Métiers Graphiques.

Duffy, E., 1992, *The Stripping of the Altars. Traditional religion in England 1400 – 1580*, New Haven, CT: Yale University Press.

Duffy, E. M. and Metcalf, A. C., 2012, *The Return of Hans Staden: a go-between in the Atlantic world*, Baltimore, MD: Johns Hopkins University Press.

Dugan, H. and Farina, L., 2012, "Intimate senses/sensing intimacy," *Postmedieval*, 3, 373 – 9.

Duns Scotus, J., 1954, *Opera omnia*, Volume III, ed. C. Balic' et al., Vatican

City: Typis Polyglottis Vaticani.

Duns Scotus, J., 1997, *Opera philosophica*, Volume IV, ed. R. Andrews *et al.*, St. Bonaventure: The Franciscan Institute.

Duran-Reynals, M. L. and Winslow, C-E. A., 1949, "Jacme d'Agramont: 'Regiment de preservacio a epidemia o pestilencia e mortaldats,'" *Bulletin of the History of Medicine*, 23, 57–89.

Durand, J. *et al.* (eds), 2010, *Sainte Russie: l'art russe des origines à Pierre le Grand*, Paris, Somogy: Musée du Louvre.

Dyer, C., 2005, *An Age of Transition? Economy and society in England in the later Middle Ages*, Oxford: Oxford University Press.

Eastwood, B. S., 1981, "Galen on the elements of olfactory sensation," *Rheinisches Museum*, 124, 268–90.

Ebin, L., 1988, *Illuminator, Makar, Vates: visions of poetry in the fifteenth century*, Lincoln, NE: University of Nebraska Press.

Eccles, M. (ed.), 1969, *The Macro Plays*, EETS os 262, London: Oxford University Press.

Eco, U., 2002, *Art and Beauty in the Middle Ages*, trans. H. Bredin, New Haven, CT: Yale University Press.

Edgerton, S. Y., 1985, *Pictures and Punishment: art and criminal prosecution during the Florentine Renaissance*, Ithaca, NY: Cornell University Press.

Eike von Repgow, 1991, *Der Sachsenspiegel*, ed. C. Schott, Zurich: Manesse.

Eike von Repgow, 1999, *Sachsenspiegel: Landrecht und Lehnrecht*, ed. F. Ebel, Stuttgart: Reclam.

Emilsson, E. K., 2008, "Plotinus on sense perception," in S. Knuuttila and P. Kärkkäinen (eds), *Theories of Perception in Medieval and Early Modern Philosophy*, Dordrecht: Springer.

Eriksson, T., 1964, "L'échelle de la perfection," *Cahiers de civilization médiévale*, 7 (28), 439–49.

Erlande-Brandenburg, A., 1989, *La cathédrale*, Paris: Fayard.

Fabre, G. and Lochard, T., 1992, *Montpellier: la ville médiévale*, Paris: Imprimérie Nationale.

Falkenburg, R., 1994, *The Fruit of Devotion: mysticism and the imagery of love in Flemish painting of the Virgin and Child, 1450 – 1550*, trans. S. Herman, Amsterdam and Philadelphia, PA: John Benjamins.

Falkenburg, R., 1997, "The scent of holyness: notes on the interpretation of botanical symbolism in paintings by Hans Memling," in H. Verougstraete *et al.* (eds), *Memling Studies*, Leuven: Peeters.

Favier, J., 1974, *Nouvelle histoire de Paris: Paris au XVe siècle, 1380 – 1500*, Paris: Hachette.

Fera, R. M., 2011, "Metaphors for the five senses in Old English prose," *Review of English Studies*, 63, 709 – 31.

Fera, R. M., 2012, "Translating the five senses in Alfredian prose," *Studia Neophilologica*, 84, 189 – 200.

Finney, P. C. (ed.), 1999, *Seeing Beyond the Word: visual arts and the Calvinist tradition*, Grand Rapids, MI: W. E. Eerdmans.

Fitz Stephen, W., 1990, *Norman London* [*Descriptio Londoniae*, early 1170s], trans. H. E. Butler, with an essay by Sir Frank Stenton, introduction by F. Donald Logan, New York: Italica Press.

Flint, V. I. J., 2000, "Space and discipline in early medieval Europe," in B. A. Hanawalt and M. Kobialka (eds), *Medieval Practices of Space*, Minneapolis, MN: University of Minnesota Press.

Florensky, P. [1918] 2002, "The Church ritual as a synthesis of the arts," in N. Misler (ed.), *Pavel Florensky, Beyond Vision. Essays on the perception of art*, trans. W. Salmond, London: Reaktion Books.

Flynn, W. T., 2006, "Liturgical music," in G. Wainwright and K. B. Westerfield Tucker (eds), *The Oxford History of Christian Worship*, Oxford: Oxford University Press.

Forest-Hill, L., 2000, *Transgressive Language in Medieval English Drama: signs of challenge and change*, Aldershot: Ashgate.

Francis, W. N. (ed.), [1942] 1968, *The Book of Vices and Virtues. A fourteenth century English translation of the Somme le roi of Lorens d'Orléans*, EETS os 21, London: Oxford University Press.

Frank, G., 2000, *The Memory of the Eyes: pilgrims to living saints in Christian late antiquity*, Berkeley, CA: University of California Press.

Fredborg, K. M., Nielsen, L., and Pinborg, J., 1978, "An unedited part of Roger Bacon's 'Opus maius': 'De signis,'" *Traditio*, 34, 75–136.

Freedman, P., 2008, *Out of the East. Spices and the medieval imagination*, New Haven, CT: Yale University Press.

Fritz, J-M., 2000, *Paysages sonores du Moyen Âge: le versant épistémologique*, Paris: Honoré Champion.

Fritz, J-M., 2011, *La Cloche et la lyre: pour une poétique médiévale du paysage sonore*, Genève: Droz.

Frugoni, C., 2005, *A Day in a Medieval City*, trans. W. McCuaig, Chicago: University of Chicago Press.

Fugali, E., 2009, "Toward the rebirth of Aristotelian psychology: Trendelenburg and Brentano," in S. Heinämaa and M. Reuter (eds), *Psychology and Philosophy. Inquiries into the soul from late scholasticism to contemporary thought*, Dordrecht: Springer.

Fulton, R., 2006, "'Taste and see that the Lord is sweet' (Ps. 33: 9): the flavor of God in the monastic West," *Journal of Religion*, 86, 169–204.

Furnivall, F. J. (ed.), 1868, *Manners and Meals in Olden Time: the Babees Book*, EETS os 32, London: Early English Text Society.

Gage, J., 2000, *Color and Meaning: art, science, and symbolism*, London: Thames & Hudson.

Galen, 1490, *Opera*, 2 vols, Venice: Filippo Pinzi.

García Ballester, L., 1995, "The construction of a new form of learning and practicing medicine in medieval Latin Europe," *Science in Context*, 8,

75 – 102.

García Ballester, L., 1998, "The new Galen: a challenge to Latin Galenism in thirteenth-century Montpellier," in K-D. Fischer, D. Nickel, and P. Potter (eds), *Text and Tradition. Studies in ancient medicine and its transmission presented to Jutta Kollesch*, Leiden: Brill.

Garnier, F., 1982 – 9, *Le langage de l'image au Moyen Âge. Signification et symbolique*, 2 vols, Paris: Léopard d'Or.

Gauvard, C., 1994, "Rumeurs et stéréotypes à la fin du moyen âge," in *La circulation des nouvelles au moyen âge: XXIVe congrès de la SHMES*, Avignon, juin 1993, Rome: École française de Rome; Paris: Publications de la Sorbonne.

Gavrilyuk, P. L. and Coakley, S. (eds), 2012, *The Spiritual Senses. Perceiving God in Western Christianity*, Cambridge: Cambridge University Press.

Gelfand, L. D., 2012, "Sense and simulacra: manipulation of the senses in medieval 'copies' of Jerusalem," *Postmedieval*, 3, 407 – 22.

Gerstel, S. E. J. (ed.), 2006, *Thresholds of the Sacred. Architectural, art hitorical, liturgical, and theological perspectives on religious screens, East and West*, Washington, DC: Dumbarton Oaks.

Gertrude of Helfta, 1968, *Le Héraut* (*Livre III*), ed. P. Doyère, in *Œuvres spirituelles*, Vol. 3, Paris: Les Éditions du Cerf.

Gertrude of Helfta, 1993, *The Herald of Divine Love*, ed. and trans. M. Winkworth, New York: Paulist Press.

Gil-Sotres, P., 1998, "The regimens of health," in M. D. Grmek (ed.), *Western Medical Thought from Antiquity to the Middle Ages*, Cambridge, MA: Harvard University Press.

Gillespie, V., 1997, "Justification by faith: Skelton's *Replycacion*," in H. Cooper and S. Mapstone (eds), *The Long Fifteenth Century: essays for Douglas Gray*, Oxford: Oxford University Press.

Gillespie, V., 2005, "The study of the classical authors from the twelfth century to c. 1450," in A. J. Minnis and I. Johnson (eds), *The Cambridge History of Literary Criticism: Volume II : the Middle Ages*, Cambridge: Cambridge University Press.

Giovacchini, J., 2011, "L'expérience par les sens: question de philosophie ou question de médecine?" in T. Bénatouïl and I. Draelants (eds), *Expertus sum. L'expérience par les sens dans la philosophie naturelle médiévale*, Florence: SISMEL — Edizioni del Galluzzo.

Giovanni da Nono, 2000, "A Vision of Padua, c. 1318" [*Visio Egidii regis Patavie*, extracts], in T. Dean (trans.), *The Towns of Italy in the Later Middle Ages*, Manchester: Manchester University Press.

Gitlitz, D. M. and Davidson, L. K., 2006, *Pilgrimage and the Jews*, Westport, CT: Praeger.

Goes, H. van der, 1958, "The Ofhuys Chronicle of Hugo van der Goes" ed. W. A. McCloy, Ph. D. dissertation, State University of Iowa.

Gouron, M. and Dainville, M. de, 1974, *Série EE. Fonds de la commune clôture et affaires militaires*, in *Archives de la ville de Montpellier*, vol. XII, Montpellier: Imprimerie Coopérative L'Abeille.

Gower, J., 1992, *Mirour de l'Omme* (*The Mirror of Mankind*) [late 1370s], trans. W. Burton Wilson, revised by N. Wilson Van Baak, Medieval Texts and Studies, 5, East Lansing, MI: Colleagues Press.

Gower, J., 2011, *Visio Anglie* (*Vox clamantis* 1), ed. D. R. Carlson, trans. A. G. Rigg, in J. Gower, *Poems on Contemporary Events. The Visio Anglie (1381) and Cronica tripertita (1400)*, Toronto: Pontifical Institute of Mediaeval Studies Press.

Grabes, H., 1973, *Speculum, Mirror, und Looking-Glass. Kontinuität und Originalität der Spiegelmetapher in den Buchtiteln des Mittelalters und der englischen Literatur des 13. bis 17. Jahrhunderts*, Tübingen: Niemeyer.

Gransden, A. (ed.), 1963, *The Customary of the Benedictine Abbey of Eynsham in Oxfordshire*, Corpus Consuetudinum Monasticarum 2, Siegburg: F. Schmitt.

Grant, E., 1974, *A Sourcebook in Medieval Science*, Cambridge, MA: Harvard University Press.

Greco-Kaufmann, H. (ed.), 2009, *Zuo der Eere Gottes, vfferbuwung der mentschen vnd der statt Lucern lob. Theater und szenische Vorgänge in der Stadt Luzern im Spätmittelalter und in der Frühen Neuzeit*, 2 vols, Zürich: Chronos.

Green, M. H., 2001, *The Trotula: an English translation of the medieval compendium of women's medicine*, Philadelphia, PA: University of Pennsylvania Press.

Green, M. H., 2008, *Making Women's Medicine Masculine: the rise of male authority in pre-modern gynaecology*, Oxford: Oxford University Press.

Greenfield, C. C., 1981, *Humanist and Scholastic Poetics, 1250 – 1500*, Lewisburg, PA: Bucknell University Press.

Gregory the Great, 1980, *Dialogues*, ed. A. de Vogüé, trans. P. Antin, vol. 3, Sources chrétiennes, 265, Paris: Cerf.

Gregory the Great, 1999, *Homiliae in Evangelia*, ed. R. Étaix, CCSL 141, Turnhout: Brepols.

Gregory Nazianzen, 2000, *Oratio XXXVIII*, in P. Schaff (trans.), *Nicene and Post Nicene Fathers*, 7, Garland, TX: Galaxy Software.

Gregory of Tours, 1974, *The History of the Franks*, trans. L. Thorpe, Harmondsworth: Penguin.

Griffith, S. H., 2008, *The Church in the Shadow of the Mosque. Christians and Muslims in the world of Islam*, Princeton, NJ: Princeton University Press.

Grosseteste, R., 1912, *Die philosophischen Werkes des Robert Grosseteste, Bischofs von Lincoln*, ed. L. Baur, Munster: Aschendorff.

Grosseteste, R., 1918, *Le Chateau d'Amour*, ed. J. Murray, Paris: Champion.

Guillaume de la Villeneuve, [1906] 1968, *Crieries de Paris* [c. 1265], in A. Franklin, *Dictionnaire historique des arts, métiers et professions exercés dans Paris depuis le treiziéme siècle*, New York: Burt Franklin.

Guillerme, A. E., 1988, *The Age of Water. The urban environment in the north of France, A. D. 300 – 1800*, College Station, TX: A & M University Press.

Guy de Chauliac, 1997, *Inventarium sive Chirurgia magna*, ed. M. R. McVaugh, Leiden: Brill.

Hackett, J., 1997, "Roger Bacon on rhetoric and poetics," in J. Hackett (ed.), *Roger Bacon and the Sciences: commemorative essays*, Leiden: Brill.

Hahn, C., 1997, "The voices of the saints: speaking reliquaries," *Gesta*, 36, 20-31.

Hamburger, J. F., 1989, "The visual and the visionary: the image in late medieval monastic devotions," *Viator*, 20, 161-82.

Hamburger, J. F., 2000, "Speculations on speculation: vision and perception in the theory and practice of mystical devotions," in W. Haug and W. Schneider-Lastin (eds), *Deutsche Mystik im abendländischen Zusammenhang: Neu erschlossene Texte, neue methodische Ansätze, neue theoretische Konzepte, Kolloquium Kloster Fischingen*, Tübingen: Niemeyer.

Hamburger, J. F., 2012, "Mysticism and visuality," in A. Hollywood and P. Z. Beckman (eds), *The Cambridge Companion to Christian Mysticism*, Cambridge: Cambridge University Press.

Hamburger, J. F. and Bouché, A-M. (eds), 2005, *The Mind's Eye: art and theological argument in the Middle Ages*, Princeton, NJ: Princeton University Press.

Haquin, A. (ed.), 1999, *Fête-Dieu (1246-1996)*, Vol. 1: *Actes du colloque de Liège, 12 - 14 septembre 1996*, Louvain- La-Neuve: Institut d'études médiévales de l'université catholique de Louvain.

Harding, V., 1988, "The London food markets," in I. Archer, C. Barron, and V. Harding (eds), *Hugh Alley's Caveat: the markets of London in 1598*, London: London Topographical Society.

Harris, C. R. S., 1973, *The Heart and Vascular System in Ancient Greek Medicine from Alcmaeon to Galen*, Oxford: Clarendon.

Hartmann of Aue, 1984, *Iwein*, ed. and trans. P. M. McConeghy, New York and London: Garland.

Hartmann of Aue, 2004, *Gregorius. Der arme Heinrich. Iwein*, ed. and trans. (German) V. Mertens, Frankfurt am Main: Deutscher Klassiker Verlag.

Harvey, B. F. (ed.), 1965, *Documents Illustrating the Rule of Walter de Wenlok, Abbot of Westminster, 1283 – 1307*, Camden 4th series 2, London: Royal Historical Society.

Harvey, E. R., 1975, *The Inward Wits: psychological theory in the Middle Ages and the Renaissance*, London: Warburg Institute, University of London.

Harvey, E. R. (ed.), 1984, *The Court of Sapience*, Toronto: University of Toronto Press.

Harvey, S. A., 2006, *Scenting Salvation: ancient Christianity and the olfactory imagination*, Berkeley, CA: University of California Press.

Hasse, D. N., 2000, *Avicenna's De anima in the Latin West*, London: The Warburg Institute.

Hawes, S., 1928, *The Pastime of Pleasure. By Stephen Hawes*, ed. W. E. Mead, EETS os 173, London: Oxford University Press.

Heller, S-G., 2007, *Fashion in Medieval France*, Cambridge: D. S. Brewer.

Heller-Roazen, D., 2008, "Common sense: Greek, Arabic, Latin," in S. G. Nichols et al. (eds), *Rethinking the Medieval Senses. Heritage, fascinations, frames*, Baltimore, MD: Johns Hopkins University Press.

Helmholz, R. H., 2004, *The Oxford History of the Laws of England, Volume I. The canon law and ecclesiastical jurisdiction from 597 to the 1640s*, Oxford: Oxford University Press.

Henry of Lancaster, 1940, *Le Livre de seyntz medicines. The unpublished devotional treatise of Henry of Lancaster*, ed. E. J. F. Arnould, Oxford: Blackwell.

Hense, A., 1998, *Glockenläuten und Uhrenschlag: der Gebrauch von Kirchenglocken in der kirchlichen und staatlichen Rechtsordnung*, Berlin: Duncker und Humblot.

Henwood, P. (ed.), 2004, *Les collections du trésor royal sous le règne de Charles VI (1380 – 1422): l'inventaire de 1400*, Paris: Comité des travaux historiques et scientifiques.

Hieatt, C. B. and Butler, S. (eds), 1985, in *Curye on Inglysch: English culinary manuscripts of the fourteenth century* (*including the Forme of Cury*), EETS ss 8, London: Oxford University Press.

Hildegard of Bingen, 1978, *Hildegardis Scivias*, ed. A. Führkötter, 2 vols, CCCM 43 – 43A, Turnhout: Brepols.

Hilton, W., 1987, *Walter Hilton's Latin Writings*, ed. J. P. H. Clark and C. Taylor, Salzburg: Institut für Anglistik and Amerikanistik, Universität Salzburg.

Hodgett, G. A. J., 1972, *A Social and Economic History of Medieval Europe*, New York: Harper & Row.

Hoenen, M. J. F. M., 1993, "Albertistae, thomistae und nominales: die philosophisch-historischen Hintergründe der Intellektlehre des Wessel Gansfort († 1489)," in F. Akkerman, G. C. Huisman, and A. J. Vanderjagt (eds), *Wessel Gansfort (1419 – 1489) and Northern Humanism*, Leiden: Brill.

Hoenen, M. J. F. M., 1995, "Heymeric van de Velde († 1460) und die Geschichte des Albertismus: auf der Suche nach den Quellen der albertistischen Intellektlehre des *Tractatus problematicus*," in M. J. F. M. Hoenen and A. Libera (eds), *Albertus Magnus und der Albertismus. Deutsche philosophische Kultur des Mittelalters*, Leiden: Brill.

Holdsworth, C. J., 1962, "Eleven visions connected with the Cistercian monastery of Stratford Langthorne," *Cîteaux*, 13, 185 – 204.

Holmes, U. T. Jr., 1952, *Daily Living in the Twelfth Century. Based on the observations of Alexander Neckam in London and Paris*, Madison, WI: University of Wisconsin Press.

Horden, P., 2007, "A non-natural environment: medicine without doctors and the medieval European hospital," in B. S. Bowers (ed.), *The Medieval Hospital and Medical Practice*, Aldershot: Ashgate.

Horrox, R., 1994, *The Black Death*, Manchester: University of Manchester

Press.

Howard, D. and Moretti, L., 2009, *Sound and Space in Renaissance Venice*, New Haven, CT: Yale University Press.

Howes, D. (ed.), 2005a, *Empire of the Senses. The sensual culture reader*, Oxford and New York: Berg.

Howes, D., 2005b, "HYPERESTHESIA, or, the sensual logic of late capitalism," in D. Howes (ed.), *Empire of the Senses. The sensual culture reader*, Oxford and New York: Berg.

Howes, D., 2008. "Can these dry bones live? An anthropological approach to the history of the senses," *The Journal of American History*, 95, 442–51.

Howes, D., 2012, "The cultural life of the senses," *Postmedieval*, 3 (4), 450–4.

Hugh of St. Victor, 1997, *L'Œuvre de Hugueas de Saint-Victor*, ed. and trans. H. B. Feiss *et al.*, Turnhout: Brepols.

Hunt, T. *et al.* (eds), 2010, "*Cher alme*": *texts of Anglo-Norman piety*, Tempe, AZ: Arizona Center for Medieval and Renaissance Studies.

Huot, S., 1993, *The Romance of the Rose and its Medieval Readers: interpretation, reception, manuscript transmission*, Cambridge: Cambridge University Press.

Huot, S., 2010, *Dreams of Lovers and Lies of Poets: poetry, knowledge, and desire in the Roman de la Rose*, London: Legenda.

Hutton, S., 2009, "Women, men, and markets: the gendering of market space in late medieval Ghent," in A. Classen (ed.), *Urban Space in the Middle Ages and the Early Modern Age*, Berlin and New York: Walter de Gruyter.

Hyde, J. K., 1966, *Padua in the Age of Dante*, Manchester: Manchester University Press.

Ibn Fadlan, A., 2005, *Ibn Fadlan's Journey to Russia: a tenth-century traveler from Baghdad to the Volga River*, trans. R. Frye, Princeton, NJ: Markus Wiener.

Ibn Jubair, 1952, *The Travels of Ibn Jubayr*, trans. R. J. C. Broadhurst, London: J. Cape.

Inglis, E, 2003, "Gothic architecture and a scholastic: Jean de Jandun's *Tractatus de laudibus Parisius* (1323)," *Gesta*, 42 (1), 63 – 85.

Isaac Judaeus, 1966, *Il Libro delle urine di Isacco l'Ebreo tradotto dall'arabo in latino da Costantino Africano*, ed. E. Fontana, Pisa: Giardini.

Isidore of Seville, 2006, *Etymologies*, trans. S. Barney, et al. Cambridge: Cambridge University Press.

Jacquart, D., 1988, "Aristotelian thought in Salerno," in P. Dronke (ed.), *A History of Twelfth Century Philosophy*, Cambridge: Cambridge University Press.

Jacques de Vitry, [1890] 1967, *The Exempla or Illustrative Stories from the Sermones Vulgares of Jacques de Vitry*, ed. T. F. Crane, Nendeln: Kraus.

Jacques de Vitry, 1896, *History of Jerusalem*, trans. A. Stewart, London: Committee of the Palestine Exploration Fund.

James, M. R., 1922, "Twelve medieval ghost-stories," *English Historical Review*, 37, 413 – 22.

Jardine, L., 1996, *Worldly Goods*, London: Macmillan.

Jean de Jandun, 1867, *Tractatus de laudibus Parisius* [1323], in A. J. V. Le Roux de Lincy and L. M. Tisserand (eds), *Paris et ses historiens aux 14e et 15e siècles; documents et écrits originaux*, Paris: Imprimerie Impériale.

Jean de Jandun, 2002, "A treatise of the praises of Paris" [1323], in R. W. Berger (ed. and trans.), *In Old Paris: an anthology of source descriptions, 1323 – 1790*, New York: Italica Press.

Jehel, G., 1985, *Aigues-Mortes. Un port pour un roi. Les Capétiens et la Méditerranée*, Roanne, Le Coteau: Éditions Horvath.

Johansen, T. K., 1997, *Aristotle on the Sense-Organs*, Cambridge: Cambridge University Press.

John Climacus, 1982, *The Ladder of Divine Ascent*, trans. C. Luibheid and N. Russell, London: SPCK.

John of Gaddesden, 1492, *Rosa anglica*, Pavia: Franciscus Girardengus and Joannes Antonius Birreta.

Jones, P. M., 1998, *Medieval Medicine in Illuminated Manuscripts*, London: British Library.

Jones, P. M., 2000, "Music therapy in the later Middle Ages: the case of Hugo van der Goes," in P. Horden (ed.), *Music as Medicine: the history of music therapy since antiquity*, Aldershot: Ashgate.

Jordan, W. C., 1996, *The Great Famine. Northern Europe in the early fourteenth century*, Princeton, NJ: Princeton University Press.

Jung, J. E., 2010, "The tactile and the visionary: notes on the place of sculpture in the medieval religious imagination," in C. Hourihane (ed.), *Looking Beyond. Visions, dreams, and insights in medieval art & history*, Princeton, NJ: Index of Christian Art, Department of Art & Archaeology, Princeton University; University Park, PA: Penn State University Press.

Jütte, R., 2005, *A History of the Senses: from antiquity to cyberspace*, trans J. Lynn, Cambridge: Polity.

Karnes, M., 2011, *Imagination, Meditation, and Cognition in the Middle Ages*, Chicago: University of Chicago Press.

Kaukua, J., 2007, "Avicenna on Subjectivity. A philosophical study," Ph. D. dissertation, University of Jyväskylä, Finland.

Keene, D., 1990, "Shops and shopping in medieval London," in L. Grant (ed.), *Medieval Art, Architecture and Archaeology in London*, British Archaeological Association Conference Transactions, 10, 29–46.

Keene, D., 2006, "Sites of desire: shops, selds and wardrobes in London and other English cities, 1100–1550," in B. Blondé, P. Stabel, J. Stobart, and I. Van Damme (eds), *Buyers & Sellers: retail circuits and practices in medieval and early modern Europe*, Studies in European Urban History (1100–1800), 9, Turnhout: Brepols.

Keller, H. E., 1993, *Wort und Fleisch. Körperallegorien, mystische Spiritualität und Dichtung des St. Trudperter Hoheliedes im Horizont der Inkarnation*, Bern-Frankfurt am Main: Lang.

Keller, H. E., 2000, *My Secret Is Mine. Studies on religion and Eros in the German Middle Ages*, Leuven: Peeters.

Keller, H. E., 2002, "Das Medium und die Sinne. Performanz für Aug und Ohr in mittelalterlicher Literatur," in J. Eming *et al.* (eds), *Mediale Performanzen. Historische Konzepte und Perspektiven*, Freiburg im Breisgau: Rombach.

Keller, H. E., 2008, "Blinded avengers. Making sense of invisibility in courtly epic and legal ritual," in S. G. Nichols *et al.* (eds), *Rethinking the Medieval Senses. Heritage—fascinations—frames*, Baltimore, MD: Johns Hopkins University Press.

Kessler, H. L., 2000, *Spiritual Seeing: picturing God's invisibility in medieval art*, Philadelphia, PA: University of Pennsylvania Press.

Kessler, H. L., 2004, *Seeing Medieval Art*, Peterborough, ON and Orchard Park, NY: Broadview.

Kessler, H. L., 2011, "Speculum," *Speculum*, 86, 1 – 41.

King, H., 1998, *Hippocrates' Woman: reading the female body in ancient Greece*, London and New York: Routledge.

Klein, P. K., 1990, "Programmes eschatologiques, fonction et réception historiques des portails du XIIe s.: Moissac—Beaulieu—Saint-Denis," *Cahiers de civilisation médiévale*, 33, 317 – 49.

Knuuttila, S., 2008, "Aristotle's theory of perception and medieval Aristotelianism," in S. Knuuttila and P. Kärkkäinen (eds), *Theories of Perception in Medieval and Early Modern Philosophy*, Dordrecht: Springer.

Köpf, U., 1985, "Bernhard von Clairvaux in der Frauenmystik," in P. Dinzelbacher and D. R. Bauer (eds), *Frauenmystik im Mittelalter. Wissenschaftliche Studientagung der Akademie der Diözese Rottenburg—Stuttgart 22. – 25. Februar 1984 in Weingarten*, Ostfildern bei Stuttgart: Schwabenverlag.

Korsmeyer, C., 1999, *Making Sense of Taste: food & philosophy*, Ithaca, NY: Cornell University Press.

Kowaleski, M. (ed.), 2008, *Medieval Towns. A reader*, Toronto: University of Toronto Press.

Küpper, J., 2008, "Perception, cognition, and volition in the *Arcipreste de Talavera*," in S. G. Nichols et al. (eds), *Rethinking the Medieval Senses. Heritage, fascinations, frames*, Baltimore, MD: Johns Hopkins University Press.

Langland, W., 1975, *Piers Plowman: the B Version. Will's visions of Piers Plowman, Do-well, Do-better and Do-best*, ed. G. Kane and E. Talbot Donaldson, London: Athlone Press.

Langland, W., [1978] 1997, *The Vision of Piers Plowman. A Critical edition of the B-Text based on Trinity College Cambridge MS B. 15. 17*, ed. A. V. C. Schmidt, 2nd edn, London: Dent; Rutland, VT: Charles E. Tuttle.

Langland, W., 2006, *Piers Plowman: the Donaldson translation, select authoritative Middle English Text, sources and backgrounds, criticism*, ed. E. A. Robertson and S. H. A. Shepherd, New York: Norton.

Laurent (Friar), 2008, *La Somme le roi*, ed. É. Brayer and A-F. Leurquin-Labie, Paris: Société des Anciens Textes Français; Abbeville: F. Paillart.

Lauwers, M., 1997, *La mémoire des ancêtres, le souci des morts: morts, rites, et société au Moyen Age: Diocèse de Liège, XIe-XIIIe siècles*, Paris: Beauchesne.

Lawn, B., 1979, *The Prose Salernitan Questions*, Oxford: Oxford University Press for the British Academy.

Lawrence, C. H., 1960, *St Edmund of Abingdon: a study in hagiography and history*, Oxford: Clarendon.

Le Goff, J., 1964, *La civilisation de l'occident médiéval*, Paris: Arthaud.

Le Goff, J., 1980, *Time, Work & Culture in the Middle Ages*, trans. A. Goldhammer, Chicago: University of Chicago.

Le Roy Ladurie, E., 1978, *Montaillou. The promised land of error*, trans. B. Bray, New York: Vintage Books.

Leclercq, J., 1961, *The Love of Learning and the Desire for God: a study of monastic culture*, New York: Fordham University Press.

Lees, C. A., 2012, "Books and bodies, literature and the senses in the early Middle Ages," *Postmedieval*, 3, 476 – 88.

Lemay, H. R., 1985, "Anthonius Guainerius and medieval gynaecology," in J. Kirschner and S. F. Wemple (eds), *Women of the Medieval World: essays in honour of John H. Mundy*, Oxford: Blackwell.

Lentz, M., 2004, *Konflikt, Ehre, Ordnung. Untersuchungen zu den Schmähbriefen und Schandbildern des späten Mittelalters und der frühen Neuzeit (ca. 1350 bis 1600). Mit einem illustrierten Katalog der Überlieferung*, Hannover: Hahnsche Buchhandlung.

[*Liber Albus*], 1859, *Munimenta Gildhallae Londoniensis: Liber Albus, Liber Custumarum, et Liber Horn*, ed. H. T. Riley, 3 vols, in 4, Rolls Series, 12, London: 1859 – 62, vol. 1.

[*Liber Cust*], 1860, *Munimenta Gildhallae Londoniensis: Liber Albus, Liber Custumarum, et Liber Horn*, ed. H. T. Riley, 3 vols, in 4, Rolls Series, 12, London: 1859 – 62, vol. 2 (Parts 1 – 2).

Lilley, K. D., 2002, *Urban Life in the Middle Ages 1000 – 1450*, Basingstoke and New York: Palgrave.

Lindberg, D. C., 1978a, "Medieval Latin theories of the speed of light," in R. Taton (ed.), *Roemer et la vitesse de la lumière*, Paris: Vrin.

Lindberg, D. C., 1978b, "The science of optics," in D. C. Lindberg (ed.), *Science in the Middle Ages*, Chicago: University of Chicago Press.

Lindenbaum, S., 1994, "Ceremony and oligarchy: the London Midsummer Watch," in B. A. Hanawalt and K. L. Reyerson (eds), *City and Spectacle in Medieval Europe*, Minneapolis, MN: University of Minnesota Press.

Lindgren, E. L., 2009, *Sensual Encounters: monastic women and spirituality in medieval Germany*, New York: Columbia University Press.

Løkke, H., 2008, "The Stoics on sense perception," in S. Knuuttila and P. Kärkkäinen (eds), *Theories of Perception in Medieval and Early Modern*

Philosophy, Dordrecht: Springer.

Lombard-Jourdan, A., 2009, *Les Halles de Paris et leur quartier (1137 - 1969)*, Études et rencontres de l'École des Chartes, 28, Paris: École Nationale des Chartes.

Lopez, R. S., 1967, *The Birth of Europe*, New York: M. Evans & Company, Inc.

Lopez, R. S., 1976, *The Commercial Revolution of the Middle Ages, 950 - 1350*, Cambridge: Cambridge University Press.

Lopez, R. S. and Raymond, I. W. (trans.), 1955, *Medieval Trade in the Mediterranean World. Illustrative documents*, New York: Columbia University Press.

Luchaire, A., [1912] 1967, *Social France at the Time of Philip Augustus*, New York: Harper & Row.

Lupant, C., 2010, "Réflexions sur l'utilisation des cinq sens dans l'iconographie médiévale," *Communications, Langage des sens*, 86, 65 - 80.

Lutz, E. and Rigaux, D. (eds), 2007, *Paroles de murs. Peinture murale, littérature et histoire au Moyen Âge = Sprechende Wände. Wandmalerei, Literatur und Geschichte im Mittelalter*, Grenoble: CRHIPA.

Lutze, E. [1936] 1971, *Die Bilderhandschriften der Universitätsbibliothek Erlangen*, Erlangen: Harrassowitz.

Lydgate, J., 1899 - 1904, *The Pilgrimage of the Life of Man, Englisht by John Lydgate, A. D. 1426, from the French of Guillaume de Deguileville, A. D. 1330, 1355*, 3 vols, text in vols 1 - 2, ed. F. J. Furnivall, introduction, notes, glossary and indexes in vol. 3, by K. B. Locock, EETS es 77, 83, 92, London: K. Paul, Trench, Trübner.

Lydgate, J., 1934, *The Minor Poems of John Lydgate, Part II , Secular Poems*, ed. H. N. MacCracken, EETS os 192, London: Oxford University Press.

Mackenney, R., 1987, *Tradesmen and Traders. The world of the guilds in Venice and Europe, c. 1250 - c. 1650*, Totawa, NJ: Barnes & Noble.

MacKinney, L. C., 1937, *Early Medieval Medicine with Special Reference to France and Chartres*, Baltimore, MD: Johns Hopkins University Press.

Majeska, G. P., 1984, *Russian Travelers to Constantinople in the Fourteenth and Fifteenth Centuries*, Washington, DC: Dumbarton Oaks Research Library and Collection.

Mâle, E., 1958, *The Gothic Image. Religious art in France of the thirteenth century*, New York: Harper & Row.

Mango, C. (ed.), 1986, *The Art of the Byzantine Empire, A. D. 312 – 1453: sources and documents*, Toronto: University of Toronto Press.

Manke, J., 2012, "The usefulness of sensory analysis to economic history," term paper for seminar in New Directions in the Middle Ages, 1100 – 1500, University of Minnesota.

Marrone, S. P., 2001, *The Light of Thy Countenance: science and knowledge of God in the thirteenth century*, Leiden: Brill.

Marshall, P., 1981, "Two scholastic discussions of the perception of depth by shading," *Journal of the Warburg and Courtauld Institutes*, 44, 170 – 5.

Martines, L., 1979, *Power and Imagination. City-states in Renaissance Italy*, New York: Vintage Books/Random House.

Massa, E., 1953, "Ruggero Bacone e la 'Poetica' di Aristotele," *Giornale Critico della filosofia Italiana*, 32, 457 – 73.

Massa, E., 1955, *Ruggero Bacone. Etica e poetica nella storia dell'Opus maius*, Rome: Edizioni di Storia e Letteratura.

Mathews, C., 2012, "Sensory marker of social identity in *Le livre du Coeur d'amour épris* (René d'Anjou)," essay for seminar on New Directions in the Middle Ages, University of Minnesota.

Mazzotta, G., 1993, *Dante's Vision and the Circle of Knowledge*, Princeton, NJ: Princeton University Press.

McEvoy, J., 1979, "The metaphysics of light in the Middle Ages," *Philosophical Studies*, 26, 126 – 45.

McEvoy, J., 1982, *The Philosophy of Robert Grosseteste*, Oxford: Clarendon.

McEvoy, J., 1994, *Robert Grosseteste, Exegete and Philosopher*, Aldershot: Variorum.

McEvoy, J., 1995, *Robert Grosseteste: new perspectives on his thought and scholarship*, Turnhout: Brepols.

McGinn, B., 2001, "The language of inner experience in Christian mysticism," *Spiritus: A Journal of Christian Spirituality*, 1, 156–71.

McGuire, B. P. (ed.), 2011, *A Companion to Bernard of Clairvaux*, Leiden: Brill.

McVaugh, M. R., 1965, "The medieval theory of compound medicines," Ph. D. dissertation, Princeton University.

McVaugh, M. R., 1966, "'Apud Antiquos' and mediaeval pharmacology," *Medizinhistorisches Journal*, 1, 16–23.

McVaugh, M. R., 1993, *Medicine Before the Plague: practitioners and their patients in the Crown of Aragon, 1285–1345*, Cambridge: Cambridge University Press.

McVaugh, M. R., 2002, "Smells and the medieval surgeon," *Micrologus*, 10: *I cinque sensi. The Five Senses*, 113–32.

McVaugh, M. R., 2006, *The Rational Surgery of the Middle Ages*, Florence: SISMEL—Edizioni del Galluzzo.

McVaugh, M. R. and García Ballester, L., 1995, "Therapeutic method in the later Middle Ages: Arnau de Vilanova on medical contingency," *Caduceus*, 11, 76–86.

Mellinkoff, R., 1993, *Outcasts. Signs of otherness in northern European art of the late Middle Ages*, 2 vols, Berkeley, CA: University of California Press.

[*Ménagier*], 2009, *The Good Wife's Guide: Le Ménagier de Paris, a medieval household book* [*c.* 1393], trans. with critical introduction by G. L. Greco and C. M. Rose, Ithaca, NY and London: Cornell University Press.

Meri, J. W., 2002, *The Cult of Saints Among Muslims and Jews in Medieval Syria*, Oxford: Oxford University Press.

Meri, J. W., 2010, "Relics of piety and power in medieval Islam," *Past and Present*, 206, suppl. 5, 97–120.

Milner, M., 2011, *The Senses and the English Reformation*, Farnham: Ashgate.

Minnis, A. J., 2005, "Medieval imagination and memory," in A. J. Minnis and I. Johnson (eds), *The Cambridge History of Literary Criticism, Volume II : the Middle Ages*, Cambridge: Cambridge University Press.

Mirk, J., 2009–11, *John Mirk's Festial*, ed. S. Powell, 2 vols, EETS os 334–5, London: Early English Text Society.

Miskimin, H. A., 1975, *The Economy of Early Renaissance Europe, 1300–1450*, Cambridge: Cambridge University Press.

Mitchell, N., 2009, *The Mystery of the Rosary: Marian devotion and the reinvention of Catholicism*, New York: New York University Press.

Mitchell, S., 1965, *Medieval Manuscript Painting*, New York: Viking.

Mollat, M. and Wolff, P., 1973, *Popular Revolutions of the Middle Ages*, trans. A. L. Lytton-Sells, New York: Allen & Unwin.

Monnas, L., 2008, *Merchants, Princes and Painters: silk fabrics in Italian and northern paintings 1300–1550*, New Haven, CT: Yale University Press.

Mooney, L. R., 1993, "A Middle English text on the Seven Liberal Arts," *Speculum*, 68, 1027–52.

Moulinier-Brogi, L., 2012, *L'Uroscopie au moyen âge: "Lire dans un verre la nature de l'homme,"* Paris: Champion.

Mulchahey, M. M., 1998, *"First the Bow is Bent in Study."* Dominican education before 1350, Toronto: PIMS.

Mulder-Bakker, A. B. and McAvoy, L. H. (eds), 2009, *Women and Experience in Later Medieval Writing: reading the Book of Life*, New York: Palgrave Macmillan.

Mummey, K. and Reyerson, K. L., 2011, "Whose city is this? Hucksters, domestic servants, wet nurses, prostitutes, and slaves in late medieval western Mediterranean urban society," *History Compass*, 9 (12), 910–22.

Murray, A. C. (ed. and trans.), 2000, *From Roman to Merovingian Gaul: a reader*, Toronto: Broadview Press.

Mutgé i Vives, J., 1994, "Documens sobre vida ciutadana i urbanisme a Barcelona durante el regnat d'Alfons el Benigne (1327 – 1336)," *Miscellania de Textos Medievals*, 7, 259 – 315.

Neckam, A., 1863, *Alexandri Neckam De naturis rerum libri duo: with the poem of the same author, De laudibus divinæ sapientitæ*, ed. T. Wright, London: Longman, Green, Longman, Roberts, & Green.

Nelson, R. S. (ed.), 2000, *Visuality Before and Beyond the Renaissance: seeing as others saw*, Cambridge: Cambridge University Press.

Newhauser, R., 2001, "*Inter scientiam et populum*: Roger Bacon, Peter of Limoges, and the 'Tractatus moralis de oculo, '?" in J. A. Aertsen *et al.* (eds.), *Nach der Verurteilung von 1277*, Berlin and New York: De Gruyter.

Newhauser, R., [1982] 2007, "Towards a history of human curiosity: a prolegomenon to its medieval phase," in *Sin: essays on the moral tradition in the Western Middle Ages*, Burlington, VT: Ashgate.

Newhauser, R., [1988] 2007, "Augustinian *Vitium curiositatis* and its reception," in *Sin: essays on the moral tradition in the Western Middle Ages*, Burlington, VT: Ashgate.

Newhauser, R., 2009, "Theory and practice: the senses in the Middle Ages," *The Senses & Society*, 4 (3), 367 – 72.

Newhauser, R., 2010, "Peter of Limoges, optics, and the science of the senses," *Pleasure and Danger in Perception: the five senses in the Middle Ages and the Renaissance*, special issue of *The Senses & Society*, 5 (1), 28 – 44.

Newhauser, R., 2013, "John Gower's sweet tooth," *Review of English Studies*, 64 (267), 752 – 69.

Nicholas of Autrecourt, 1939, *Exigit ordo*, ed. J. R. O'Donnell, in "Nicholas of Autrecourt," *Mediaeval Studies*, 1, 179 – 267.

Nichols, S. G., Kablitz, A., and Calhoun, A. (eds), 2008, *Rethinking the*

Medieval Senses. Heritage, fascinations, frames, Baltimore, MD: Johns Hopkins University Press.

Nicoud, M., 2007, *Les régimes de santé au Moyen Âge: naissance et diffusion d'une écriture médicale, XIIIe-XVe siècle*, Rome: Ecole française de Rome.

Nordenfalk, C., 1976, "Les cinq sens dans l'art du haut Moyen Age," *La Revue de l'art*, 34, 17 – 28.

Nordenfalk, C., 1985, "The five senses in late medieval and Renaissance art," *Journal of Warburg and Courtauld Institutes*, 48, 1 – 22.

North, D. C., 1985, "Transaction costs in history," *The Journal of European Economic History*, 14, 557 – 76.

Nussbaum, M. C. and Rorty, A. L. (eds), 1992, *Essays on Aristotle's De anima*, Oxford: Clarendon.

Ohly, F., 1958, *Hohelied-Studien. Grundzüge einer Geschichte der Hoheliedauslegung des Abendlandes bis um* 1200, Wiesbaden: F. Steiner.

Ohly, F., 1989, *Süße Nägel der Passion. Ein Beitrag zur theologischen Semantik*, Baden-Baden: V. Koerner.

Ohly, F. (ed.), 1998, *Das St. Trudperter Hohelied. Eine Lehre der liebenden Gotteserkenntnis*, Frankfurt am Main: Deutscher Klassiker Verlag.

Oresme, N., 1980, "Nicholas Oresme's '*Quaestiones super libros Aristotelis De anima*': a critical edition with introduction and commentary," ed. P. Marshall, Ph. D. dissertation, Cornell University.

Oresme, N., 1985, *De causis mirabilium*, ed. B. Hansen, in *Nicole Oresme and the Marvels of Nature: a study of his De causis mirabilium with critical edition, translation and commentary*, Toronto: Pontifical Institute of Mediaeval Studies.

Origo, I., 1957, *The Merchant of Prato. Francesco di Marco Datini*, London: The Reprint Society.

Orme, N., 2001, *Medieval Children*, New Haven, CT: Yale University Press.

Oschinsky, D. (ed.), 1971, *Walter of Henley and Other Treatises on Estate Management and Accounting*, Oxford: Clarendon.

Osgood, C. G., 1930, *Boccaccio on Poetry. Being the preface and the fourteenth and fifteenth books of Boccaccio's genealogia deorum gentilium*, Princeton, NJ: Princeton University Press.

Ott, N. H. 1992, "Der Körper als konkrete Hülle des Abstrakten. Zum Wandel der Rechtsgebärde im Spätmittelalter," in K. Schreiner and N. Schnitzler (eds), *Gepeinigt, begehrt, vergessen. Symbolik und Sozialbezug des Körpers im späten Mittelalter und in der frühen Neuzeit*, Munich: Fink.

Ottaway, P., 1992, *Archaeology in British Towns, from the Emperor Claudius to the Black Death*, London: Routledge.

Owst, G. R., 1933, *Literature and Pulpit in Medieval England: a neglected chapter in the history of English letters and of the English people*, Cambridge: Cambridge University Press.

Page, A., 1993, *Vêtir le prince: tissus et couleurs à la cour de Savoie (1427 – 1447)*, Cahiers Lausannois d'Histoire Médiévale 8, Lausanne: Fondation Humbert II et Marie José de Savoie.

Page, C., 2000, "Music and medicine in the thirteenth century," in P. Horden (ed.), *Music as Medicine: the history of music therapy since antiquity*, Aldershot: Ashgate.

Palazzo, E., 2010a, "Art et liturgie au Moyen Age. Nouvelles approches anthropologique et épistémologique," *Anales de Historia del Arte*, Volumen extraordinario, 31 – 74.

Palazzo, E., 2010b, "Art, liturgy and the five senses in the early Middle Ages," *Viator*, 41, 25 – 56.

Palazzo, E., 2010c, "Le 'livre-corps' à l'époque carolingienne et son rôle dans la liturgie de la messe et sa théologie," *Quaestiones Medii Aevi Novae*, 15, 31 – 63.

Palazzo, E., 2010d, "Visions and liturgical experience in the early Middle Ages," in C. Hourihane (ed.), *Looking Beyond. Visions, dreams, and insights in medieval art & history*, Princeton, NJ: Index of Christian Art, Department of Art & Archaeology, Princeton University; University Park, PA: Penn State University Press.

Palazzo, E., 2012a, "Les cinq sens au Moyen Age: état de la question et perspective de recherche," *Cahiers de civilisation médiévale*, 55 (4) [220], 339 – 66.

Palazzo, E., 2012b, "La dimension sonore de la liturgie dans l'Antiquité chrétienne et au Moyen Age," in B. Palazzo-Bertholon and J-C. Valière (eds), *Archéologie du son. Les dispositifs de pots acoustiques dans les édifices anciens*, Paris: Société Française d'Archéologie.

Palazzo, E., 2012c, "Le Visible et l'Invisible et les cinq sens dans le haut Moyen Age. A propos de l'iconographie de l'ivoire de Francfort," in S. D. Daussy et al. (eds), *Matérialité et immatérialité dans l'Église au Moyen Age. Actes du colloque tenu à Bucarest, 22 – 23 Octobre 2010*, Bucharest: New Europe College.

Palazzo, E., 2014, *L'Invention chrétienne des cinq sens. L'art, la liturgli et les cinq sens au Moyen Age*. Paris Cerf.

Palliser, D. M., Slater, T. R., and Dennison, E. P., 2000, "The topography of towns, 600 – 1300," in D. M. Palliser (ed.), *The Cambridge Urban History of Britain, vol. 1, 600 – 1540*, Cambridge: Cambridge University Press.

Palmer, R., 1993, "In bad odour: smell and its significance in medicine from antiquity to the seventeenth century," in W. F. Bynum and R. Porter (eds), *Medicine and the Five Senses*, Cambridge: Cambridge University Press.

[*Parisian Journal*], 1968, *A Parisian Journal 1405 – 1449, Translated from the Anonymous Journal d'un bourgeois de Paris*, trans. J. Shirley, Oxford: Clarendon.

Pasnau, R., 1997, *Theories of Cognition in the Later Middle Ages*, Cambridge: Cambridge University Press.

Pasnau, R., 1999, "What is sound?" *The Philosophical Quarterly*, 49 [196], 309 – 24.

Pasnau, R., 2002, *Thomas Aquinas on Human Nature: a philosophical study of Summa theologiae 1a, 75 – 89*, Cambridge and New York: Cambridge University Press.

Pastoureau, M., 2001, *The Devil's Cloth: a history of stripes and striped fabric*, trans. J. Gladding, New York: Columbia University Press.

Pastoureau, M., 2002, "Le Bestiaire des cinq sens (XIIe-XVIe siècle)," *Micrologus*, 10: *I cinque sensi. The Five Senses*, 133 – 45.

Pearsall, D. and Salter, E., 1973, *Landscapes and Seasons of the Medieval World*, London: Elek.

Pégat, F., Thomas, E., and Desmazes, C. (eds), 1840, *Thalamus parvus: le petit thalamus de Montpellier*, Montpellier: La Société Archéologique de Montpellier.

Pentcheva, B., 2010, *The Sensual Icon. Space, ritual, and the senses in Byzantium*, State College, PA: Penn State University Press.

Pestell, T. and Ulmschneider, K. (eds), 2003, *Markets in Early Medieval Europe: trading and "productive" sites, 650 – 850*, Macclesfield: Windgather Press.

Peter Auriol, 1956, *Scriptum super primum Sententiarum*, ed. E. M. Buytaert, St. Bonaventure, NY: The Franciscan Institute, Louvain: Nauwelaerts, Paderborn: Schöningh.

Peter of Limoges, 2012, *The Moral Treatise on the Eye*, trans. R. Newhauser, Toronto: Pontifical Institute of Mediaeval Studies.

Peter the Venerable, 1968, *Contra Petrobusianos hereticos*, ed. J. Fearns, CCCM 10, Turnhout: Brepols.

Petrarch, 2003, *Invectives*, ed. and trans. D. Marsh, Cambridge, MA: Harvard University Press.

Piponnier, F. and Mane, P., 1997, *Dress in the Middle Ages*, trans. C. Beamish, New Haven, CT: Yale University Press.

Pluta, O., 1987, *Die philosophische Psychologie des Peter von Ailly*, Amsterdam: B. R. Grüner.

Poos, L. R. (ed.), 2001, *Lower Ecclesiastical Jurisdiction in Late-Medieval England: the courts of the Dean and Chapter of Lincoln, 1336 – 1349, and the Deanery of Wisbech, 1458 – 1484*, Records of Social and Economic History, New Series 32, London: British Academy.

Power, A., 2013, *Roger Bacon and the Defence of Christendom*, Cambridge: Cambridge University Press.

Powicke, F. M. and Cheney, C. R. (eds), 1964, *Councils and Synods with Other Documents Relating to the English Church, II A. D. 1205 – 1313*, 2 vols, Oxford: Clarendon.

Prado-Vilar, F., 2011, "The parchment of the sky: poiesis of a Gothic universe," in L. Fernàndez Fernàndez and J. C. Ruiz Souza (eds), *Las cantigas de Santa María: Códice rico. Ms. T-1-1, Real biblioteca del Monasterio de San Lorenzo de El Escorial*, Vol. 2, Madrid: Patrimonio Nacional.

Quiviger, F., 2010, *The Sensory World of Italian Renaissance Art*, London: Reaktion.

Rainer, T., 2011, *Das Buch und die vier Ecken der Welt. Von der Hülle der Thorarolle zum Deckel des Evangeliencodex*, Wiesbaden: Reichert.

Rather, L. J., 1968, "The 'six things non-natural': a note on the origins and fate of a doctrine and a phrase," *Clio Medica*, 3, 337 – 47.

Rawcliffe, C., 2006, *Leprosy in Medieval England*, Woodbridge: Boydell.

Raymond of Capua, 1996, *S. Caterina da Siena: vita scritta dal beato Raimondo da Capua, confessore della Santa*, trans. G. Tinagli, 5th rev. ed., Siena: Cantagalli.

Reichl, K., 2011, *Medieval Oral Literature*, Berlin and Boston, MA: De Gruyter.

Reuter, T., 1991, *Germany in the Early Middle Ages, c. 800 – 1056*, London and New York: Longman.

Reyerson, K. L., 1982, "Commercial fraud in the Middle Ages: the case of the dissembling pepperer," *Journal of Medieval History*, 8, 63 – 73.

Reyerson, K. L., 1992, "Flight from prosecution: the search for religious asylum in medieval Montpellier," *French Historical Studies*, 17, 603 – 26.

Reyerson, K. L., 1997a, "Prostitution in medieval Montpellier: the ladies of Campus Polverel," *Medieval Prosopography*, 18, 209 – 28.

Reyerson, K. L., 1997b, "Public and private space in medieval Montpellier, the Bon Amic Square," *Journal of Urban History*, 24, 3 – 27.

Reyerson, K. L., 2000, "The tensions of walled space: urban development versus defense," in J. D. Tracy (ed.), *City Walls: the urban enceinte in global perspective*, Cambridge: Cambridge University Press.

Reyerson, K. L., 2002a, *The Art of the Deal: intermediaries of trade in medieval Montpellier*, Leiden: Brill.

Reyerson, K. L., 2002b. "Rituals in medieval business," in J. Rollo-Koster (ed.), *Medieval and Early Modern Ritual. Formalized behavior in Europe, China, and Japan*, Leiden: Brill.

Reyerson, K. L., 2005, *Jacques Coeur. Entrepreneur and king's bursar*, New York: Pearson Longman.

Richard de Fournival, 1986, *Master Richard's Bestiary of Love and Response*, trans. J. Beer, Berkeley, CA: University of California Press.

Richard de Fournival, 2009, *Le Bestiaire d'amour*, ed. and French trans. G. Bianciotto, Paris: Honoré Champion.

Richard of St. Victor, 1969, *Über die Gewalt der Liebe. Ihre vier Stufen*, trans. M. Schmidt, Munich-Paderborn: Schöningh.

Richard of St. Victor, 2011, *On the Four Degrees of Violent Love*, in H. Feiss (ed.), *On Love: a selection of works of Hugh, Adam, Achard, Richard, and Godfrey of St. Victor*, Turnhout: Brepols.

Richardson, A., 2003, "Gender and space in English royal palaces c. 1160 – c. 1547: a study in access analysis and imagery," *Medieval Archaeology*, 47,

131 – 65.

Riché, P., 1988, *Daily Life in the World of Charlemagne*, trans. J. A. McNamara, Philadelphia, PA: University of Pennsylvania Press.

Ricklin, T., 1998, *Der Traum der Philosophie im 12. Jahrhundert. Traumtheorien zwischen Constantinus Africanus und Aristoteles*, Leiden: Brill.

Riehle, W., 1981, *The Middle English Mystics*, London: Routledge & Kegan Paul.

Rignani, O., 2006, "Internal and external senses in Roger Bacon," in M. C. Pacheco and J. F. Meirinhos (eds), *Intellect and Imagination in Medieval Philosophy*, Turnhout: Brepols.

Riley, H. T. (ed.), 1868, *Memorials of London and London Life in the XIIIth, XIVth, and XVth Centuries*, London: Longmans.

Rossiaud, J., 1988, *Medieval Prostitution*, trans. L. G. Cochrane, Oxford: Blackwell.

Rubin, M., 1991, *Corpus Christi. The Eucharist in late medieval culture*, Cambridge: Cambridge University Press.

Rudy, G., 2002, *Mystical Language of Sensation in the Later Middle Ages*, New York: Routledge.

Saenger, P. H., 1997, *Space between Words: the origins of silent reading*, Stanford, CA: Stanford University Press.

Sajavaara, K. (ed.), 1967, *The Later Middle English Translations of Robert Grosseteste's Chateau d'amour*, Helsinki: Société Neophilologique.

Salmón, F., 1997, "The many Galens of the medieval commentators on vision," *Revue d'histoire des sciences*, 50, 397 – 420.

Salmón, F., 2005, "A medieval territory for touch," *Studies in Medieval and Renaissance History*, ser. 3, 2, 59 – 81.

Salmón, F., 2011, "From patient to text? Narratives of pain and madness in medical scholasticism," in F. E. Glaze and B. K. Nance (eds), *Between Text and Patient: the medical enterprise in medieval and early modern Europe*,

Florence: SISMEL— Edizioni del Galluzzo.

Salzman, L. F., 1967, *Building in England Down to 1540: a documentary history*, Oxford: Clarendon.

Sandler, L. F., 1983, *The Psalter of Robert de Lisle in the British Library*, London: Harvey Miller.

Sansterre, J-M., 1995, "Vénération et utilisation apotropaïque de l'image à Reichenau vers la fin du Xe siècle: un témoignage des *Gesta* de l'abbé Witigowo," *Revue belge de philologie et d'histoire*, 73, 281 – 5.

Schimmel, A., 1982, *As Through a Veil. Mystical poetry in Islam*, Oxford: Oneworld Publications.

Schimmel, A., 1994, *Deciphering the Signs of God. A phenomenological approach to Islam*, Albany: State University of New York Press.

Schleif, C. and Newhauser, R. (eds), 2010, *Pleasure and Danger in Perception: the five senses in the Middle Ages and the Renaissance*, special issue, *The Senses and Society*, 5 (1).

Schmitt, J-C., 1990, *La raison des gestes dans l'occident médiéval*, Paris: Gallimard.

Schmitt, J-C., 1991, "The rationale of gestures in the West: third to thirteenth centuries," in J. Bremmer and H. Roodenburg (eds), *A Cultural History of Gesture: from antiquity to the present day*, Cambridge: Polity Press.

Schmitt, J-C., 1994, *Les revenants: les vivants et les morts dans la société médiévale*, Paris: Gallimard.

Schofield, J., 1994, *Medieval London Houses*, New Haven, CT: Yale University Press.

Schofield, J. and Stell, G., 2000, "The built environment 1300 – 1540," in D. M. Palliser (ed.), *The Cambridge Urban History of Britain*, vol. 1, 600 – 1540, Cambridge: Cambridge University Press.

Schryvers, P. H., 1983, "Invention, imagination, et theorie des émotions chez Cicéron et Quintilien," in B. Vickers (ed.), *Rhetoric Revalued*, Binghamton, NY: Center for Medieval & Early Renaissance Studies.

Schulz, A., 2011, *Essen und Trinken im Mittelalter* (1000 – 1300). *Literarische, kunsthistorische und archäologische Quellen*, Berlin: De Gruyter.

Schupp, V. and Szklenar, H., 1996, *Ywain auf Schloß Rodenegg. Eine Bildergeschichte nach dem "Iwein" Hartmanns von Aue*, Sigmaringen: J. Thorbecke.

Sears, E., 1991, "The iconography of auditory perception in the early Middle Ages: on Psalm illustration and Psalm exegesis," in C. Burnett, M. Fend, and P. Gouk (eds), *The Second Sense. Studies in hearing and musical judgement from antiquity to the seventh century*, London: The Warburg Institute.

Serres, M., 2008, *The Five Senses: a philosophy of mingled bodies*, London: Continuum.

Shaw, T. M., 1998, "*Askesis* and the appearance of holiness," *Journal of Early Christian Studies*, 6, 485 – 99.

Siegel, R. E., 1970, *Galen on Sense Perception*, Basel and New York: Karger.

Sigerist, H. E., 1946, "Bedside manners in the Middle Ages: the treatise *De cautelis medicorum* attributed to Arnold of Villanova," *Quarterly Bulletin. Northwestern University Medical School*, 20, 135 – 43.

Silva, J. F. and Toivanen, J., 2010, "The active nature of the soul in sense perception: Robert Kilwardby and Peter Olivi," *Vivarium*, 48, 245 – 78.

Simson, O. G. von, 1956, *The Gothic Cathedral*, New York: Harper & Row.

Siraisi, N., 1975, "The music of the pulse in the writings of Italian academic physicians (fourteenth and fifteenth centuries)," *Speculum*, 50, 689 – 710.

Smalley, B., 1960, *English Friars and Antiquity in the Early Fourteenth Century*, Oxford: Blackwell.

Smith, M. M., 2007, *Sensing the Past: seeing, hearing, smelling, tasting and touching history*, Berkeley, CA: University of California Press.

Sobol, P. G., 2001, "Sensations, intentions, memories and dreams," in J. M. M. H. Thijssen and J. Zupko (eds), *The Metaphysics and Natural Philosophy of John Buridan*, Leiden: Brill.

Sophronius, 1975, *Thaumata*, in N. F. Marcos (ed.), *Los Thaumata de Sofronio. Contribucion al estudio de la incubatio cristiana*, Madrid: Instituto Antonio de Nebrija.

Southern, R. W., 1993, "Richard Dales and the editing of Robert Grosseteste," in G. Freibergs (ed.), *Aspectus et Affectus: essays and editions in Grosseteste and medieval intellectual life in honor of Richard C. Dales*, New York: AMP Press.

Spearing, A. C., 1993, *The Medieval Poet as Voyeur: looking and listening in medieval love-narratives*, Cambridge: Cambridge University Press.

Spruit, L., 1994, *Species Intelligibilis: classical roots and medieval discussions*, Leiden: Brill.

Spruit, L., 2008, "Renaissance views of active perception," in S. Knuuttila and P. Kärkkäinen (eds), *Theories of Perception in Medieval and Early Modern Philosophy*, Dordrecht: Springer.

Squatriti, P., 1998, *Water and Society in Early Medieval Italy ad 400 – 1000*, Cambridge: Cambridge University Press.

Staden, H., 2007, *Warhaftige Historia. Zwei Reisen nach Brasilien (1548 – 1555) = Historia de duas viagens ao Brasil*, ed. Franz Obermeier, trans. (German) J. Tiemann and (Portuguese) G. C. Franco, Sao Paulo: Instituto Martius-Staden, Kiel: Westensee Verlag.

Staden, H., 2008, *Hans Staden's True History: an account of cannibal captivity in Brazil*, ed. and trans. N. L. Whitehead and M. Harbsmeier, Durham, NC: Duke University Press.

Starkey, K. and Wenzel, H. (eds), 2005, *Visual Culture and the German Middle Ages*, New York: Palgrave Macmillan.

Steenbock, F., 1965, *Der kirchliche Prachteinband im frühen Mittelalter, von den Anfängen bis zum Beginn der Gotik*, Berlin: Deutscher Verlag für Kunstwissenschaft.

Steneck, N. H., 1974, "Albert the Great on the classification and localization of the internal senses," *Isis*, 65 (2), 193 - 211.

Steneck, N. H., 1980, "Albert on the psychology of sense perception," in J. A. Weisheipl (ed.), *Albertus Magnus and the Sciences. Commemorative essays 1980*, Toronto: Pontifical Institute of Mediaeval Studies.

Stenning, D. F., 1985, "Timber-framed shops 1300-1600: comparative plans," *Vernacular Architecture*, 16, 35 - 9.

Stirnemann, P., 1993, "L'illustration du cartulaire de Saint-Martin-du-Canigou," in O. Guyotjeannin, L. Morelle, and M. Parisse (eds), *Les cartulaires. Actes de la table ronde organisée par l'École nationale des chartes et le GDR 121 du CNRS*, Mémoires et documents de l'École des chartes, 39, Paris: École des Chartes.

Stolberg, M., 2007, "The decline of uroscopy in early modern learned medicine," *Early Science and Medicine*, 12, 313 - 36.

Stuard, S. M., 2006, *Gilding the Market. Luxury and fashion in fourteenth-century Italy*, Philadelphia, PA: University of Pennsylvania Press.

Suarez-Nani, T., 2002, "Du goût et de la gourmandise selon Thomas d'Aquin," *Micrologus*, *10: I cinque sensi. The Five Senses*, 10, 313 - 34.

Synnott, A., 1991, "Puzzling over the senses: from Plato to Marx," in D. Howes (ed.), *The Varieties of Sensory Experience: a sourcebook in the anthropology of the senses*, Toronto: University of Toronto Press.

Tachau, K. H., 1988, *Vision and Certitude in the Age of Ockham: optics, epistemology and the foundations of semantics 1250 - 1345*, Leiden: Brill.

Taft, R. F., 1977, "How liturgies grow: the evolution of the Byzantine divine liturgy," in *Beyond East and West. Problems in liturgical understanding*, 2nd edn, Rome: Edizioni Orientalia Christiana.

Taft, R. F., 2006, *Through Their Own Eyes. Liturgy as the Byzantines saw it*, Berkeley, CA: InterOrthodox Press.

Tanner, N. (ed.), 1997, *Kent Heresy Proceedings 1511 - 12*, Kent Records 26, Maidstone: Kent Archaeological Society.

Teodorico Borgognoni, 1960, *The Surgery of Theodoric*, trans. E. Campbell and J. Colton, New York: Appleton-Century-Crofts.

Teulet, A. et al. (eds), 1863, *Layettes du Trésor des Chartes*, vol. I, Paris: Plon.

Thomas Aquinas, 1926, *Summa contra gentiles*, Liber tertius, Sancti Thomae de Aquino Opera omnia, 14, Rome: R. Garroni.

Thomas Aquinas, 1948 - 50, *Summa theologiae*, ed. C. Caramello, Turin: Marietti.

Thomas Aquinas, 1970 - 6, *Quaestiones disputatae de veritate*, in Fratres Ordinis Praedicatorum (eds), *Opera omnia iussu Leonis XIII P. M. edita*, Vol. 22/1 - 3, Rome: Commissio Leonina.

Thomas Aquinas, 1984, *Sentencia libri De anima*, ed. R. -A. Gauthier, Rome: Commissio Leonina, Paris: Vrin.

Thomas of Cantimpré, 1973, *Liber de natura rerum*, ed. H. Boese, Berlin and New York: De Gruyter.

Thompson, A. H. (ed.), 1914, *Visitations of Religious Houses in the Diocese of Lincoln: Vol. 1: injunctions and other documents from the registers of Richard Flemyng and William Gray Bishops of Lincoln A. D. 1420 to A. D. 1436*, Lincoln Record Society 7, Lincoln: Lincoln Record Society.

Thompson, E. M. (ed.), 1902 - 4, *Customary of the Benedictine Monasteries of Saint Augustine, Canterbury, and Saint Peter, Westminster*, 2 vols, Henry Bradshaw Society, 23, 28, London: Harrison & Sons.

Thornton, P., 1991, *The Italian Renaissance Interior 1400 - 1600*, London: Weidenfeld & Nicolson.

Tirosh-Samuelson, H., 2010, "Jewish mysticism," in J. R. Baskin and K. Seeskin (eds), *The Cambridge Guide to Jewish History, Religion, and Culture*, Cambridge: Cambridge University Press.

Toner, J. P., 1995, *Leisure and Ancient Rome*, Cambridge: Polity.

Touw, M., 1982, "Roses in the Middle Ages," *Economic Botany*, 36, 71 - 83.

Toye, B., 2010, "Religious feeling or defense of property? Motives behind the

Cologne Revolt of 1074," term paper for seminar in Medieval Urban History, University of Minnesota.

Trexler, R. C., 1987, *The Christian at Prayer. An Illustrated Prayer Manual attributed to Peter the Chanter* (d. 1197), Binghamton, NY: MRTS.

Trinkaus, C., 1979, *The Poet as Philosopher: Petrarch and the formation of Renaissance consciousness*, New Haven, CT: Yale University Press.

Valdez Del Alamo, E., (2007), "Touch me, see me: the Emmaüs and Thomas Reliefs in the Cloister of Silos," in C. Hourihane (ed.), *Spanish Medieval Art: recent studies*, Tempe, AZ: Arizona Center for Medieval and Renaissance Studies.

van Dülmen, R., 1995, *Theater des Schreckens. Gerichtspraxis und Strafrituale in der frühen Neuzeit*, 4th edn, Munich: Beck.

Vecchio, S., 2010, "Gusto, piacere, peccato nella cultura medievale," in *L'infinita varietà del gusto: filosofia, arte e storia di un'idea dal Medioevo all'età moderna*, Padova: Il Poligrafo.

Vieillard, C., 1903, *L'urologie et les médecins urologues dans la médecine ancienne. Gilles de Corbeil. Sa vie-ses œuvres-son poème des urines*, Paris: F. R. de Rudeval.

Vincent-Cassy, M., 2005, "Between sin and pleasure: drunkenness in France in the late Middle Ages," in R. Newhauser (ed.), *In the Garden of Evil. The vices and culture in the Middle Ages*, Papers in Mediaeval Studies, 18, Toronto: Pontifical Institute of Mediaeval Studies Press.

Vinge, L., 1975, *The Five Senses. Studies in a literary tradition*, Lund: C. W. K. Gleerup.

Viollet-le-Duc, E-E., 1990, *The Foundations of Architecture: selections from the Dictionnaire raisonné*, trans. K. D. Whitehead, New York: George Braziller.

Voigts, L. and Hudson, R. P., 1992, "A drynke tat men callen dwale to make a man to slepe whyle men kerven him: a surgical anesthetic from late medieval England," in S. Campbell, B. Hall, and D. Klausner (eds),

Health, Disease and Healing in Medieval Culture, New York: St. Martin's Press.

Wallis, F., 1995, "The experience of the book: manuscripts, texts, and the role of epistemology in early medieval medicine," in D. G. Bates (ed.), *Knowledge and the Scholarly Medical Traditions*, Cambridge: Cambridge University Press.

Wallis, F., 2000, "Signs and senses: diagnosis and prognosis in early medieval pulse and urine texts," *Social History of Medicine*, 13, 265 – 78.

Wallis, F., 2010, *Medieval Medicine: a reader*, Toronto: University of Toronto Press.

Wallis, F., 2012, "The ghost in the *Articella*: a twelfth-century commentary on the Constantinian *Liber Graduum*," in A. Van Arsdall and T. Graham (eds), *Herbs and Healers from the Ancient Mediterranean through the Medieval West: essays in honor of John M. Riddle*, Aldershot: Ashgate.

Walter, C., 1993, "A new look at the Byzantine sanctuary barrier," *Revue des études Byzantines*, 51, 203 – 28.

Walter, M., 1991, "Der Teufel und die Kunstmusik," in M. Kintzinger et al. (eds), *Das Andere wahrnehmen. Beiträge zur europäischen Geschichte. August Nitschke zum 65. Geburtstag gewidmet*, Cologne: Böhlau.

Watson, R., 2008, "Some non-textual uses of books," in S. Eliot and J. Rose (eds), *A Companion to the History of the Book*, Oxford: Wiley-Blackwell.

Wenzel, H., 1995, *Hören und Sehen. Schrift und Bild. Kultur und Gedächtnis im Mittelalter*, Munich: Beck.

Werckmeister, O-K., 1990, "The Emmaüs and Thomas Pillar of the Cloister of Silos," in *El romanico en Silos*, Burgos: Abadía de Silos.

Wetzel, R., 2000, "Quis dicet originis annos? Die Runkelsteiner Vintler-Konstruktion einer adligen Identität," in City of Bozen (ed.), *Schloss Runkelstein. Die Bilderburg*, Bozen: Athesia.

Whiteford, P., 2004, "Rereading Gawain's five wits," *Medium Aevum*, 73,

225 – 35.

Whitelock, D., Brett, M., and Brooke, C. N. L. (eds), 1981, *Councils and Synods with Other Documents Relating to the English Church I. A. D. 871 – 1204*, 2 vols, Oxford: Clarendon.

Wickersheimer, E., 1909, "Les secrets et les conseils de maître Guillaume Boucher et de ses confrères. Contribution à l'histoire de la médecine à Paris vers 1400," *Bulletin de la Société française d'histoire de la médecine*, 8, 199 – 305.

Wilkins, E. H., 1977, *Studies in the Life and Works of Petrarch*, Cambridge, MA: Medieval Academy of Amercia Reprints.

Wilkinson, J., 1977, *Jerusalem Pilgrims Before the Crusades*, Warminster: Aris & Phillips.

William Peraldus, 1512, *Summa virtutum ac vitiorum Guilhelmi Paraldi Episcopi Lugdunensis de ordine predicatorum*, 2 vols, Paris: Johannes Petit, Johannes Frellon, Franciscus Regnault.

Witt, R. G., 1977, "Coluccio Salutati and the conception of the *poeta theologus* in the fourteenth century," *Renaissance Quarterly*, 30, 538 – 63.

Woolgar, C. M., 2006, *The Senses in Late Medieval England*, New Haven, CT: Yale University Press.

Woolgar, C. M., 2007, "Fasting and feasting: food and taste in the Middle Ages," in P. Freedman (ed.), *Food: the history of taste*, Berkeley, CA: University of California Press.

Woolgar, C. M., 2010, "Food and the Middle Ages," *Journal of Medieval History*, 36, 1 – 19.

Woolgar, C. M. (ed.), 2011, *Testamentary Records of the English and Welsh Episcopate*, Canterbury and York Society 102, Woodbridge: Boydell Press.

Wright, C. M., 1989, *Music and Ceremony at Notre Dame of Paris, 500 – 1500*, Cambridge: Cambridge University Press.

Yrjönsuuri, M., 2008, "Perceiving one's own body," in S. Knuuttila and P. Kärkkäinen (eds), *Theories of Perception in Medieval and Early Modern*

Philosophy, Dordrecht: Springer.

Zanker, G., 1981, "*Enargeia* in the ancient criticism of poetry," *Rheinisches Museum*, 124, 297–311.

Ziegler, P., 1969, *The Black Death*, London: Collins.

Ziolkowski, J. (ed.), 1998, *Obscenity: social control and artistic creation in the European Middle Ages*, Leiden & Boston: Brill.

Zupko, R. E., 1989, "Weights and measures, Western European," in J. R. Strayer (ed.), *Dictionary of the Middle Ages*, 13 vols, New York: Scribner, 1982–9, vol. 12.

Zupko, R. E. and Laures, R. A., 1996, *Straws in the Wind. Medieval urban environmenal law—the case of northern Italy*, Boulder, CO: Westview Press.

本书作者简介

玛萨·卡尔林是威斯康星大学密尔沃基分校（University of Wisconsin-Milwaukee）历史学教授。她的研究聚焦于中世纪英格兰的伦敦、伦敦郊区和日常生活，尤其侧重于饮食、劳作和购物的历史。她的著作包括：《中世纪的萨瑟克》（*Medieval Southwark*，1996），《1316—1650年间伦敦和萨瑟克的详细目录：债务范围一览表》（*London and Southwark Inventories, 1316—1650: A Handlist of Extents for Debts*，1997），（合编）《中世纪欧洲的食物与饮食》（*Food and Eating in Medieval Europe*，1998），以及（合编、合译）《中世纪生活中遗失的书信：英格兰社会，1200—1250》（*Lost Letters of Medieval Life: English Society, 1200—1250*，2013）。

贝阿特丽斯·卡索是巴黎-索邦大学（University of Paris-Sorbonne）拜占庭史副教授。她专攻古代晚期和拜占庭世界的宗教研究。她的著作包括：（合编）《古代与中世纪的朝圣与圣地》（*Pèlerinages et lieux saints dans l'antiquité et le moyen âge*，2006），《拜占庭：8世纪中叶至1204年的经济与社会》（*Byzance: économie et société du milieu du VIIIe siècle à 1204*，2007），《东西方教会中的圣餐仪式

（古代与中世纪）》（*Pratiques de l'eucharistie dans les Églises d'Orient et d'Occident [Antiquité et Moyen Âge]*，2009），以及（编）《家庭网络》（*Les réseaux familiaux*，2012）。

文森特·吉勒斯皮是牛津大学英国文学与语言的 J. R. R. 托尔金讲席教授，也是早期英语文献学会的荣誉会长。他专门研究中世纪文学理论和文学反应的心理学。近期著作包括：（合编）《剑桥中世纪英格兰神秘主义指南》（*The Cambridge Companion to Medieval English Mysticism*，2011），（合编）《阿伦德尔之后：15 世纪英格兰的宗教写作》（*After Arundel: Religious Writing in Fifteenth-Century England*，2011），以及《圣书中的观看：中世纪晚期英格兰宗教写作论文集》（*Looking in Holy Books: Essays on Late-Medieval Religious Writing in England*，2012）。

佩卡·卡尔凯南是赫尔辛基大学（芬兰）普世教会学（Ecumenics）的大学讲师。他发表过有关马丁·路德的神学和中世纪晚期哲学的论文。他的研究方向为 16 世纪的三位一体神学和亚里士多德主义心理学。他的著作包括：《路德的圣灵三位一体神学》（*Luthers trinitarische Theologie des Heiligen Geistes*，2005），以及与西莫·克努蒂拉（Simo Knuuttila）合编的《中世纪与近代早期哲学中的感知论》（*Theories of Perception in Medieval and Early Modern Philosophy*，2008）。

希尔德嘉德·伊丽莎白·凯勒是伯明顿的印第安纳大学和苏黎世大学的 1700 年之前德国文学的教授。她定期为展览撰稿，自 2009 年起一直是奥地利和瑞士电视台的文学供稿人。她的著作包括：有关苏黎世城市医生与剧作家雅各布·胡夫（Jakob Ruf）著作的五卷本研究和修订（2008），以及三本有声书《永恒三部曲》（*Trilogie des Zeitlosen*，2011）。

理查德·G. 纽豪瑟是亚利桑那州立大学英语与中世纪研究教授。他的研究关注的是道德传统与感官史。他的著作包括：《贪婪的早期历史》（*The Early History of Greed*，2000；于 2006 年再版），《罪恶：中世纪西欧的道德传统论集》（*Sin: Essays on the Moral Tradition in the Western Middle Ages*，2007），（合编）《中世纪和近代早期文化中的罪恶观》（*Sin in Medieval and Early Modern Culture*，2012），以及（翻译）《利摩日的彼得：眼的道德论》（*Peter of Limoges, The Moral Treatise on the Eye*，2012）。

埃里克·帕拉佐是普瓦捷大学（法国）中世纪艺术史教授和法国巴黎大学研究院高级研究员。他是中世纪礼拜仪式、图像志和宗教典礼方面的专家，尤其关注礼拜仪式用手抄本及其中的插图。他的相关著作包括：《富尔达的圣礼书》（*Les sacramentaires de Fulda*，1994），《主教及其形象》（*L'évêque et son image*，1999），《中世纪的礼拜仪式与社会》（*Liturgie et société au Moyen Age*，2000），以及《基督教的仪式空间与神圣事物》（*L'espace rituel et le sacré dans le christianisme*，2008）。

凯瑟琳·雷耶森是明尼苏达大学历史系教授和中世纪研究中心的首位院长。她现在的研究涉及中世纪地中海世界的商贩和海盗群体中的身份问题。她的著作包括：《中世纪蒙彼利埃的社会、法律与贸易》（*Society, Law, and Trade in Medieval Montpellier*，1995），《交易的技艺：中世纪蒙彼利埃的贸易中间人》（*The Art of the Deal: Intermediaries of Trade in Medieval Montpellier*，2002），以及《雅克·戈尔：企业家与国王的财务主管》（*Jacques Coeur: Entrepreneur and King's Bursar*, 2005）。

费斯·瓦利斯是麦吉尔大学（McGill University）历史与古典研究系的副教授。她的研究兴趣包括中世纪科学与医学。近期著作包括：《中世纪医学读本》（*Medieval Medicine: A Reader*, 2010）和《〈医术〉中的幽灵：12世纪对君士坦丁时期〈药性级数之书〉的评注》（"The Ghost in the *Articella*: A Twelfth-Century Commentary on the Contantinian *Liber Gradumm*"），载《从古典时期的地中海到中世纪西欧的草药与医疗术士：约翰·M.里德尔敬献集》（*Herbs and Healers from the Ancient Mediterranean through the Medieval West: Essays in Honor of John M. Riddle*，由安妮·范·阿斯德尔［Anne van Arsdall］和蒂莫西·格雷厄姆［Timothy Graham］编，2012）。

克里斯·伍尔加是南安普敦大学的历史与档案研究的教授和《中世纪史期刊》（*Journal of Medieval History*）的编辑。他长期关注日常生活史，目前正在研究饮食文化。他的著作包括：《中世纪晚期英格兰的大户人家》（*The Great Household in Late Medieval England*, 1999），《中世纪晚期英格兰社会中的感官》（*The Senses in Late Medieval England*, 2006），和（编辑）《英格兰和威尔士主教区的遗嘱档案：1200—1413》（*Testamentary Records of the English and Welsh Episcopate*, 1200–1413, 2011）。

图书在版编目(CIP)数据

中世纪感官文化史 /（美）理查德·G. 纽豪瑟编；钱文逸译.— 上海：上海社会科学院出版社，2023
书名原文：A Cultural History of the Senses ： In the Middle Ages
ISBN 978-7-5520-4084-5

Ⅰ.①中… Ⅱ.①理… ②钱… Ⅲ.①世界史—中世纪史 Ⅳ.①K13

中国国家版本馆 CIP 数据核字（2023）第 046534 号

© Richard G. Newhauser, 2014
This translation is published by arrangement with Bloomsbury Publishing Plc
上海市版权局著作权合同登记号：图字 09-2017-352

中世纪感官文化史

[美] 理查德·G. 纽豪瑟 编　钱文逸 译

丛书主编：包慧怡	策划人：	唐云松
责任编辑：张　晶	装帧设计：	黄婧昉
出版发行：上海社会科学院出版社		
地　　址：上海顺昌路 622 号	邮　编：	200025
电话总机：021-63315947	销售热线：	021-53063735
http://www.sassp.cn	E-mail：	sassp@sassp.cn
排　版：南京展望文化发展有限公司		
印　刷：上海盛通时代印刷有限公司		
开　本：890 毫米×1240 毫米　1/32		
印　张：10.125		
插　页：10		
字　数：237 千		
版　次：2023 年 11 月第 1 版　2023 年 11 月第 1 次印刷		

ISBN 978-7-5520-4084-5/K·683　　　定价：78.00 元

版权所有　翻印必究

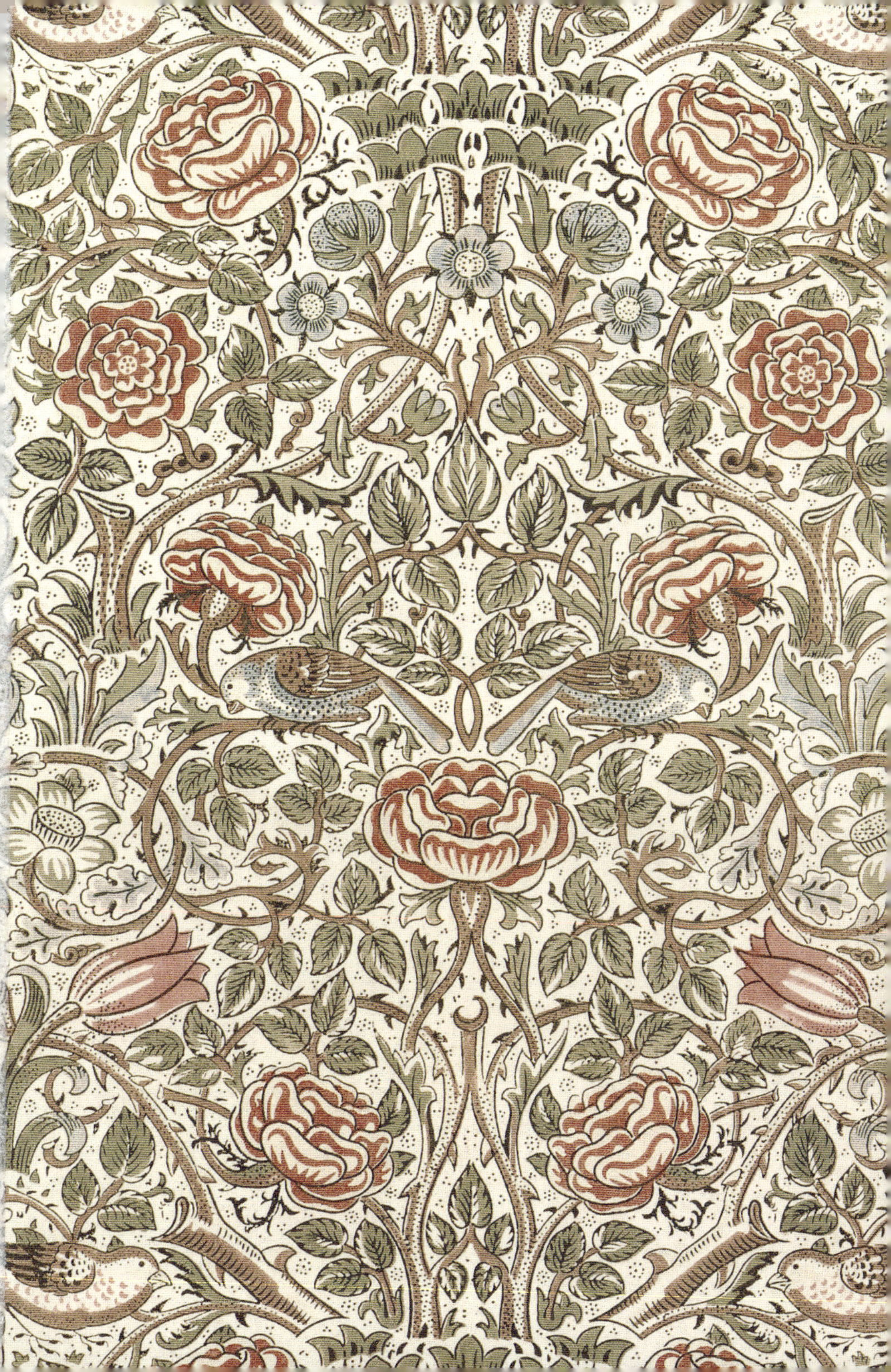